本书荣获
2014年度"孙冶方金融创新奖·著作奖"

CHINA FINANCE 40 FORUM

中国金融四十人论坛

致力于夯实中国金融学术基础，探究金融界前沿课题，引领金融理念突破与创新，推动中国金融改革与实践。

A
Post-Dividend
Era
Perspective

SEARCHING

FOR

NEW

ECONOMIC

BALANCE IN

CHINA

中国金融四十人论坛书系
CHINA FINANCE 40 FORUM BOOKS

2014年度"孙冶方金融创新奖·著作奖"

渐行渐远的红利

寻找中国新平衡

彭文生 著

社会科学文献出版社
SOCIAL SCIENCES ACADEMIC PRESS (CHINA)

中国金融四十人论坛书系编委会

彭文生

光大证券全球首席经济学家，研究所负责人。

2015年1月至2016年7月任中信证券全球首席经济学家，研究所负责人。2010-2014年任中国国际金融有限公司首席经济学家。2008-2010年在巴克莱资本任首席中国经济学家、董事总经理。1998-2008年任职于香港金融管理局，先后任经济研究处和中国内地事务处主管。1993-1998年任国际货币基金组织 (IMF)经济学家。

1966年出生于安徽省。1986 年获南开大学经济学学士学位，1988和1993年分别获英国伯明翰大学经济学硕士和博士学位。1986年曾就读于中国人民银行研究生部。现受聘为清华大学五道口金融学院研究生导师和南开大学兼职教授。2013-2015连续三年获《亚洲货币》（*Asia Money*）宏观经济研究第一名。2016年入选国家"千人计划"长期创新项目。现担任香港外汇基金咨询委员会货币发行委员会委员，中国金融40人论坛成员，首席经济学家论坛副理事长。

主要研究领域是宏观经济和金融，在国际学术期刊发表多篇论文。中文专著《渐行渐远的红利—寻找中国新平衡》在2015年获第一届孙冶方金融创新奖著作奖。出版英文著作"Business Cycles: Theory and Evidence"，Blackwell Publishers, 1993（《经济周期：理论与实证》，合著）；"Currency Internationalization: Global Experience and Implications for the Renminbi"，Palgrave Macmillan, 2009（《货币国际化：国际经验对人民币的启示》，主编)。

内容提要

中国改革开放 30 年来并行或先后释放出的人口红利、 制度变革红利、 全球化红利, 都将并行或先后面临见顶回落的趋势, 因循这些发展机遇时期形成的分析框架来思考未来的增长, 难免会陷入惯性与定式, 从而出现较大的偏差。 本书力图建构适应 "后红利时代" 的宏观经济分析框架; 在此框架下, 相应地、 分主题地分析中国宏观经济领域若干重要议题; 最终, 引领读者去探索中国经济新平衡的路径。

遵循制度变革和人口结构这两条主线, 本书的基本结论有三点。

第一, 经济增长进入趋势性放缓的阶段。 主要体现在传统意义的人口红利消退, 加上农村富余劳动力减少, 制度变革尤其是参加世贸组织带来的红利的释放, 以及高地价/房价对实体经济的挤压。

第二, 结构不平衡有多方面,但根本的失衡是贫富差距。 后者降低了消费率, 提高了储蓄率和投资率; 消费弱/投资强的需求结构导致我国产业结构中的工业占比高、 服务业落后; 工业过重的产业结构进而带来环境污染与资源压力。 财富差距扩大有人口结构的原因, 大量的劳动力供给压低了工资; 更有政策扭曲的因素, 包括行业垄断、 不合理的财税机制 (税收过度依赖流转税、 财产税比重低以及政府支出重投资、 轻公共服务和转移支付)、 金融压抑 (存款利率管制和资本账户管制)、 房地产价格过快上涨等。

第三, 高储蓄、 房地产泡沫和信用扩张联系在一起, 形成我国的货币信用周期, 是未来5～10年最大的宏观经济风险。 高储蓄率意味着很强的投资需求, 货币扩张受CPI通胀的限制较小; 而信用扩张和房地

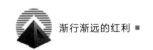

产纠结在一起，有着很强的顺周期特征。其他国家的经验显示在货币信用周期的上半场，房地产泡沫吹得越大，信用（包括影子银行）扩张越快，下半场的调整就越痛苦。

应对这些挑战，经济转型需要深度的结构改革，尤其是要平衡公平和效率、政府和市场、上一代与下一代、金融与实体、需求与供给。随着人们禀赋差异的扩大，公平问题凸现，在处理政府与市场的关系时，需要同时纠正"越位"与"缺位"，转变政府职能，进行深度的财税改革，放松计划生育政策。在放松金融管制尤其是利率市场化的同时，更要控制房地产泡沫，加强对影子银行的监管。

Summary

Over the past 30 years, demographic changes, economic reforms and WTO membership, individually or in combination, have helped China achieve a long period of unfettered economic growth. However, as the "dividends" of these structural factors began to fade, China's existing growth cycle is likely to experience some fundamental changes going forward. As this happens, the economic doctrines that had provided useful insights on how the economy worked in the past will become less relevant. Thus the main objective of this book is to develop a new framework for analysing the Chinese economy. Based on this framework, we examine in various chapters some important economic issues and challenges. Hopefully, we could help readers identify the path of China's economic rebalancing.

This book focuses on two main analytical streams-institutional reforms and demographic changes-and draws three main conclusions. First, trend growth in China is expected to moderate from the current high pace. The slowdown is mainly resulting from a number of structural changes, including the fading demographic dividend, a decline in surplus rural labour, and the decreasing returns of institutional and structural reforms, especially WTO membership. In addition, the elevated land and property prices will weigh on the performance of the real economy.

Second, the structural imbalance in China is complex and multifaceted, but at the root of the problem is the growing income inequality. The growing income gap over the past decade suppressed the aggregate consumption ratio whilst pushing up savings and investment demand. Weak consumption/strong investment demand in turn led to a strong industrial sector with the servicing sector being lagged behind. Furthermore, the heavy presence of industrial sector

brought along environmental problems as well as increased demand on natural resources. In general, the growing income inequality can be attributed to demographic changes and policy distortions. On the one hand, the migration of large number of surplus rural labourers to the cities during the past decade suppressed wages. On the other hand, the existence of considerable monopoly power in certain industries, a distortionary fiscal structure (including over-reliance on turnover taxes and low tax on wealth and, the government spending inadequately on public services and social benefits), financial repression (through deposit rate and capital account restrictions), and fast-rising property prices means that a large proportion of the income growth being distributed to a small group of people.

Third, the combination of large amounts of private savings, a real estate bubble and strong credit expansion will pose the biggest macroeconomic risk in the next 5 to 10 years. The high savings rate has supported strong investment demand and entailed relatively low inflation. Strong credit expansion and sharp rising property prices both have very strong pro-cyclical characteristics. International experience suggests that the bigger a property bubble and the larger the credit (including shadow-bank lending) expansion a country inherited during the expansion phase of a credit cycle, the more painful will be the adjustment process when the cycle turns.

Economic transition should strike a balance between equality and efficiency. This involves the relationship between the government and market, young and old generation, financial sector and real economy, demand and supply. As the difference in people's endowment continues to widen, the issue of equality will attract greater social attention. In addressing the balance between the government and the market, it is essential to correct simultaneously the "overshooting" and "undershooting" problems, pushing through fiscal reforms and relaxing the restrictive family planning policies. In implementing financial regulatory reforms, especially in liberalising interest rates, it is important to put emphasis on reining in fast-rising property prices, enhancing the regulations on the shadow banking sector and keeping credit expansion under control.

目　　录

第十章 "新中间路线"——转型的政策路径

序　言

在追求中华民族伟大复兴的道路上，经济的可持续发展是关键。过去中国经济发展取得成功的原因是什么？现在面临什么样的新环境与新挑战？促进经济可持续发展需要什么样的结构改革？这些是政策制定者、研究人员和市场参与者在分析、判断中国经济发展趋势时需要思考的问题。促进经济发展方式的转变需要集思广益，凝聚有关改革的社会共识。

过去发展成功的经验

改革开放以来，中国经济社会发展取得了巨大成就，实现了社会生产力发展水平的总体跃升，人民生活水平大幅提高。究其原因，在于中国顺应了当时的历史环境、世界环境和人口社会环境，选择了相应的制度安排与改革路径。

从历史环境看，对"文化大革命"的反思推动了中国放弃以阶级斗争为纲的政治路线。在邓小平的领导下，中国走上了以经济建设为中心、改革开放的道路。无论是农村联产承包责任制还是国有企业改革，事实证明，产权保护、契约精神、所有制多元化、公平竞争、价格引导等市场制度安排都极大地释放了生产力。这些可以说是制度变革的红利。

从世界环境和社会人口环境来看，中国坚定不移地推行对外开放，恰恰赶上了发达国家劳动力成本上升后跨国公司在全球重新配置资源的历史机遇。依托自身丰富的劳动力资源和人民群众通过奋斗改善生活的强烈

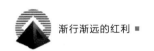

愿望，中国经济快速融入世界分工体系，形成了自己的比较优势，逐步成为全球制造中心。 对外开放带来的全球化红利帮助了人口红利的释放。

新环境和新挑战

全球金融危机标志着国际经济环境发生重大变化。 全球总需求结构出现收缩式调整，美国等发达国家的消费市场地位明显下降。 全球化的黄金时期可能暂时告一段落，世界最短缺的将不再是资本和初级产品，国际市场有效需求不足将成为全球经济增长的最大约束。

另一方面，中国开始步入中等偏上收入国家行列，出现很多发展过程中的阶段性新特征和新挑战。 中国庞大的制造业受土地、水、能源和空气质量等资源环境因素的约束日益强烈，人口老龄化逐渐显现。 高投入、高消耗的增长条件已经逐步丧失，经济进入增长速度放缓和产业结构调整的时期，适应中等收入需求多样化特点的、以技术创新和人力资本质量支撑的增长格局尚未形成。 与此同时，国内收入分配差距扩大正在影响已经形成的发展共识。

适应这种新的内外环境，中国必须加快转变经济发展方式，扩大内需，重点是增强居民的消费能力，把经济发展和改善民生紧密结合起来。

扩大内需的三个重点问题

(一)中国在全球经济分工中的定位

在过去全球化加速推进的过程中，中国成为最主要的全球生产中心，但过度依赖出口；美国等发达国家作为全球的主要市场，起到世界经济增长发动机的作用，但过度依赖负债消费；资源富集国家通过出售价格不断提高的初级产品获得利益，但产业结构单调化问题突出。 全球金融危机对这个三角循环产生了很大的冲击。 中国在未来全球经济中担当的角色面临着重新定位，在继续发挥全球制造中心作用的同时，逐步扮演全球市场大国的角色。 这需要使中国广大中低收入者逐步转变为中等收入者，依托其消费能力，使中国成为国内市场规模位居世界前列的国家。

（二）城市化模式

稳步推进城市化和引导农村富余劳动力向城市转移，是改善民生、扩大内需的重要源泉。 在选择城市化模式上，长期以来存在"小城镇派"和"特大城市派"的论争。 小城镇众多，形成了生产供给产业群，但是其发展空间受到资源生态成本上升、国际市场萎靡的限制。 特大城市分工相对充分，创造较多净需求，但其发展受到现存的社会资源特别是教育、医疗、土地、交通资源配置的限制。 有鉴于特大城市人口"落不下"和中小城市"没人去"的困境，"十二五规划"提出了发展城市群的政策导向和建设网络化城市的发展模式，在合理的运输半径内实现大中小城市的"同城化"，引导农村富余劳动力转变为有就业、有住所、有社会保障和有文明素质的市民。

（三）经济增长和收入分配

经济增长和收入分配是经济发展的基本内涵：如果没有经济增长，就没有就业机会，也就没有收入分配的物质条件；反过来说，如果缺乏公平的收入分配机制，出现两极分化加速的现象，将会使经济增长失去动力，更谈不上发展。 诸多陷入"中等收入陷阱"的国家在人均收入超过5000美元后，经济结构变化剧烈，在处理经济增长与收入分配关系上普遍存在盲目性。 例如拉美国家"中产阶级丧失"、收入分配恶化；由此引发民粹主义的分配政策使得福利过度而透支财力，为此又不得不高额举债、超发货币，最终导致高度通胀、资本外流。 这些都是前车之鉴。

改革推动经济转型

上述的扩大内需的几个方面的问题是相互联系的，关键还是要处理好经济增长和收入分配的关系。 第一，要保持适度的经济增长速度，增强协调性，提高质量，尤其要大力发展小型微型企业和服务业，为创业和就业创造良好的制度环境。 第二，加快建立在财力上可持续的基本公共服务体系，国际正反经验显示，提高政府用于改善民生的公共服务支出，既

有利于增长，也有利于公平分配。 公共服务均等化是促进城镇化发展，消除城乡、城市内部二元结构的重要着力点。 第三，改革收入分配制度，处理好公平和效率的关系，创造起点公平的各种条件。 要把提高居民收入在国民收入分配中的比重和提高劳动报酬在初次分配中的比重作为调整收入分配的基本目标。

在明确了改革目标后，问题在于以何种方式推进改革。 在改革开放前期，中央政府鼓励各种形式的改革试错，一旦局部改革试验成功，立即总结经验和形成政策在全国推广。 改革开放推进到现在，实验和试错的改革方式仍十分重要，与此同时，加快转变经济发展方式所需要推进的改革必须整体配套、协调推动，动员全社会成员形成深化改革的舆论共识。

彭文生在这本书里的分析在不同程度上涉及以上描述的问题，尤其在三个方面值得关注。 第一，人口结构的变动不仅通过劳动力供给影响经济增长，对宏观经济的其他方面包括经济结构、物价和资产价格也有影响，其表现形式可能不像人口结构渐进变化所意含的那样平缓。 第二，收入分配差距是中国经济最大的不平衡，导致消费弱、投资强，进而造成产业结构中的工业占比高、服务业落后，进而带来环境污染、资源压力等问题。 第三，高储蓄、房地产价格上升和信用扩张联系在一起，带来房地产泡沫和相关的宏观风险。 彭文生强调根本的出路在于改革，提出改革需要在公平和效率、政府和市场、上一代与下一代、金融与实体、需求与供给等方面取得平衡。

因为看问题的角度不同以及理念的差异，经济分析难免有争议。 彭文生的新书为我们思考中国经济的未来发展，提供了不少新的视角，对当前热点经济问题的分析也有一些不同于流行观点之处。 很高兴应作者的邀请，为本书作序，希望这本书的内容有助于促进对经济转型等相关问题的讨论。

中央财经领导小组办公室主任
国家发展和改革委员会副主任　　刘鹤

2013 年 3 月 27 日

前　　言

过去三十年改革开放， 中国经济取得了巨大的成就， 成为全球第二大经济体， 人民生活水平大幅提高。 随着时空环境的变化， 中国经济发展面临新的挑战： 结构不平衡、 人口老龄化、 环境和资源压力、 房地产价格过快上涨、 全球金融危机后外需持续疲弱、 发达国家货币环境极度宽松等， 人们对未来前景的看法出现较大的分歧。 本书试图从宏观经济的角度系统地分析我国发展面临的机遇和挑战， 探讨结构改革的方向和着力点。

我们探讨经济问题， 是基于一定的理论逻辑。 凯恩斯曾经说 "负实际责任的人尽管认为自己并不太受知识分子的影响， 但通常都是某些死去的经济学家的奴隶"。 经济学对人们的行为与公共政策有着重大的影响。 但经济学给人的印象却有很大的不确定性。 有个玩笑甚至说， 问 10 个经济学家同一个问题会得到 11 个不同的答案。 为什么会这样？ 有些是因为理论基础不同， 而更多的情况是因为大家对同一个问题的出发点、 立场， 即分析框架不同， 造成不同的理解， 甚至是误解。 所以， 一个分析框架很重要： 一方面是对研究者本身的约束， 另一方面， 可以清楚地显示各种经济分析所依据的理论来源及其局限性。 从这一点出发， 本书的第一章简要回顾了宏观经济理论的演变， 总结主流的宏观经济分析框架， 以及其在全球金融危机后的最新发展， 以此为后面的章节提供一个基础和纪律约束。 对于那些想在很短的篇幅里了解宏观经济理论来龙去脉及其对市场和政策分析的指导意义的读者来讲， 这一章具有独立的参考价值。

在现在这个时间点总结主流的宏观经济分析框架有着特殊的意义，因为全球金融危机以及发达国家政府的政策应对严重冲击了过去的主流理念和共识。 经济学界对主流理念的最大反思是其对资产价格和货币信用周期的特殊性重视不够。 在金融危机前的 30 年， 主流的政策研究和市场分析框架有一个重要假设： 货币信用在中长期来讲是中性的， 只影响物价， 因而只要把通胀控制住了， 宏观经济就不会有大的不平衡。 金融危机再次提醒人们， 资产价格和货币信用结合起来， 有超越增长和通胀短周期波动的重大影响。 正确理解我国货币信用大幅扩张的含义对判断未来的经济走势至关重要。

现代货币主义的创始人弗里德曼曾说 "千万不要根据学生来判断老师"， 其实， 我们更不能根据 "信徒" 来理解一个理论的原意。 弗里德曼的货币主义更多地来自凯恩斯的流动性偏好理论 （强调货币的储值功能， 从而强调货币与资产价格的关系）， 而不是古典的货币数量论 （强调货币的交易工具功能， 认为货币发多了导致商品的价格上升）。 在讨论我国货币扩张的影响时， 流行的观点往往把现代货币主义等同于朴素的货币数量论， 所以就会有 "房地产交易吸收超发货币， 帮助抑制了通胀" "发展直接融资降低货币增速， 从而降低通胀" 这些似是而非的观点。

有了框架， 还需要确立一个分析主线。 影响宏观经济的因素很多， 要抓住重点， 避免只见树木不见森林， 需要围绕驱动中国经济发展的最主要力量展开分析。 本书以制度变革和人口结构变动为两条主线， 对我国经济过去的发展、 现在的问题以及未来的挑战做一个系统的梳理。 其中， 改革开放作为驱动过去三十年以来我国经济发展的主要力量， 也将是影响未来经济走势的重要因素， 应该没有争议。

为什么人口结构如此重要呢？ 有两个原因。 第一， 相对于其他经济社会变量而言， 人口的数据比较可靠， 而且变动缓慢， 基于现在的人口年龄结构和出生率得出的对未来人口的预测也有较大的把握。 第二， 人是最重要的生产力又是最终的消费者， 但人在不同年龄阶段的消费和生产能力不一样， 所以总人口年龄结构的变动对经济有重大影响。

老年人和小孩占比高的社会，其消费需求相对于生产能力较强，反过来，青壮年人口占比高的社会，其生产能力相对于消费需求更高（所谓的人口红利）。

依据上述的主线，第二章阐述了我国人口结构的现状和未来，从理论层面分析了人口结构与经济增长、经济结构、通胀、资产价格以及货币信用的关系，并借鉴了其他国家的经验教训。人口结构对经济的影响不是人口缓慢变动所意含的那样渐进和均匀。除了一般所讲的劳动力数量变动影响经济增长外，人口的年龄结构影响社会的平均消费率和投资需求，进而和通胀、货币信用扩张以及资产价格联系在一起，其效果往往有一个累积到集中爆发的过程。人口结构变动先于我们的国家的经历显示了人口红利带来的经济繁荣可以在相当长的时期内掩盖经济的结构矛盾和政策失误，加大了经济长周期波动的幅度。

遵循制度变革和人口结构这两条主线，第三章到第九章对我国的经济增长、结构平衡、货币信用、通胀、房地产、国际收支与汇率以及城镇化分别进行了分析与展望。总体来讲，相关的分析基本围绕三个方面展开。

第一，经济增长进入了趋势性放缓的阶段，也就是说增长虽然受需求的影响有短周期的上下波动，但供给端的潜在增长率在逐渐下降。这主要反映在人口结构转向（传统意义的人口红利消退，加上农村富余劳动力减少），制度变革尤其是加入世贸组织后带来的红利释放殆尽，以及高地价/房价对实体经济的挤压。判断经济增长的走势，一般都是短期看需求（消费，投资，出口），长期看供给（劳动力，资本存量，生产效率），但两者有时候是交织的，政府的短期需求管理可能影响经济的长期潜在增长能力。比如，对出口的依赖降低有利于需求结构的平衡，但对供给端效率的提高来讲并不一定是好事情，房地产价格相对于其他价格的快速上升拉动相关的投资需求，但同时也挤压其他行业，抑制经济供给能力的增长。

第二，我国经济的不平衡有多个方面，背后的影响因素也有差异，但根本的失衡是贫富差距的大幅扩大。收入差距、贫富差距的扩大降低

了平均消费率 （穷人的边际消费倾向高于富人）， 提高了储蓄率， 带来消费弱/投资强的不平衡； 这样的需求结构导致产业结构中的工业尤其是重工业占比高， 服务业发展落后； 工业过重的产业结构进而带来环境污染、 资源压力等问题。 是什么原因导致了收入和财富差距的大幅扩大呢？ 这其中有人口结构的基本因素， 大量的劳动力供给尤其是农村的富余劳动力压低了工资， 导致要素收入分配不利于劳动者； 但更有制度、政策扭曲的因素。 后者体现在多方面， 包括行业垄断、 缺乏竞争，存款利率管制， 企业分红派息率低， 政府开支重投资、 轻公共服务和转移支付， 税收过度依赖流转税、 财产税比重太低， 社会保障不足等。人口结构已经开始变化， 近几年工资上升加快， 但机制和政策的扭曲需要结构改革来纠正。

第三， 高储蓄率、 房地产泡沫和信用扩张联系在一起， 形成我国的货币信用周期， 构成未来5～10年最大的宏观和金融稳定风险。 高储蓄率意味着很强的投资需求， 消费需求相对于供给能力较弱， 使得货币扩张受通胀的限制较小， 刺激了房地产价格， 而信用扩张和房地产纠结在一起， 有着很强的顺周期特征， 两者相互强化。 其他国家的经验显示货币信用周期持续的时间超过经济增长和通胀周期， 其最终对实体经济的冲击程度取决于房地产泡沫的大小， 在货币信用周期上半场的繁荣时期， 房地产泡沫吹得越大， 信用 （包括影子银行） 扩张越快， 下半场的调整就越痛苦。

围绕经济增长、 结构和货币信用在不同层面的延伸， 本书在不同章节分别分析了一些热点经济问题， 试图提供一些与流行观点不同的视角。 第六章解释为什么劳动力短缺带来的工资上涨不意味着我国通胀的中枢水平将显著提高， 为什么货币信用过度扩张 （货币 "超发"） 在短期和中期内加大通胀压力， 长期反而可能带来通缩压力， 以及为什么政策对通胀的容忍度在未来难以提升。

第七章在分析房地产价格和经济基本面关系的同时， 强调我国城乡二元结构以及人口不均衡发展所带来的特殊性， 体现为房价上升对城乡居民之间、 居民代际间的财富差距的影响。 由此解释为什么与发达国家和地区比较，我国房地产价格泡沫有其特殊的社会经济含义，为什么房价变动对总需求的影响主要体现在投资而不是消费上。

第八章解释了为什么过去 10 年持续的贸易顺差主要反映的是人口结构和经济结构不平衡带来的高储蓄率，而不是人民币汇率低估的结果，为什么未来贸易顺差的进一步缩小甚至出现逆差也并不意味着人民币应该贬值，为什么外汇资产在政府和非政府部门之间分布的不平衡将是人民币贬值压力的一个来源。

第九章分析我国城镇化的发展。和过去十几年相比，城镇化的未来进程将面临两个方面的新挑战，一是农村富余劳动力减少，意味着劳动力转移促进效率提高的空间降低，二是城市内部有城市户籍和没有城市户籍的常住居民的二元结构难以持续。新型城镇化需要公共服务均等化、户籍制度、土地制度、农业现代化等一系列结构改革的促进，成功的新型城镇化应该改善收入分配，同时提高供给面的效率。

第十章总结前面章节的分析，从促进经济增长、平衡结构、控制金融风险三个角度探讨未来经济改革的可能方向和着力点。为应对经济发展面临的内外挑战，改革需要在公平和效率、政府和市场、上一代与下一代、金融与实体、需求与供给等方面取得平衡。经过改革开放 30 年的发展，公平和效率之间的平衡到了新的阶段，人们之间的禀赋差异大幅扩大，在公共政策的制定和执行中需要提高公平的重要性。这意味着在处理政府与市场的关系时，需要同时纠正"越位"与"缺位"，转变政府职能，同时进行深度的财税改革，切实发挥财政在调节收入分配中的作用。在上一代与下一代的关系上，迫切需要放松计划生育政策，促进生育率的提高。在金融与实体的关系上，既要放松金融管制尤其是推进利率市场化，以促进资源配置的效率，更要管理金融风险，控制房地产泡沫，尤其是加强对影子银行的监管。最后，总需求管理需要顾及对供给的影响，尤其要避免依靠刺激房地产来支持短期的经济增长。

第一章

宏观经济
分析新思路

如果经济学家们能够给人留下的印象，是像牙医那样谦虚与能干，那就非常好！

——约翰·梅纳德·凯恩斯（1931）

全球金融危机发生后，英国女王曾发出感慨和疑问，为什么这么多做经济研究的人没有能够预测到金融危机的到来。 其实，在 2007 年美国房地产泡沫破灭的前几年，已经有包括国际清算银行的研究人员在内的研究者警告资产价格泡沫和货币信用大幅扩张带来的系统性风险。但在当时，这不是主流的观点，大部分人包括政策当局还沉浸在经济繁荣的景象里，起码是应对风险的准备不足。 金融危机之后，人们反思现有主流理论框架的缺陷，探索需要改进的地方。 同时，为应对金融危机的冲击，近几年西方国家的宏观经济政策框架发生了重大变化，其对未来的影响有很大的不确定性，给市场和政策分析带来新的困难和挑战。

我国改革开放以来市场经济体系逐渐建立，以分析市场经济为导向的西方主流经济学自然对我们的经济研究和政策产生了很大的影响，结构改革和宏观经济政策框架在很大程度上都借鉴了成熟市场经济体的做法。这次全球金融危机自然也对我国的经济学界、金融市场和政策分析带来了冲击，过去的一些"共识"和"规律"被认为不一定可靠了。 在这样一个转折点，要分析中国经济的未来走势以及面临的问题和挑战，尤其需要反思现有的主流理论和分析框架，总结其存在的问题和局限性，希望由此可以使我们的分析更加平衡，避免一些明显的误区。

一 分析框架的重要性

宏观经济分析的可靠性和实用性一直受到争议，甚至可以说饱受诟

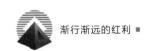

病。 为什么会是这样？ 我们对未来的预测很大程度上取决于如何理解现在的状态，其驱动因素是什么？ 传导机制是怎样的？ 未来将如何变化？因为观念、理论框架的差异，人们对同一个经济现象可能有不同的解读，得出的结论自然也有差异，甚至会南辕北辙。 经济学是一门社会科学，和自然科学不同，验证一个经济学理论是否正确不能通过一个大家认同的、在一定控制条件下的实验来完成。 只有时间，也就是最终结果能显示人们对一个经济变量的预测是否正确。 但是，即使预测和最终结果是一致的，如果当初的思想与主流观点有差异，或对政策没有影响，其作用也会大打折扣。

社会科学和自然科学的另一个重要差别是后者研究自然界规律，不依赖人类的主观认识而存在，前者研究的是社会现象，与人有关，人可以影响和改造社会规律。 也就是说，我们试图发现的、用来解释一些经济现象的"规律"本身是受社会主流观念、思潮的影响而变化的。 回到全球金融危机的例子，主要政策当局尤其是中央银行之所以对资产泡沫及其影响带来的系统性风险估计不足，是因为在饱受 1970 年代高通胀的困扰后，主流的思潮把控制商品和服务价格通胀视为货币政策的第一甚至唯一要务。 CPI 通胀被看作宏观经济不平衡的主要指标，共识是只要通胀处在温和水平，经济和金融体系的系统性风险就不大，央行在应对资产价格下跌冲击时的政策空间也很大[1]。 现在看来，这样的理念和政策框架成功地控制了 CPI 通胀，但忽视了经济其他方面的不平衡，代价惨重。

全球金融危机后，学界和政策当局都在寻找能帮助我们更好地判断未来的新的视角和机制，可以说，公众对宏观经济学的关注度更高了。 经济学有不同的流派，有些是基于理念、世界观的差别，由于时空环境的变化带来社会主要矛盾的转移，很难说有绝对的对错之分。 分析宏观经济，我们的目的是基于对过去和现在经济现象的解读，抓住当前的主要矛盾，提供有参考价值的对未来走势的展望。 为此目的，我们需要一个宏

---

① Ben S. Bernanke, "Asset-Price 'Bubbles' and Monetary Policy", remarks before the New York Chapter of the National Association for Business Economics, New York, October 15, 2002.

观分析框架，包含研究者对宏观经济主要部门之间的关系和驱动机制的理解，使我们在分析一个具体经济问题时能避免以点概面，只见树木不见森林。

就当前关于中国经济一些热点问题的争议凸显了一个分析框架带来的纪律约束的重要性。 比如，如何解读中国经济增长近几年的显著放缓，这主要是结构性的现象还是周期性的因素使然？ "结构性"观点强调人口结构的变化（传统意义的人口红利见顶和农村富余劳动力的减少）降低了经济的潜在增长率（可持续增长率），而"周期性"观点把增长的下降归结为外部需求减少对出口的拖累和内部宏观政策紧缩导致的投资增长放缓，后者尤其强调人口结构的变化是一个缓慢、渐进的过程，不会对短期增长有很大的影响。 再比如，如何解读劳动力成本上升对通胀的影响？一个流行的观点是劳动力短缺导致工资增长加快，因此中长期来看通胀的中枢水平将显著上升。 但这样的推论和大家比较认同的"长期来讲通胀是一个货币现象"的观点相矛盾。 再有，房地产价格现在的水平有泡沫吗？ 大中城市的房价已经大幅超过一般民众的负担能力，但另一方面，也有不少人强调城镇化的提升空间及其对未来住房需求的支持。

宏观经济现象有不同的侧面，反映多重因素的影响，往往是横看成岭侧成峰，如何从复杂的因素中找到主要矛盾，需要一个合理的视角。 那么应该从什么角度去分析宏观经济问题呢？ 任何经济现象都涉及供给和需求两个方面，对商品和服务的总需求和总供给的分析是研究宏观经济问题不可避免的一环。 所以，区分需求和供给是我们分析框架的一个"维"。 影响需求和供给有多重力量，有内部和外部，经济主体本身和政策，以及暂时和持久因素之分，但从影响的效果进而判断未来走势的角度看，最重要的还是"长期"和"短期"之分。 因此，区分长期和短期是我们分析框架的第二个"维"。

二 需求和供给

宏观经济学把总需求定义为一个经济体在一定时期内形成的对产品和

劳务的购买总量。 总需求可以分为三个部分：消费、投资和出口，所谓驱动总需求的三驾马车。 投资需求可以进一步分为固定资产投资和厂商持有的存货的变动。 消费、固定资产投资加上出口往往被称为最终需求，存货的变动是中间需求。 另一种划分是国内需求（包括投资需求和消费需求）和国外需求，即产品和劳务出口。

总供给是指一个经济体在一定时期内由社会生产活动所提供的最终产品和劳务总量。 它包括两个部分：一是由国内生产活动提供的产品和劳务，即国内生产总值（GDP）；二是由国外提供的产品和劳务，即商品和劳务进口。

按此定义，总需求等于总供给，由此得出国内生产总值（GDP）等于消费、投资和净出口（出口和进口之差）。 所以大家关注的 GDP 增长体现了需求和供给两个方面因素的影响。 从需求端看，宏观经济学分析驱动消费、投资、出口这三驾马车的主要因素及其变动趋势。 一般来讲，驱动消费的主要因素包括居民收入、财富；影响投资的因素有利率、更广意义上的融资条件、企业的利润增长；而出口则受汇率、外部需求的影响。

经济的供给面涉及为生产商品和提供服务所投入的一切要素，最主要的是劳动力和资本，这里的资本并不限于货币资本，主要还是指实物资本，比如机器设备、厂房、基础设施等，也就是一个经济体过去投资累积的资本存量（减除折旧）。 经济学一般用一个生产函数来描述一定时期内，在技术水平不变的情况下，生产中所使用的各种生产要素的数量与所能生产的最大产量之间的关系。 使用劳动（L）和资本（K）这两种生产要素，生产函数可以写成：$GDP = f(L, K)$。 由此，增长的来源可以归结为劳动力和资本存量，以及使用劳动力和资本的效率，即所谓全要素生产率。 后者由方程式 f 概括，取决于技术进步、管理效率、政府政策对资源配置的影响等因素。

我们观察到的 GDP 增长反映了上述的总需求和总供给共同作用的结果，但在某一个时间点需求和供给哪一个是左右经济波动的主要力量呢？ 这个问题的答案对判断宏观经济形势至关重要。 如果 GDP 增长的加快主要反映在需求扩张，总需求的增长快过经济的供给能力，物价就会上升，通胀成为一个问题，最终这样的增长不可持续。当然，价格变动本身可以帮助我们做出判断，增长加快伴随通胀上升一般意味着需求大于供给，而如果增长加快伴随通胀下降甚至通缩，则反映供给大于需求，增长的可持续性就较大。但是，价格的变动往往滞后于需求增长，比如厂商会先用存货或利用闲置产能来满足新增的需求。所以，在经济周期的拐点，判断总需求和总供给的相对重要性，进而判断经济增长的前景尤其具有较大的不确定性。

除了短周期的拐点，在讨论中国经济中长期的增长趋势时，需求和供给的出发点的差异，导致结论也往往不同。一方面，如果观察中国的人均消费水平、资本存量等指标，和发达国家比较还有很大的增长空间，意味着未来的消费和投资需求的扩张仍将较快，可促进经济增长。另一方面，如果关注人口老龄化和农村富余劳动力减少，环境污染和资源的限制等约束经济增长的因素，得出的结论可能会有差异。显然，后者是从经济的供给能力来看未来增长的空间。

要准确地把握形势，抓住主要矛盾，我们就需要分析驱动需求和供给的力量，哪些是短期的因素，其影响是暂时的，哪些是相对长期的因素，其影响是持续的。当我们讨论中国经济未来增长的前景时，便涉及如何看待需求和供给在长期和短期的关系。

三　长期和短期

从供给端看，决定经济的供给能力的三个方面——劳动力、资本存量和全要素生产率——短期内的变化都不大。劳动力数量的增长主要取决于人口总量和年龄结构的变化，是一个缓慢的过程[①]；资本的增长（每一年的投资完成额扣除折旧）相对于过去几十年累积的存量来讲是很小的部分；而全要素生产率受技术进步等限制在短期内也难有很大的变化。随

---

① 劳动力（L）往往被认为包含人力资本，比如劳动力的教育水平，劳动人口的平均年龄也是影响人力资本的一个重要因素。一般来讲，年轻人口的创新能力强些。但这些都是一个渐进的过程，短期内变化不会很大。

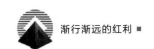

着时间的推移，长期内这些因素都可能发生较大的变化，所以，一般认为经济的供给能力的增长，即潜在增长率的变化是平滑的，呈现趋势性的特征。 当然，经济的供给面会受短期的冲击，比如自然灾害（洪水、严寒、地震）对农业和工业生产的影响，但这种冲击一是不可预测，二是发生以后的影响短暂，也相对比较清楚，所以，这些暂时的供给面的冲击不是宏观经济分析的主要变量。

需求的三驾马车（消费、投资和出口）的波动要比上述的供给面的因素大得多。 人们的消费行为，尤其是基本消费以外的可选消费，受当期的收入、资产价格（财富效应），以及对未来的信心等因素影响，后两者短期的波动尤其大①；企业的投资行为受融资条件、对未来需求的预期或信心影响，其中存货变动的幅度往往较大；出口则受外部需求和市场环境包括汇率变化的影响。 所以，宏观经济分析一般把 GDP 增长的短期变化归结为需求的拉动作用，在分析短期经济波动时，我们可以假设潜在增长率不变，或基本稳定。 大家预测未来一年的增长时往往从总需求的三驾马车入手。

这种"长期看供给、短期看需求"的逻辑似乎很清楚，但现实远比此复杂，供给和需求、长期和短期的关系在某些条件下往往互为因果，相互交织。 短期需求的变动可以通过改变经济供给面的因素来影响长期的经济增长潜力。 比如，投资需求持续减少必然影响整个经济的资本积累，从而对经济的供给能力形成制约，在此情形下，需求和供给、长期和短期的变化方向是一致的。

但也有不一致的情形。 在我国，宏观政策逆周期操作、稳定总需求主要是通过政府主导的投资进行。 一方面，由于财政资金对基建项目的投入往往能够带动地方政府获得来自其他渠道的配套资金，尤其是银行信贷，财政政策拉动短期需求的效率很高。 另一方面，政府投资占用的资源越多，私人部门发展的空间就越受限制，其结果可能不利于长期的经济

---

① 按照永久收入假设，人们的消费行为主要受长远的收入预期而不是当期收入变化的影响，所以财富的变动比当期收入的变动更重要。 但在某些条件下，比如金融市场不发达，人们不能通过借贷平滑消费时，年轻人的消费受当期收入的制约就比较大。

增长。 如果扩张的财政政策通过减税来进行呢？ 其拉动短期需求的效率相对较低，因为减税虽然增加了居民的可支配收入，降低了企业的负担，但这些有多少能够转化为当期的消费和投资取决于私人部门对未来的信心和其他可能的限制条件。 但减税增加了私人部门支配资源的比重，其伴随的资源配置的效率可能比某些政府主导的投资的效率高，因此将有助于长期的经济增长。

另一个例子是发达国家面临的长期和短期的两难选择。 发达国家总的政府债务负担从全球金融危机前对 GDP 74% 的比率，上升至 2012 年的 110%，显著超出了 90% 的警戒线①。 债务负担高悬，使得欧、美、日政府面临很大的财政紧缩压力，加税和减少开支的财政紧缩必然影响短期需求。 在欧美银行面临去杠杆压力、货币政策扩张效率降低的情形下，财政紧缩对短期经济增长的伤害尤其大。 但现在的财政紧缩有助于政府债务的可持续性，降低私人部门未来的税收负担，有利于长远的增长，这是主张即使承受短期痛苦也要财政紧缩的一派的主要论据。 但问题不是这么简单，反对的一派强调财政紧缩拖累经济增长，在脆弱的经济环境下，使得失业率持续处在高位，长期失业的人技能降低甚至散失，整个经济的潜在增长或供给能力下降，即使以后经济复苏了，这些人也很难就业，政府的未来税基受到伤害。 按照这一派的观点，财政紧缩既不利于短期增长，也不利于长期增长，从而不能改善政府债务的可持续性。

政策如何在不同的利益诉求中取得平衡呢？ 政策的制定和执行受社会的主流观念影响，现实中，欧美的财政政策似乎是在这两派观点的中间取得了平衡，但总体来讲反对财政紧缩的声音对政策的影响更为明显，本质上反映了全球金融危机以后，主流经济学思维的一些变化。从过去一味反对财政扩张，强调债务的中长期可持续性，转变为更关注短期的经济增长，原因是这次危机对经济的冲击大，主要矛盾是短期需求不足。

---

① Reinhart, C. and K. Rogoff（2010）总结过去发达国家与发展中国家的经验，发现政府债务负担超过 GDP 的 90% 以后，对经济增长有明显的拖累。

全球金融危机对我国的经济政策和背后的经济学思维也产生了较大的影响，2009 年 4 万亿元的政策刺激与货币信贷的大幅扩张对扶持短期需求增长的效果显著，但也引起了对其中长期负面影响的关注。 如何平衡短期与长期、供给与需求是全球金融危机后许多国家，包括中国共同面对的难题。 在此，有必要先回顾宏观经济学两大流派的演变及其最新的发展，以充实上述的两维空间，为本书的其他章节提供一个分析框架。

四 两大主流学派的盛衰

宏观经济学理论基本可以分为两大流派，古典经济学和凯恩斯主义。简要地讲，古典经济学强调市场配置资源的有效性以及市场经济的内在稳定性，有供给就有需求，所以政府干预经济活动没有必要，甚至有害。凯恩斯主义则强调市场不总是有效的，有时候需求不足，在市场力量不能实现资源的有效配置时，需要政府的帮助。

古典经济学

古典经济学包括两个部分：一般均衡论和货币数量论。 一般均衡论解释商品的相对价格和由此引导的资源配置，货币数量论解释商品的货币价格和一般价格水平。 假设一个人工作 1 小时可以换来 2 餐饭，两者相对价格的比例是 2∶1，如果 1 小时的工资是 20 元人民币，1 餐饭的价格就是 10 元，如果小时工资是 50 元，1 餐饭的价格就是 25 元。 同样的相对价格对应的货币价格可以不同，资源的配置（在这个例子中，人们在工作和休闲之间的时间配置）取决于相对价格而不是货币价格。 在古典经济学中，货币是中性的，不影响实体经济的增长。

我们在学习微观经济学时，都是从一个商品的需求和供给曲线开始，商品的价格取决于需求和供给，在需求等于供给时对应的价格和数量是均衡水平。 一般均衡论把需求和供给的关系扩展到所有商品，有两个重要结论。 第一，至少存在一个价格和数量系统使得每个商品的供给和需求平衡；第二，给定现有的财富分配，市场供求决定的不同商品之间的相对价格和数量有效地配置资源（帕累托最优），超过任何一个"计划者"集中不同信息所做的资源配置①。

一般均衡论在宏观层面的延伸是供给决定需求的观点，意思是说在现有的供给能力下生产的产品数量决定了经济的需求，基本逻辑是每年生产的东西分配到居民、企业和政府，通过再分配，收入最终会转化为消费和投资。古典经济学的这一思想可以用所谓的"萨伊定律"来概括：供给创造需求，经济不会出现生产过剩的情况，资源被充分利用，包括劳动力；失业是自愿的，是人们在就业与休闲之间的选择，不存在非自愿的失业。西方国家在 18～19 世纪经历了多次周期性的经济危机，对此古典经济学也有些解释，例如把工业的波动归结为发明、创新，错误的乐观和悲观，劳工冲突等因素，基本观点仍然是有供给就有需求，外在的冲击只会导致短暂的波动，市场自身有稳定机制，最终能够回到充分就业②。

古典经济学的货币数量论起源于 16 世纪的欧洲，当时，人们发现随着美洲新大陆生产的黄金被源源不断地运回欧洲，物价有明显的上升。苏格兰人大卫·休谟（David Hume）的一篇文章——《货币论》（"Of Money"）阐述了商品的货币价格和货币数量之间的正比例关系。后来欧文·费雪方程式对此做了描述，货币的量（M）乘以流通速度（V）等于商品交易的量（Q）乘以价格（P）③。古典的货币数量论假设货币流通速度是稳定的，商品的交易量代表货币需求，货币供给超过需求，物价就会上升。货币数量论的精髓是货币是中性的，货币量的变化不影响实体经济，只导致价格水平的变化。

古典经济学的一般均衡论和货币数量论解释了实体经济波动和价格水平变化的机制，基本结论是市场配置资源的效率最高，经济有内在的稳定

---

①　Varian Hal R ., *Microeconomic Analysis*, Third Edition, W. W. Norton Company, Inc, 1992.

②　Pigou, A. C ., *Industrial Fluctuations*, Macmillan, London, 1928.

③　Irving Fisher, *The Purchasing Power of Money*, *its Determination and Relation to Credit*, *Interest and Crises.* Macmillan, New York, 1911.

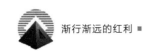

性。 古典经济学有一个形象的比喻，经济像小孩的摇篮，受到冲击后左右摇摆，但会回到稳定的原点，而政府的干预弊大于利。

古典经济学曾长时期占据理论界的主导地位，但 1930 年代的大萧条向这一传统理论提出了严峻挑战，资本主义世界产出严重过剩，需求持续委靡不振，失业率大幅上升并长时期处在高位。 美国的失业率从 1920 年代的不到 5% 快速上升到 1930 年代初的超过 20%，并连续几年处在 20% 左右的水平。 显然，不能把这么高的失业率看成资源有效配置的结果。以此为背景，另一个经济学流派凯恩斯主义兴起，认为市场不总是有效的，有时候需要政府的帮助。

凯恩斯主义

凯恩斯经济思想的核心是总供给理论：总供给是为满足总需求所需要雇用的工人数，总需求是住户和企业购买商品和服务的总支出，总需求决定总供给（就业人数）[1]。 凯恩斯对大萧条的解释是总需求（有效需求）不足，背后的驱动是投资者信心（animal spirit）。 投资者信心下降，股市下跌，融资条件趋紧，导致企业减少投资，生产机器的工人失业，失业的工人降低消费，导致生产消费品的工人失业，形成一个恶性循环。 所以，和古典经济学的一般均衡论相反，凯恩斯总供给理论的政策含义是在有效需求不足的时候，政府有必要增加开支，以支持总需求[2]。

凯恩斯的货币理论和货币数量论也不同。 凯恩斯在货币的交易功能以外强调货币的储值功能，人们持有货币有一部分是为了储蓄。 货币作为资产的回报率相对其他资产低，但人们为什么还要持有货币资产呢？ 凯恩斯认为人们有流动性偏好，因为未来是不确定的，最相关的不确定性来自利率的波动。 假设利率波动增加，人们对风险资产的偏好降低，流动性偏好上

---

① Keynes, J. M., *The General Theory of Employment, Interest and Money*, Macmillan, London, 1936.

② 后人对凯恩斯的经济主张往往有些误解，把很多政府干预经济活动的行为都归结为凯恩斯主义，有扩大之嫌。 其实凯恩斯认为资本主义市场经济体系和其他制度相比是最有效的，只有在有效需求不足的情况下，政府才应该伸出援手。

升，如果央行不增加流动性资产的供给，利率水平就会上升①。 凯恩斯认为高利率导致投资疲弱，是经济萧条的重要原因。 流动性偏好理论实际上强调了货币需求（流动性偏好）的不稳定性，由此导致利率（在给定货币供给的情况下）发生超越预期的变化，影响总需求。 按照凯恩斯的流动性偏好理论，货币对实体经济来讲起码短期内不是中性的②。

凯恩斯的总供给理论和流动性偏好理论对政策的含义和古典经济学截然不同，对战后的市场经济体的宏观政策产生了重大影响。 应对有效需求不足，凯恩斯最主要的政策主张是政府增加赤字预算，通过提高政府支出来弥补私人部门支出的不足。 为应对高利率，凯恩斯主张央行增加流动性（货币）供给来满足私人部门流动性偏好的上升。 传统上，央行通过购买短期国债来投放流动性，但在短期国债利率接近零的情况下，短期国债已经是类似货币的流动性资产，央行投放货币购买短期国债只是以一种流动性资产替换另一种流动性资产，并不能真正增加总的流动性供给。在这种情况下，凯恩斯主张央行在市场直接购买长期国债，甚至其他风险资产，以降低不同期限的利率水平。

在美国，政府开支在 1940 年代大幅增加，带动经济强劲复苏，被认为是凯恩斯政策和理论成功的重要体现。 凯恩斯理论在 20 世纪 50 ~ 60 年代达到鼎盛，经济学界也找到支持其理论的实证数据。 按照凯恩斯理论，总需求变化先影响就业，充分就业后才会影响物价，失业和通胀不会同时发生。 经济学家菲利普斯在 1958 年发表的一篇文章中提供数据显示在之前的 100 年内，英国的失业率和工资增长率呈负相关，且关系稳定，美国的相关研究也找到类似的关系③。 这就是宏观经济分析到今天还经常用到的著名的菲利普斯曲线，讲的是政策在增长（促进就业）和控制通

---

① 凯恩斯的流动性偏好理论，假设人们在货币（流动性）与债券之间选择，债券的价格受利率影响大，是风险资产。

② 凯恩斯的短期和古典经济学的短期显然是不一样的，凯恩斯著名的一句话是"长期我们都不在了"，说的是古典经济学"长期"的概念没有现实意义。

③ Phillips, A. W., "The Relation Between Unemployment and the Rate of Change of Money Wage Rates in the United Kingdom, 1861 – 1957", *Economica*, Volume 25, Issue 100, pages 283 – 299, November, 1958.

胀之间需要有所取舍，两者难以兼得。

　　但是，到了 1960 年代后期，这种关系开始变得不稳定。 弗里德曼提出了著名的自然失业率的概念。 自然失业率取决于一些基本面因素，包括劳动生产率、住户偏好、找工作的成本等，长期来看失业率和总需求没有关系，和通胀也没有关系①。 对应自然失业率的是潜在增长率的概念，宏观经济分析一个普遍使用的假设是当经济增长快过潜在增长率时，总需求压力逐渐累积，通胀上升，反之，通胀压力下降。 也就是说，潜在增长率、自然失业率和货币、通胀等名义变量没有关系。 弗里德曼的概念反映了经济的基本面因素，代表了古典经济学的思想，但也认同经济增长与潜在增长的差距影响通胀，在一定程度上是结合凯恩斯和古典经济学的精髓。 到了 1970 年代，西方国家出现滞胀问题，美国在 1975 年的失业率达到 9%，而通胀率在 13%。 高通胀率和高失业率并存，加速了凯恩斯主义信用的破产，取而代之的是所谓的新古典经济学。

新古典与新凯恩斯经济学

　　新古典经济学和古典经济学的精神一致，强调市场配置资源的有效性和政府干预经济活动的有害性，但更多地从宏观的角度分析经济波动，同时强调预期对人们经济行为的影响。 新古典经济学的代表人物罗伯特·卢卡斯发扬了约翰·露丝（John Ruth）提出的理性预期假设，指人们在理性的情况下，针对某个经济现象（例如市场价格）进行的预期，他们会最大限度地利用所得到的信息而不会犯系统性的错误，平均来说，理性预期是准确的②。 按照这个假说，经济总是在均衡状态，失业也是均衡现象，反映了住户的偏好、技术进步、劳动力供给等基本面因素。

　　如果说古典经济学的一般均衡论解释的是在一个时间点所有商品的供给和需求的平衡，那新古典经济学的一般均衡论解释的就是在不同的时间

---

① Friedman, M., "The Role of Monetary Policy", *American Economic Review*. 58（March），1968：1 - 17.

② Lucas, Jr. R. E., "Expectations and the Neutrality of Money", *Journal of Economic Theory*, 4（2），1972：103 - 124

点所有商品的供给和需求的平衡。在理性预期学派的基础上，出现了革新版的一般均衡论，即实际商业周期理论（real business cycle theory），用生产率变动解释就业、投资、消费和 GDP 的波动。在这个模型里，甚至没有失业率这个变量，就业的波动反映了人们对工作时间的自愿选择①。按照新古典经济学的理论，试图抹平经济周期波动的总需求管理政策在短期内也不能改善一般民众的福利。卢卡斯在一篇文章中呼吁经济学家多研究决定长期经济增长的基本面因素，少研究经济周期的波动②。

但这种完全否定政府逆周期操作功能的观点不能被所有人接受，所以出现了一个所谓"新凯恩斯"经济学的流派。"新凯恩斯"经济学借用古典经济学的微观基础，也加进了理性预期假设，但强调市场体系中有一些摩擦，导致经济有暂时的不平衡，其中一个重要的假设是价格不能及时变动，货币变动先影响实体经济，后影响物价。货币对增长和失业有短期的影响，但长期是中性的。

举个例子，假设油价因为外部冲击上升，在货币供应不变的情况下，对经济有何影响呢？按照古典经济学，商品的价格是灵活的，其他商品价格相应下跌，人们总体实际收入不变，总需求不变；按照新凯恩斯理论，短期内其他商品价格不变，油价上升导致人们的实际收入下降，总需求下降，失业率上升，长期来讲，价格是灵活的，总需求回升到先前的水平，经济回到均衡点。按照新凯恩斯经济学，在这个例子中，增加货币供应可以防止人们的实际收入因油价上升而下降，从而有利于降低实体经济的短期波动，但长期来讲总体物价水平会因为货币供应的增加而上升。

新凯恩斯经济学对中央银行的影响很大，为货币政策的逆周期操作提供了理论基础③。但是，新凯恩斯经济学和凯恩斯的原始思想有很大差别，前者强调货币扩张对实体经济只有短期影响，长期只能导致通胀，

---

① Kydland, F. E. and E. C. Prescott, "Time to Build and Aggregate Fluctuations", *Econometrica*, 50, 1982:1345 −1370.

② Lucas, Jr. R. E., "Understanding Business Cycle", Carnegie-Rochester Conference Series on Public Policy, 5,1977:7 −29.

③ Woodford, M., *Interest and Prices: Foundations of a Theory of Monetary Policy*. Princeton University Press, Princeton, 2003.

货币政策应该以控制通胀为主要目标。 从一定意义上讲，新凯恩斯经济学是古典的货币数量论的一个更切合实际也更有现代微观基础的革新版本，被冠上凯恩斯的名字有点名不副实，其实它更多的是古典经济学的精神。

五　主流分析框架

新古典与新凯恩斯经济学在全球金融危机前的 20 多年间占据经济学的主导地位，尤其对宏观经济政策的理念和执行机制有着变革性的影响。今天的市场层面和政策层面的宏观经济分析基本还是在这个框架之下，因此有必要对此做一个勾勒。 冒着过度简化的风险，我们总结全球金融危机前的主流宏观经济分析框架如下。

总需求曲线　描述 GDP 增长的短期波动和其影响因素之间的关系，比如利率、资产价格、外部需求、汇率、财政政策等。

长期总供给曲线　描述潜在 GDP 增长（长期增长趋势）和其驱动因素——劳动力、资本存量、全要素生产率——之间的关系。

短期总供给曲线　描述 CPI 通胀率和总需求压力（比如产出缺口，衡量总需求和长期总供给曲线代表的经济供给潜力之差），一些短期的供给冲击比如油价之间的关系，短期来讲，给定潜在增长率，GDP 增长加快使得产出缺口增加，代表总需求压力加大，拉动通胀上升。

货币政策　描述货币政策操作标的（例如短期利率）对货币政策调控目标的反应函数关系，比如当通胀率超过央行设定的通胀目标时，提高利率来进行货币紧缩，以抑制总需求。

财政政策　描述财政政策操作标的（例如财政赤字）对其调控目标的反应函数关系，比如当经济增长低于潜在水平（或政府的目标）时，通过增加赤字来进行财政扩张，以提升总需求。

国际收支　在浮动汇率制度下，描述汇率的决定及其对其他部门影响的关系；或者在固定汇率制下，国际收支净差（央行购汇、售汇量）对国内货币环境（利率）的影响。

　　总需求和短期总供给曲线反映凯恩斯的理论，短期内需求决定经济增长的动能，GDP 增长反映总需求的变化，当需求超过经济的潜在供给能力时，通胀就会上升。如前所述，因为各自背后的驱动因素有差异，总需求往往被分解为消费、投资、出口这三驾马车来分析。货币政策改变短期利率来影响长期利率、资产价格甚至汇率，进而通过财富效应下人们在今天消费和未来消费之间的取舍、在国内产品和进口产品之间的取舍等来影响消费、投资和出口。

　　短期总供给曲线对中央银行的政策操作非常重要，其描述的是通胀和产出缺口（也就是短期经济增长）的取舍关系，也就是菲利普斯曲线。中央银行和金融市场的研究人员投入了大量的资源估算这种实证关系，试图通过对历史数据的分析找到两者之间的弹性系数，也就是所谓的"牺牲率"：把通胀率降低一个百分点，需要放弃多大的经济增长率来实现。一般认为，牺牲率取决于经济的结构性因素所决定的价格的灵活性，价格的灵活性越大，牺牲率越小。而民众对货币政策的信用度是影响价格灵活性的因素之一，货币政策的信用度越高，牺牲率越低。

　　长期总供给曲线反映古典经济学的思想，长期来讲，经济增长取决于供给面的基本因素（劳动力、资本存量和生产效率），与需求方面的因素，包括总需求管理的财政与货币政策无关。潜在增长率对应的是自然失业率的概念或者不会导致通胀上升的失业率。估算潜在增长率或者自然失业率也是宏观经济分析的一个重要方面，影响着货币政策逆周期操作的可靠性与准确性。

　　货币政策的反应函数主要是针对经济的短期波动进行的逆周期操作。整个宏观经济政策的核心是控制通胀，只要通胀在温和水平，经济不会出现大的失衡，就有了可持续增长的基础。虽然央行有逆周期操作，但目标是把通胀控制在一个温和水平上，同时降低通胀的波动，为私人部门的发展提供一个稳定的宏观经济环境。在货币政策机制上，强调中央银行的独立性，限制政府其他部门的干扰，由此提高货币政策的信用度，从而降低牺牲率。同样为此目的，在政策执行上，强调规则和透明度，一方面约束央行本身的行为，另一方面，引导市场预期，降低市场参与者短期

行为的动力。

在操作标的上，受弗里德曼货币学派的影响，主要中央银行在 20 世纪 70 ~ 80 年代以货币总量为中间目标，背后的假设是基础货币和广义货币之间有稳定的关系，而广义货币和名义 GDP 增长/通胀之间也有稳定的关系，央行通过改变基础货币的量达到控制通胀的目标。 实际上，弗里德曼的货币主义和古典的货币数量论是有差别的，和凯恩斯类似，弗里德曼强调货币需求的不稳定性，货币供给的变动短期不是中性的，长期则是中性的，只影响物价。 和凯恩斯不同的是，弗里德曼认为货币的变动对短期经济活动的影响比财政政策的效率大。 正是因为货币供给相对需求的变动对经济的短期影响大，且货币需求的变动难以把握，弗里德曼主张中央银行维持稳定的货币增长，以引导私人部门的预期，提供一个稳定的宏观环境。

到了 1990 年代，金融市场的发展和创新使得货币的定义和量度变得复杂，央行转而以短期利率作为操作标的。 在新的环境下，新凯恩斯学派认为我们观察到的广义货币是内生的，由需求决定，利率才是货币政策的有效操作标的。 中央银行通过公开市场操作控制短期利率，进而影响长期利率，然后是资产价格和广义的经济活动，进而通胀依赖的机制是短期利率和通胀之间有一个稳定的关系，比如在美国有著名的泰勒规则（Taylor rule）①。 在英国等其他国家，央行则以控制通胀水平为其首要目标，实行通货膨胀目标制的政策框架：央行对外公布未来一段时间（一般为 2 年）所要达到的目标通货膨胀率，同时，预测通货膨胀率的未来走势，如果预测高于目标，紧缩货币政策，如果预测低于目标，则放松货币政策，使实际通胀水平在中期接近目标水平。

在这个框架下，财政政策逆周期操作的效率受到质疑，财政政策强调

---

① 泰勒规则描述短期利率和通胀（预期）以及产出缺口之间的稳定关系，产出缺口是实际 GDP 和其潜在水平之差，代表总需求压力。 泰勒规则由 John Taylor 于 1993 年针对美国的实际数据提出，形式上看似非常简单，但对货币政策规则的研究具有深远的影响。 如果中央银行采用泰勒规则，货币政策执行上就具有了一种预承诺机制，从而强化规则和透明度。 Taylor, "The Use of the New Macroeconometrics for Policy Formulation," *American Economic Review*, 83 (2), 1993: 300 - 05.

政府财政平衡的中长期可持续性，短期的总需求刺激被认为既没有效率，而且挤压了私人部门的增长空间。 最优财政政策被认为是遵循一个中期框架，约束政府短期操作的空间。 国际货币基金组织（IMF）和世界银行在为会员提供政策建议，尤其是设置贷款的条件时，财政纪律、财政紧缩往往是最重要的部分。 以至于当 IMF 总裁在 2008 年向 G20 国家发表公开信，建议发达国家政府增加开支以刺激经济增长时，被市场看作一个重要的政策转折点。

除了宏观经济政策，新古典经济学与新凯恩斯经济学在过去 30 多年对西方更广层面的经济政策乃至全球经济都产生了重大影响，甚至可以说带来了革命性的变化。 用一句话总结，1970 年代后期以来经济政策的主流是经济自由化。 这体现在两个方面。 首先，对内来讲，减少政府干预，发挥市场配置资源的作用。 标志性的事件包括美国里根政府 1980 年代的供给学派政策，强调通过结构改革改善经济的供给潜力，促进经济增长，其中重要的方面是减税。 在英国，差不多同一时期，撒切尔夫人的保守党政府推行私有化政策，当时来自工会的阻力很大，但后来的发展显示这样对提高效率的确有明显的促进作用。 其次，从国际层面来看，贸易自由化，资本账户开放成为经济全球化的重要推动力，市场在资源的跨境流动和配置上的作用大幅提高。

在金融领域，自由化的政策体现为监管的放松，标志性事件是废除《格拉斯－斯蒂格尔法案》（Glass-Steagall Act）。 1999 年，由克林顿政府提交的监管改革绿皮书经国会通过，形成了《金融服务现代化法案》，废除了 1933 年制定的《格拉斯－斯蒂格尔法案》的有关条款，从法律上消除了银行、证券、保险机构在业务范围上的边界，结束了美国长达 66 年之久的金融分业经营的历史。 其结果是商业银行开始大规模从事投资银行的活动，金融市场和金融机构大幅扩张。 随着监管的绊脚石被移走，金融扩张的幅度明显大于其所服务的实体经济，后来的次贷危机显示这种放松管制后爆发性的增长是不可持续的。

上述的政策框架的成效如何？ 从 1980 年代中期到 2000 年代中期的 20 多年的经济发展显示，不但通胀率和 70 年代相比大幅下降，经济增长

的波动也大幅减小。 这就是西方发达国家经历的一个被称为"大缓和"
（The Great Moderation）的时期：通胀率处于低水平，增长处在相对较高
水平，或者更准确地讲，为控制通胀而牺牲的经济增长比过去小了，而且
增长和通胀率的波动降低了。 政策当局，尤其是中央银行为政策的成功
而自我表扬，新古典和新凯恩斯经济学的统治地位似乎不可动摇，凯恩斯
已经成为遥远的历史。 但全球金融危机改变了一切，西方发达国家过去
几年经历了1930年代"大萧条"以来最大的衰退，增长的波动大幅增
加，"大缓和"时代结束了（见图1-1）。

图1-1 发达国家"大缓和"时代的逆转

资料来源：Haver Analytics、中金公司研究部。

六 全球金融危机的冲击

全球金融危机发生后，发达国家政府干预经济活动的范围与力度大幅
增加。 首先，政府出资救助受危机冲击的金融体系，其次是减税，增加
开支刺激总需求，财政政策大幅扩张。 货币政策极度宽松，短期利率降
到零后，美联储更是采取了所谓量化宽松措施，在市场上购买长期国债和
其他债券，直接降低长期利率。 与此同时，政策当局加强了金融监管和
宏观审慎管理，促使金融机构降低杠杆率和风险敞口。 可以说凯恩斯主
义回来了，今天的美联储、日本央行的量化宽松措施正是凯恩斯为应对

1930 年代"大萧条"的政策主张之一，另一个则是财政扩张。

但历史不是简单地重复，今天的经济与市场环境和过去很不一样。欧美、日本都面临政府债务高企带来的财政紧缩压力，限制了财政扩张支持短期需求的空间。货币政策方面，对量化宽松刺激需求的效率以及其长期的负面影响，尤其是通胀风险都存有很大的争议。可以说，之前的政策框架和理论基础受到了重大冲击，但新的理念和框架还在摸索之中。在回顾经济学主要流派和政策演变的基础上，随着人们对全球金融危机产生的原因和冲击的反思，主流分析框架有三个重要的局限性尤其受到关注。

第一，对资产价格的变动及其影响把握不够。在这个框架下，资产价格的变动只影响短期的消费和投资需求，是货币政策影响总需求与通胀的一个传导渠道，仅此而已。然而，资产价格的大幅上下波动对金融体系的稳定有重大影响，进而可能影响长期经济增长。主流分析框架对资产价格尤其是房地产价格的变动重视不够，主要是因为资产价格受预期、信心的影响大，难以预测，同时人们对资产价格变动影响广义经济活动的渠道也缺乏准确的理解。因此，尽管资产价格有很强的顺周期特征，放大经济波动，但人们对于政策如何应对资产价格的波动有很大争议。主流的观点是资产价格的波动与商品价格的波动一样，长期来讲，对实体经济是中性的。即使有较大的影响，因为资产价格变动的规律难以把握，政策能做的有限，主要功能是应对资产价格大幅下跌后对经济的可能冲击。美国的房地产泡沫及其破灭后的冲击凸显了忽视资产价格波动所带来的问题。

第二，和资产价格有关，但又有区别的是货币信用周期。上述的分析框架中，在货币政策影响总需求的传导机制中利率起着关键作用，央行通过调控短期利率影响长期利率，进而影响资产价格、消费与投资需求等。金融中介把储蓄转为投资的行为被认为总是有效的，货币、信用的量是利率变动的一个结果，属于内生变量，没有独立的影响。在我国，虽然货币、信贷的量的控制是货币政策传导机制的一部分，但同样局限于对短期经济增长与通胀影响的角度。实际上，一个流行的观点是，随着

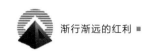

利率市场化的推进，货币政策的操作应该从数量型工具转变为价格型工具（利率）。

全球金融危机凸显了主流宏观经济分析和政策框架在把握货币信用周期及其影响方面的局限性。 在总需求的短期波动、经济供给的长周期之外，货币信用有其自身的变动规律。 货币信用变动对短期需求有影响，中长期来讲对金融的效率和稳定可能也有影响。 其他国家的经验显示，房地产价格与信用扩张联系在一起，往往为金融危机埋下种子，光看到利率的变动是不够的，金融中介的作用不总是有效的，货币、信用的量有自身独立的指标意义，过度的扩张与紧缩都会冲击金融稳定①。

第三，制度的变化影响人们的经济行为，过去有效的宏观经济关系可能因为制度安排的变化而变得不稳定，丧失其作为分析工具和政策参考的价值。 欧美这几年的发展，尤其是财政、货币政策的变化严重冲击了人们对一些重要经济关系的经验把握。 最明显的是，在接近零的情况下，短期利率已经丧失了作为政策操作工具——流动性提供的有效性，直接购买长期国债或者其他风险资产（量化宽松）成为主要手段。 但新的工具和政策的传导机制是怎样的？ 刺激总需求的效率有多高？ 会带来什么风险？ 对此，市场和政策当局有着不同意见，争议较大，我们处在一个不确定性尤其大的时期。

在本书的讨论中，我们试图在主流的宏观经济分析框架下，更多地结合资产价格和货币信用周期的分析，尤其是房地产市场的发展及其影响。我们也试图超越货币政策的短期影响来分析货币信用的长周期演变规律。制度变迁和结构政策演变更是贯穿我们分析的一条主线，我们分析过去三十年改革开放中的制度变革对中国经济增长和结构的影响，在此基础上，探讨现在面临的问题，未来结构改革的方向。 在未来的制度安排中，一些重大领域包括利率管制、资本账户管制、汇率制度的安排、财税体制、城镇化中涉及的户籍及公共服务安排、土地制度等都可能发生较大的变化，影响着经济的供给和需求关系。

---

① 第五章对此有更详细的分析。

另一条主线是人口结构的变化，人口结构的变动缓慢，我们对其未来的走势比较确定，但人口结构变动对宏观经济的影响不一定是线性和平均的。 这中间有一个累积的过程，有些影响的释放是不均匀的。 下一章将描述我国人口结构的特征及其宏观经济含义，我们将借鉴人口结构变动走在前面的国家的经验教训。 我们的分析将显示，西方国家在金融危机前的大缓和时期，资产价格泡沫以及其破灭导致的金融危机在一定程度上都和人口结构的变动有关。

就人口结构与经济的关系，主流的宏观经济分析局限在劳动力供给变动对经济增长的影响层面，本书要强调的是人口结构的变动有着更广泛和深远的影响（尤其是通过资产价格与信用周期），是决定宏观经济格局的根本因素之一。

第二章

人口结构的
宏观经济含义

　　坚持计划生育的基本国策，提高出生人口素质，逐步完善政策，促进人口长期均衡发展。

——中共十八大报告（2012）

　　中共十七大对人口问题的表述是，"坚持计划生育的基本国策，稳定低生育水平，提高出生人口素质"。 对同一个问题前后两次代表大会的表述有明显变化，不再提稳定低生育水平，相反，强调人口的长期均衡发展。 国家统计局在公布 2012 年经济数据时，提到 15 ~ 59 岁的劳动年龄人口数量第一次出现下降。 传统上对劳动年龄人口的定义一般是 15 ~ 64 岁，统计局特地强调 15 ~ 59 岁人口数量的下降，似乎是要凸显我国人口结构变动的趋势。 我国人口不均衡发展有多严重，其对经济的影响体现在哪些方面？ 先看两个小例子。

　　杭州《都市快报》2012 年 10 月 28 日的一篇报道凸显出农村的所谓"空心村"问题。 江西西北群山深处有一个叫南坑村的小山村，始建于清朝末期，最鼎盛时有 130 多口人，现在，一个 64 岁的老人成了村里唯一的居民，守护着这个据传清朝末年由浙江丽水迁来的村庄。 该报道把这个变迁归结为城市化的冲击，青壮年挤入城市工作和生活，一家家搬离了村庄。

　　"空心村"的出现，除了劳动力从农村向城镇转移的因素外，还有一个原因，就是生育率下降，造成年轻人口显著减少。 这两个因素影响下的一个集中体现是中小学在校学生数的减少，这一点在农村尤其突出。2012 年，21 世纪教育研究院发布了《农村教育布局调整十年评价报告》。 报告显示，2000 ~ 2010 年，在农村平均每天消失 63 所小学、30 个教学点、3 所初中，相等于每过 1 小时，消失 4 所农村学校。 生源不足是

＊　本章的思路与框架始自彭文生，"人口结构的宏观经济含义"，中金宏观专题报告，2011。 过去两年对相关问题的思考有一个逐渐深化的过程，本章是一个系统性的总结。

造成学校减少的重要原因。

这两个例子是我国人口结构变动的一个缩影。 过去十几年，年轻的非劳动力年龄人口（少儿）的数量下降，劳动年龄人口占总人口的比例持续上升，同时大量劳动力从农村转移到城镇，从闲置或半闲置状态变为在现代制造业和服务业就业，全社会劳动生产率大幅提高，是经济快速增长的一个重要推动力。 但是，随着时间的推移，1980 年代初开始的严格的计划生育政策对人口结构的影响逐渐显现出来，劳动力变得比过去短缺，工资上升速度加快。

近几年，人口问题对经济、社会的影响越来越受到关注，相关的研究也多了起来，但因为出发点不同，分析的框架不同，得出的结论往往有很大的差别。 本书的一个特色是把人口结构的变动放在宏观经济分析框架里，系统性地分析其对经济的不同层面的影响。 今天我们面临的挑战不仅是劳动力数量开始下降，更重要的是人口年龄结构的变化。 人在生命的不同阶段的消费和投资行为不一样，总人口中不同年龄段人口的占比不均衡，必然对总体消费和投资产生重大影响。

在讨论人口与经济的关系时，有一个倾向是认为人口的变动是缓慢、渐进的，对经济的短期影响很小。 本章试图说明有些影响不是线性、均匀分布的，尤其是通过资产价格、货币信用渠道产生的影响，有一个累积的过程，最终的波动性大。 我们首先阐述人口结构如何影响经济增长、通胀、资产价格、货币信用周期等宏观经济现象，然后参照人口红利走在我们前面的国家的经历，总结对我们的可能的启示。 古人云：人无远虑，必有近忧。 人口不均衡发展的影响不是劳动力减少降低经济增长那么简单，冲击的形式也不是人口结构变动缓慢所暗示的那么遥远和渐进。

一 人口结构的主要特征

2010 年第六次全国人口普查数据揭示了我国人口变化的主要趋势：①过去十年，人口年均增长率比 20 世纪 90 年代明显放缓；②劳动年龄人口比重增加，但老龄人口比重上升，少儿人口比重降低，老龄化趋势初现；③全社会受教育程度明显提升，人口素质提高；④城镇化进程快，城镇人口占总人口的比重超过了50%；⑤沿海发达省份的常住人口所占比重增加，内陆欠发达地区的比重下降。

上述第一项讲的是人口总数的增长放缓，按照现在的生育率估算，人口增长率将进一步下降，从过去10年的年均增长0.53%降低到未来10年的0.28%，人口总数到2025年左右将达到顶点，然后开始下降。人口总数在顶点的水平预计是13.96亿（见图2-1）。计划生育政策达到了控制人口总量的目标。

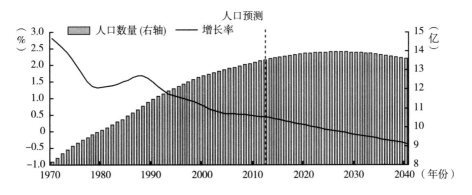

图 2-1　预计中国人口将在 2025 年左右见顶

资料来源：Haver Analytics、中金公司研究部。

上述第二到第四项讲的是在给定人口总量的情况下，人口结构的变动。从年龄结构看，人口的平均年龄显著增加，1990年人口最多的年龄组别为15~24岁，占总人口的22%，到了2010年，人数最多的组别是35~44岁，占总人口的比重是18%（见图2-2）。1990年，65岁以上人口占总人口的比例是6%，2010年上升至8%，预计到2030年将上升至17%（见图2-3）。也就是说，过去20年老龄人口占比只是缓慢上升，而未来20年这一速度将大幅加快，将明显超过我们过去对这个问题的感受。与此同时，人口的受教育程度明显上升，大专及以上学历人口占总人口的比重从1996年的2%上升到2010年的近9%（见图2-4）。

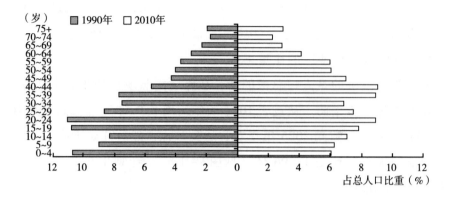

图 2-2 中国人口结构老龄化趋势明显

资料来源：Haver Analytics、中金公司研究部。

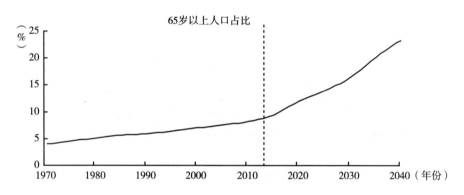

图 2-3 未来我国老龄化日趋严重

资料来源：Haver Analytics、中金公司研究部。

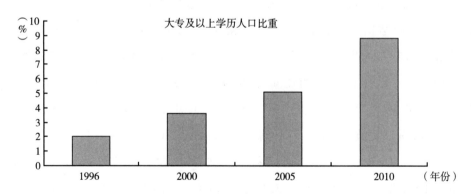

图 2-4 人口素质快速上升

资料来源：CEIC、中金公司研究部。

　　从对经济的影响来看，过去 20 年我国人口结构变化有两条主线最值得关注。 一个是人口红利，总人口中劳动年龄人口占比增加，抚养比下降。 如果把年龄在 25~64 岁的人口定义为生产者，年龄在 25 以下、64 岁以上的定义为消费者，从 20 世纪 90 年代中后期开始我国生产者超过消费者，2010 年生产者/消费者的比例为 128%，整个社会生产的人数显著超过消费的人数，负担轻，人口红利非常明显①。

　　另一个趋势是城乡转移，在农村就业不充分的青壮年劳动力，从 20 世纪 90 年代开始大量转移到城镇工作，提高了劳动生产率。 过去 20 年，城镇人口占总人口比重以平均每年 1.3 个百分点的速度递增；盛来运（2008）估算 1995 年的农民工人数仅 3000 万。 而统计局最新数据显示，2012 年农民工数量达 2.6 亿。 两组数据，揭示出过去城乡人口的大规模转移。

　　其他一些国家在不同的时期也出现过人口红利和城镇化过程中的农村富余劳动力向城镇转移，我国和这些国家的经历相比有些什么特殊的地方呢？ 第一，我国人口红利的程度超过其他国家曾经出现的情况。 日本在 1970 年代初生产者超过消费者，生产者/消费者比例在 2000 年代初达到顶峰，在 125% 的水平。 美国在 1980 年代后期生产者超过消费者，生产者/消费者比例在 2007 年达到 113% 的顶峰水平。 按照现在的人口预测数据，我国的生产者/消费者比例在 2015 年达到顶峰时将处在 136% 的水平。 如图 2-5 显示，与主要发达国家相比，我国生产者/消费者比例的低点更低，高点更高，差距大。

　　第二，在我国，过去 15 年中传统意义上的人口红利和农村富余劳动力向城镇转移同时发生，造成了我国劳动力市场供给多的独特条件。 很少有国家出现这种人口红利期与城乡转移期相重叠的情况，其他国家都是先完成城镇化，再出现人口红利。 我们的两个东亚邻国就是这样的。 在

――――――――――

　　①　生产者年龄的定义没有绝对的标准，前面提到，传统的劳动年龄定义是 15~64 岁，统计局最近强调 15~59 岁的人口数量下降。 我们把 25~64 岁的人定义为生产者，其余主要为消费者，有两个考虑，一是现在年轻人在校读书的年龄普遍超过 15 岁；另外，在 25 岁之前，一般来讲生产的能力还较弱，其能提供的超过自身消费的多余生产较少。

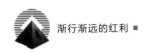

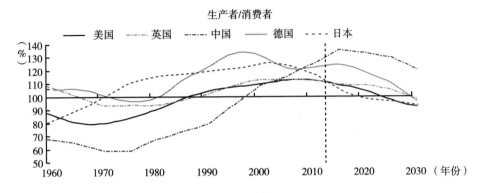

图 2-5 中国人口红利程度超过其他主要发达国家

资料来源：Haver Analytics、中金公司研究部。

日本，当人口红利在 1970 年代初开始出现的时候，其城镇化进程已经基本完成，达到 73% 的水平。 韩国的劳动力城乡转移主要发生在 20 世纪 70~80 年代，而以生产者超过消费者为标志的人口红利期则于 90 年代才开始，当时其城镇人口占总人口的比重超过 75%。 我国人口红利在 1990 年代末起步的时候，城镇化率在 35%，在人口红利接近顶点的现在，城镇化率也只有 50% 多一点。

向前看，我国的生产者/消费者比例在 2015 年见顶后将逐渐回落，人口红利开始消退。 在相当长的时间内生产者/消费者比例还将处在较高的水平，到 2030 年还维持在 120%，但是生产者群体的年龄结构将呈现老龄化趋势，25~44 岁的青壮年人群占总人口的比重将从 2010 年的 32% 下降到 2030 年的 27%（见图 2-6）。 在学术界和政策研究领域，多数研究人员赞同人口红利逐渐消失和农村富余劳动力大幅减少的判断。 由于人口转变过程不可逆，未来人口红利消退的趋势无法阻挡，缩小"未富先老"缺口（即人口老龄化向发达国家趋同的速度，超过人均收入趋同的速度）变得日益紧迫[①]。

我国人口结构的上述变迁过程是过去 30 年宏观经济众多重要变化的根本原因之一：对经济增长、经济结构、货币环境、通胀趋势、房地产价格、人民币汇率和国际收支等宏观经济的重要方面都有显著的影响。 理解人口

---

① 蔡昉：《人口转变、人口红利与刘易斯转折点》，《经济研究》2010 年第 4 期。

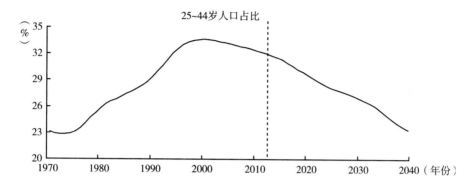

图 2 - 6　25～44 岁青壮年人口比重已经下降

资料来源：Haver Analytics、中金公司研究部。

结构的变迁路径有助于我们更准确地把握未来宏观经济的演变方向，进而使我们的公共政策和私人的投资决策建立在更加科学的基础之上。

二　人多人少的争议

　　人既是生产者也是消费者，所以人口的变动对一个经济体商品和服务的总供给和总需求都产生影响。人口的增长提高了商品和服务的生产量，同时又增加了对这些商品和服务的消费需求，这两种影响是否总是相等的呢？是众人拾柴火焰高，人多力量大，还是人多了是个负担，"太多"的人口导致贫穷和落后？人们对这个问题的看法有争议，在不同的时期强调的重点不同。

　　在西方学界，对人口和经济关系的争议由来已久，总体来讲，强调人作为消费者带来负担的观点没有占据主流地位。古典经济学的代表性人物亚当·斯密（Adam Smith）在 1776 年发表的《国富论》中强调："一国的繁荣而言，最明确的标识是居民人数的增长"，他提出，经济发展的动因是人口绝对水平的增长，其中劳动力分工的细化促进了劳动生产率的提高，说的是人作为生产者对经济供给面的贡献。

　　古典经济学的另一个有重要影响的人物马尔萨斯（Thomas Robert

Malthus）在 1798 年发表《人口原理》，把人口与经济的关系归结为人口与生活资料（消费）之间的关系，提出了人口增长和生活资料增长的两个级数的假说：人口是按几何级数 1，2，4，8，16 增长的，而生活资料（粮食）按算术级数 1，2，3，4，5，6，7 增长。 由于收获递减规律的作用，食物增长落后于人口增长，导致人口过剩，因此主张对人口加以抑制，对后来的人口经济学产生了极大的影响。 从《人口原理》发表到现在，二百多年过去了，人口并没有按几何级数增加，粮食也没有按算术级数增加。 情形刚好相反，社会越发达，人口增长越慢，粮食生产的增加却很快。

从全球范围来看，最近一次担忧人口增长太快的时期，发生在 20 世纪 60～70 年代。 联合国数据显示，1965～1973 年的 9 年，全球人口每年都以2%～2.1%的高速度增长，这在人类现代史上绝无仅有。 与此相对，20 世纪 70 年代，恶劣的气候条件使许多国家农业减产，饥饿蔓延。 1970 年世界共有4.6 亿人处于经常性严重饥饿状态，占总人口比例的12%；1973 年非洲 7 国逾 1000 万人受到饥饿的威胁[1]。 这些社会问题，使得"人口爆炸论"在当时甚嚣尘上[2]。

1980 年代以来，西方对人口过剩的担忧逐渐减少，有两个方面的原因。 一是人口增长率显著下降，到了 1990 年代以后，发达国家包括东亚的一些国家和地区开始担忧人口增长太慢。 二是对人口增长后果的认识也有了进步，第二次世界大战结束后全球人口大幅扩张，从 1950 年的 25 亿增加到 2010 年的 69 亿，但平均生活水平有了大幅提高，担心过多人口会带来战争、饥荒和贫穷的事情并没有发生。 在一些发展中国家，人口增长很快，但经济发展停滞，但究竟是人口太多导致贫穷，还是贫穷导致高生育率并不确定。

在我国，1950 年代的一段时期，政府曾鼓励生育，那时候强调"人多

---

① 胡伟略：《世界人口和粮食问题》，《世界经济》1990 年第 1 期。

② 人口爆炸论（The theory of population explosion），是西方一派经济学家对世界人口发展的悲观论点。 二十世纪六七十年代，有大量相关著作问世，如埃尔利希的《人口爆炸》(1968)、梅多斯的《增长的极限》(1971)等。 这些著作基本上与马尔萨斯主义一脉相承。

力量大",本质上是强调人作为生产者对经济发展、社会进步的贡献。到了 1970 年代,尤其是 1980 年代开始,政府实行严格的计划生育政策,在城市更是实行一胎化政策,原因是"人多"被看作一种负担,更多地强调人作为消费者带来的对资源和环境的压力。 作为计划生育政策的反映,我国的生育率在过去 20 年大幅下降,总和生育率(平均每位妇女一生中所生孩子数目的期望值)下降到显著低于更替水平。

三 放松计划生育的影响[①]

在计划生育政策逐步推广的 20 世纪 70 年代,我国的总和生育率迅速从 6 下降到 3(见图 2－7)[②]。 此后,总和生育率进一步下降。 根据世界银行估计,2010 年我国总和生育率为 1.6[③],不仅大大低于国际公认维持

---

① 本节内容源自中金公司宏观经济周报《促进人口均衡发展迫在眉睫》,作者彭文生、林暾和赵扬,2013 年 1 月 28 日。

② 20 世纪 70 年代,基于庞大的人口数量给经济、社会、资源、环境带来沉重负担的担忧,中国政府开始推行计划生育政策。 1980 年 9 月发表了《中共中央关于控制我国人口增长问题致全体共产党员共青团员的公开信》,开始在全国范围正式执行一对夫妇只生育一个孩子的计生政策(俗称一孩政策)。 信中称三十年以后将调整人口政策。 但是一孩政策真正得到严格执行的主要集中在城市地区。 在大部分农村地区,长期以来所实行的是二孩政策或者第一个孩子是女孩的家庭允许生二孩的政策(俗称 1.5 政策)。 2000 年代初,第一批独生子女已达适婚年龄,计划生育有一定放松,部分经济发达地区开始允许双方都是独生子女的夫妇生二孩。 到 2011 年,中国大陆所有省份均放开了双独夫妇生二孩的政策。 根据计生委发布的各省区人口与计划生育条例,现行生育政策可以概括如下:①城市居民基本采取一孩政策,但父母双方都是独生子女的家庭可以生育二孩。 ②农村地区大体分为三类,北京、天津、上海、重庆、江苏、重庆 6 省区(市)农村以一孩政策为主,满足一定条件(比如父母单方为独生子女)允许生育二孩;新疆、青海、云南、宁夏、海南 5 省区农村采取普遍二孩政策;其余 19 省区农村基本上规定第一个孩子是女孩的家庭允许生二孩,即 1.5 孩政策。 ③少数民族普遍允许生二孩,但满族、壮族除外。西藏藏族农牧民没有生育数量限制。 ④此外,再婚、残疾、特殊职业、生活困难等特殊情况下,给予特殊照顾,允许生育两个或更多孩子。

③ 根据国务院发布的《2011 国家人口发展"十二五"规划》,"十一五"时期,"妇女总和生育率稳定在 1.8 以下"。 统计局第六次人口普查公布的总和生育率是 1.18。 有关我国人口的学术研究一般认为总和生育率在 1.5～1.6,参考 Cai (2008);Goodkind (2011);Morgan et al. (2009);Retherford et al. (2005);Zhang and Zhao (2006);蔡泳(2009);郭志刚(2000,2009)。 我们根据第六次人口普查公布的分年龄妇女人数和分年龄生育率分布,倒推不同生育率假定下 2000 年以来出生的人口数量。 结果发现,按照 1.18 的生育率估算的 2001～2010 年新出生人口比实际出生人口少 3700 万,1.8 的生育率估算结果比实际出生人口多 2900 万,1.5～1.6 的生育率与实际出生人口接近。 再考虑到出生人口存在漏报的可能,我们认为当前总和生育率为 1.6 左右。

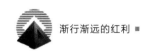

人口正常更替需要的 2.1 的水平，而且已低于英法等欧洲低人口增速发达国家的水平（见图 2-8）①。

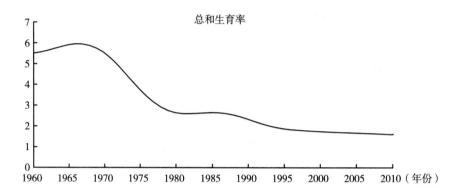

图 2-7　总和生育率大幅下降

资料来源：世界银行 WDI、中金公司研究部。

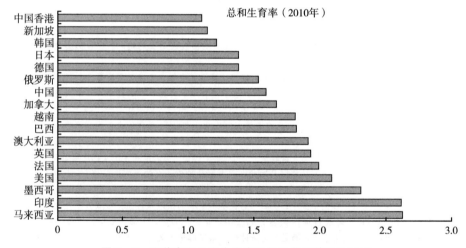

图 2-8　目前中国总和生育率已低于英法等发达国家

资料来源：世界银行 WDI、中金公司研究部。

---

① 对于生育率的下降是否由于计划生育导致，存在争议。 一般而言，随着社会经济文化水平的发展，婴儿死亡率将下降，妇女社会地位和受教育程度提高，二者都导致总和生育率的下降。 就我国而言，社会的发展进步对总和生育率的下降肯定有所作用。 但是，我国婴儿死亡率大幅下降的时期主要在 20 世纪 50~60 年代，70 年代下降幅度不大。 我国妇女社会地位的提高也主要在 50 年代。因此，70 年代我国总和生育率大幅下降的主要原因应该是计划生育的推行。 相应地，我国的人口增长率从 70 年代开始快速下降，并在此后的 30 多年里持续下降。 因此，计划生育政策对于 70 年代我国人口增速大幅下降的作用，以及由此对于人口总量的控制作用是非常明显的。

总和生育率下降带来了人口结构的变化。由于婴儿出生率（新生婴儿占总人口的比重）被政策人为压低，我国的少儿抚养比（14 岁以下人口与劳动年龄人口的比率）也随之下降，这是过去十几年人口红利的主要来源。但是，少儿比重下降的同时，我国的老龄人口比重上升，老龄化问题将随着新中国成立后的婴儿潮一代逐渐进入老龄而日益突出。

计划生育政策现在面临的已经不是要不要调整的问题，而是早改还是晚改、快改还是慢改的问题。先实行"单独二孩"政策，然后过渡到普遍的二孩政策，是政策调整的可能路径。那么生育政策放松，会对未来的生育率、人口增长和结构有什么影响？最直接的，政策放松将影响政策生育率[①]。如果完全放开二孩政策，再加上各种特殊照顾政策的影响，总体政策生育率有机会上升到 2 或以上。

但政策放宽以后，实际生育率会提高到多少并不确定。实际生育率不光取决于政策生育率，也受生育意愿和其他客观条件的影响。如果生育意愿低于政策规定的育孩数，即使完全放开二孩政策，实际生育率也不会达到预期为 2 的政策生育率。一些调研结果显示，即便放开二孩政策，我国妇女理想的生育子女数目以及最终实际生育子女数均低于政策生育率[②]。鉴于此，我们估算了生育率上升到 1.7、1.8、1.9 和国际公认维持人口正常更替需要的 2.1 的水平的几种假设情形下人口的变化，假定生育率的变化在 5 年内完成。作为对比参照，我们也估算了生育率维持在目前的 1.6 不变的情形下人口的变动趋势。

根据 5 年内生育率上升到不同水平的估计结果显示，生育率变化 0.1 对未来 10 年新出生人口的影响是 700 万，对 2022 年抚养比的影响是 0.7 个百分点。具体来讲，如果现行生育率保持 1.6 不变，未来 10 年（2013 ~

---

① 政策生育率是现行人口政策所允许的总体生育率，与实际生育率有所不同。我们根据现行人口政策，以及各省区城镇、农村户籍人口和各民族人口比例，估算全国的政策生育率约为 1.46。

② 根据人口和计划生育委员会发布的《2006 年全国人口和计划生育抽样调查主要数据公报》，"育龄妇女的平均理想子女数为 1.73 个"。农业户口和非农业户口妇女的平均理想子女数分别为 1.78 个和 1.60 个"。江苏人口和计划生育委员会与中国社会科学院人口与劳动经济研究所组成的课题组曾对江苏六个县 5705 名符合二孩生育政策的已婚妇女进行了生育意愿和生育行为的调查。调查发现，对于符合二孩生育政策的家庭，其理想子女数为 1.7，生育意愿为 1.5，参见郑真真（2011）。

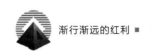

2022 年）将出生 1.6 亿人。 相比之下，如果生育率未来 5 年从目前的 1.6
上升至 1.8，并在之后保持这个水平，则未来 10 年将多出生 1400 万人。
由于儿童数量增加，10 年后（2022 年）抚养比将比生育率保持 1.6 不变
的情况下多上升 1.4 个百分点（见表 2－1）。 如果生育率上升到政策生
育率允许的 2.1，人口总量和抚养比将会有一个显著的上升，10 年多出生
3500 万人，10 年后抚养比多上升 3.5 个百分点。

表 2－1　不同总和生育率路径下人口增长和抚养比变化

总和生育率	1.6	5 年内上升至			
		1.7	1.8	1.9	2.1
2013～2022 年新出生人口（亿人）	1.63	1.70	1.77	1.84	1.98
比政策不变多增（万人）		700	1400	2100	3500
2022 年总人口（亿人）	14.10	14.17	14.24	14.31	14.45
2022 年少儿抚养比（%）	25.0	25.7	26.4	27.1	28.5
2022 年老年抚养比（%）	20.2	20.2	20.2	20.2	20.2
2022 年总抚养比（%）	45.2	45.9	46.6	47.3	48.7
比政策不变多增（%）		0.7	1.4	2.1	3.5

资料来源：《中国 2010 年人口普查资料》《中国人口和就业统计年鉴》、国家统计局、CEIC、中金公司研究部。

　　总体来讲，计划生育政策放松应该会增加总和生育率，尽管幅度不确
定，未来出生的婴儿将增加。 出生率的增加意味着社会抚养率的上升将
比现在预期的快，也就是说，放松计划生育政策将在未来一段时期（20 年
左右）加快人口红利消退的速度。 但是，从更长期的角度看，这将有利
于人口的均衡发展，和经济社会的可持续发展。

四　人口结构和经济增长

　　如第一章所述，经济分析一般把供给面增长的来源归结为劳动力和
资本存量，以及使用劳动力和资本的效率（所谓全要素生产率）。 处在
劳动年龄阶段的人口的数量是驱动经济增长的一个基本因素，但人口结
构的变动还有更广泛意义上的影响。 一般来讲，给定劳动年龄人口的数

量，教育水平的提高便有利于提升劳动生产率。 还有，给定劳动年龄人口的数量，年轻人占比高的社会，创新的动能更强些，会促进全要素生产率的提高。

对于发展中国家来讲，一个特殊现象是在城镇化的过程中，农村劳动力向城镇转移。 富余劳动力从农村的失业或非充分就业转移到现代制造和服务业，变为充分就业，使得有效劳动力供应的增长比劳动年龄人口的增长快。 换个角度看，也可以讲劳动力从农村向城镇转移提高了平均的劳动生产率或全要素生产率。 诺贝尔经济学奖获得者、经济学家阿瑟·刘易斯（W. Arthur Lewis）在其发表的《劳动力无限供给条件下的经济发展》的论文中，论述了这样的"二元经济"发展模式。 他认为，经济发展过程是现代工业部门相对传统农业部门的扩张过程，分为两个阶段：一是劳动力无限供给阶段，此时劳动力过剩，工资取决于维持生活所需的生活资料的价值；二是劳动力短缺阶段，农业部门中的剩余劳动力被现代工业部门吸收完毕，工资取决于劳动的边际生产力。 由第一阶段转变到第二阶段，劳动力由剩余变为短缺，劳动力的工资水平开始不断提高。 经济学把连接第一阶段与第二阶段的交点称为"刘易斯转折点"。

从人口结构对经济的需求端的影响看，经济学的主流分析框架是生命周期消费理论，由美籍意大利经济学家弗朗科·莫迪利安尼提出①。 生命周期消费理论认为，人们会在相当长时期的跨度内计划自己的消费开支，以便在整个生命周期内实现消费的最佳配置。 一个人年轻时的收入较少，消费的需求超过收入；进入中年后，收入会逐步增加，收入大于消费，超过的部分或偿还年轻时的债务，或为今后的老年时代进行积累；退休之后步入老年，收入减少，消费又会超过收入，形成负储蓄。

现实中，人们的消费和储蓄行为当然受多重因素的影响。 比如，一个健全的社会保障体系有利于降低低收入人群为应对未来不确定性的储蓄需求，从而提高社会的平均消费率。 发达的金融市场有利于年轻人通过

---

① 弗朗科·莫迪利安尼（Franco Modigliani）和他的学生理查德·布伦伯格（Richard Brumberg）试图把古典经济学派和凯恩斯经济学派有关储蓄和消费行为的理论结合起来，一同提出了关于家庭储蓄的生命周期假设。 该理论是他获得 1985 年诺贝尔经济学奖的主要原因。

借债来支持消费，以平滑一生的消费需求。 社会环境包括制度因素影响人们给后代留遗产的意愿，从而影响当前的消费行为，等等。 但是，这些因素的存在并不能否定生命周期消费理论，相反，加进这些更符合现实的因素增加而不是降低了生命周期消费理论作为分析人们消费和投资行为的基本框架的价值。

生命周期消费理论对宏观经济分析的一个重要含义是：整个社会不同年龄段人群的比例会影响总消费和总储蓄。 比如，社会中的儿童与老年人所占比例大，则社会的消费倾向较高、储蓄倾向较低；中年人比例大，则社会的储蓄倾向较高、消费倾向较低。 在人口红利阶段，生产者人数超过消费者，消费占总收入的比例（消费率）下降，储蓄率上升。

在一个开放的经济体，储蓄既可以转化为国内投资需求，也可以转化为境外投资需求，如果储蓄大于国内投资，则产生贸易顺差。 所以，人口的年龄结构影响着总需求三驾马车（消费、投资、出口）的相对比重。一般来讲，人口红利阶段，消费需求相对较弱，投资需求相对较强；国内需求相对较弱，出口相对较强。

储蓄转化为投资，增加了当期的投资需求，而现在的投资将增加未来的资本存量，进而提高经济的供给能力，或者潜在增长率。 所以，上述劳动年龄人口的增长对经济供给面的影响还有另一个层面，如果劳动年龄人口占总人口的比重上升，储蓄率的上升也会促进经济的潜在增长率。

在人口红利的拐点出现后，生产者/消费者的比例见顶回落，上述过程出现反方向的变化。 劳动年龄人口增长放缓，甚至绝对数下降，导致劳动力供给紧张。 同时，和人口红利阶段年轻人口不断增加相反，年龄偏大的劳动力占总劳动年龄人口的比例逐渐上升，影响总体的劳动生产率。 另外，生产者/消费者比例下降，其他条件不变的话，储蓄率下降，投资率下降，资本存量的增速放缓，形成导致经济的潜在增长率下降的另一个因素。 需求的结构方面，消费需求转强，投资需求则相对转弱。

五　人口结构和通货膨胀

人口红利阶段的经济呈现"过剩型"经济的特征，一方面，经济的生产能力增长较快（劳动年龄人口增加，加上高投资扩张产能），另一方面，消费需求增长相对较慢（生产者超过消费者），商品的供应相对于消费需求充足。这对商品和服务的价格变动有什么影响呢？如第一章所述，通胀的变动和总需求压力紧密相关，但通胀对总需求压力的敏感度在不同的经济环境里可能有差别。在生产能力显著超过本身消费的经济中，价格上升对供给的拉动作用的效率较高，总体的物价上升压力较小。这并不是说人口红利阶段没有通胀问题，通胀本质上是一个货币现象，但"过剩型"的经济意味着物价上升对货币条件变化的敏感度（弹性系数）比短缺型经济的情况下低。换句话说，经济在受到供给/需求的冲击后，导致的物价上升的动能的持续性较低，货币政策控制通胀的效率较高。

到了人口红利发生拐点以后，生产者/消费者比例开始下降，从边际上讲，供给能力"过剩"的程度下降，通胀是不是很快变成一个大的问题呢？有两个因素在相当长的时期内制约总体的物价上升动能。第一，生产者/消费者比例见顶回落，但生产者在相当长的时间内仍然超过消费者人数。第二，人口红利阶段高投资带来的产能扩张，在相当长的时间内支持了经济的供给能力。

这里面有一个相对价格调整的问题，人口红利阶段，尤其是农村存在大量富余劳动力的情况下，劳动力供应充足，劳动力市场的竞争使得工资的上升幅度较慢。人口红利见顶回落，农村富余劳动力大幅减少之后，劳动力供应趋紧，工资增长速度相对于其他价格加快。这种情况主要是相对价格调整，劳动力供给紧张导致工资上升比其他价格快，支持了消费需求，但同时挤压企业利润，抑制投资需求，消费品价格相对投资品价格上升较快，但这是否导致总体的通胀水平上升还要看当时的货币条件，我们将在第六章详细讨论这个问题。

六　人口结构和资产价格

总结以上的讨论，人口红利阶段，越来越多的人从事生产，支持相对减少的非生产人口的消费，后者主要反映出生率降低带来的年轻消费人口的降低。 人口红利结束后，越来越多的人进入退休年龄阶段，同时，人的寿命延长，导致的结果是从事生产的人数相对于非生产的消费者的人数逐步减少。 这就带来一个社会问题，劳动年龄阶段的人生产的产品和服务，有多少应该分配给老年人，支持老年人的消费，这也就是养老的制度安排问题。 过去在农业社会，年轻人抚养老年人体现在家庭内部，人在年轻的时候养育小孩，等自己老了，丧失了劳动能力，靠儿女抚养。 在现代社会，下一代抚养老一代人部分被社会化，体现为政府主导的一些退休机制的安排。

传统上的社会化退休机制是所谓的"现收现付"制。 现收现付制是指以同一个时期正在工作的一代人的缴费来支付已经退休的一代人的养老金的保险财务模式。 它根据一段时期养老金的实际需要，从工资中提取相应比例的养老金，本期征收，本期使用，不为以后使用提供储备。"现收现付"的退休金安排机制本质上讲是通过对年青一代的征税来抚养老一代人。 在一个人口结构均衡的理想情景下，进入退休年龄阶段的人口正好等于进入劳动年龄阶段的人口，年青一代的税负基本稳定。 但人口红利结束后，前者逐渐大于后者，年青一代的税负越来越大，带来代与代之间分配的公平和可持续性问题。

过去30年，认识到人口结构变化对养老安排的冲击，那些人口红利走在我们前面的国家（主要是发达国家），进行了一系列的制度改革，以减轻年青一代的负担。 这包括延长退休年龄，增加劳动参与率，主要是提高劳动年龄阶段妇女的劳动参与率，以及鼓励储蓄。 后者体现为在退休金的安排中，现收现付制的比重下降，储蓄积累制的比重增加。 储蓄积累制的著名例子是美国的401k计划，这是一种减少当期消费，用相应的储蓄购买资产，通过资产累积提供未来的养老保障的模式①。　实际上，认识到政府养老保障（现收现付）的不足，在401k 计划之外，人们还通过个人储蓄（资产的累积）为养老做准备。在我国，现收现付的比重低，制度性的储蓄积累安排比如社保基金的规模也比较小，和发达国家比较，私人储蓄对养老保障的重要性要大得多。

那么，这两种不同的养老安排（对下一代人征税和老一代人作为一个群体自己积累资产）哪个更好呢？　两者本质上都是下一代抚养上一代，后者体现为老一代在退休后通过向年青一代变卖资产来换取年青一代生产的产品和服务。　但累积资产的方式有两个优势。　第一，虽然改变不了年青一代抚养老一代的本质，但自己积累资产的方式比政府增加税收要隐蔽些，造成的社会分化和矛盾可能要小些。　第二，储蓄的累积转化为当期的投资，增加未来经济供给的潜力，也就是把未来的蛋糕做大些，有利于分配。

我们用以上几段文字来解释养老安排的经济含义，目的是要说明累积和变卖资产是实现代际间收入转移的重要手段，由此，人口年龄结构的变化必然对资产价格产生重要影响。　如果进入退休年龄阶段的人口正好等于进入劳动年龄阶段的人口，这种影响应该是比较稳定的。　但在人口红利阶段，储蓄者相对于负储蓄者较多，大家竞争有限的投资机会，可能导致风险资产的估值过高，提前消耗了以后的回报率。　而到了人口红利逐渐消退的阶段，下一代可以用来购买老一代资产的储蓄相对较小（假设个人的储蓄率不变，年青一代人口数的减少会抑制总储蓄的量），老一代变卖资产的价格就要下降。

除了储蓄的变化外，人口结构的变动可以从其他方面影响资产价格。比如，人口红利阶段，人均收入增长较快，宏观经济环境较稳定，投资者对投资未来回报的预期可能过于乐观。　另外，人口红利阶段，青壮年人

---

① 具体来讲，企业为员工设立专门的 401k 账户，员工每月从其工资中拿出一定比例的资金存入养老金账户，而企业一般也按一定的比例往这一账户存入相应资金。　与此同时，员工可根据个人的风险偏好选择不同的证券组合投资计划。　员工退休时，可以选择一次性领取、分期领取和转为存款等方式使用。

口占比高，投资者的平均风险偏好上升。 这些因素都有可能推升资产估值，而人口结构发生变化后，老年人越来越多，这些因素可能会朝相反的方向变化。 就不同的资产类别来讲，影响也有差别。 人口红利阶段，新增家庭的数目较多，对住房的消费需求（刚性需求）也比较大，结合投资性需求，对房地产价格的推动力量大。 证券市场估值上，年龄在35～54岁的储蓄者的风险偏好较高，对权益类资产的需求较大，所以这组人群占总人口比重上升，往往会推升股票的估值。 接近退休年龄的储蓄人群（比如55～64岁）的占比上升，往往会增加对债券类资产的投资需求。

谈到资产价格，离不开货币信用环境的影响。 在储蓄转化为投资的过程中，金融体系起到中介的作用。 在古典经济学的假设里，储蓄转化为投资总是有效的，但现实中可能有摩擦。 金融中介的功能往往有顺周期的特征，货币信用和资产价格相互影响，放大资产价格的周期波动。具体来讲，在经济和资产价格上升阶段，银行的资产（信贷）质量提高（部分反映贷款抵押品的价格上升），银行的放贷意愿和能力增加。 除此之外，非银行私人部门（企业和住户）的资产价值，尤其是房地产价格上升，净资产增加，借贷的意愿和能力也会增强。 两者结合，可能导致货币信用及其背后的资产价格相互促进，螺旋式上升，直到最后泡沫破灭。

七　前车之鉴

发达国家人口红利走在我们前面，其发展和经历对我们有什么启示意义呢？ 现实中影响经济的因素很多，每个国家的具体情况，包括制度安排和政策都有差异，但总结主要发达国家的经验，我们发现过去30年的经济发展历程在一些大的趋势性变化上基本符合以上勾勒的人口结构变化对宏观经济和金融市场的影响。

第一章提到的西方发达经济经历的"大缓和"时期背后有人口结构变动的因素在起作用。 经历了1970年代的高通胀后，西方主要经济体在1980

年代后逐渐进入了一个温和通胀、经济增长波动幅度显著下降的时期。 金融危机之前，人们往往把它归结为货币政策的成功，但除了政策的影响以外，人口结构变动是一个基本面因素。 按照我们的按年龄划分的生产者/消费者定义，日本从 1970 年代初期，欧洲从 80 年代初期，美国从 80 年代中期，生产的人口先后超过非生产的消费人口。 以美国为例，每 100 个消费者，在 70 年代只有 80 个生产者支持，到了 2000 年有 110 个生产者支持，这是促使经济从短缺型转变为过剩型的根本驱动力量。

图 2-9～图 2-11 分别显示了美国、英国、日本的生产者/消费者比例和 CPI 通胀率。 我们取 CPI 通胀的 5 年移动平均值，为的是抹平经济周期波动的影响，寻找通胀的中长期趋势与人口结构的关系。 这三个图显示生产者/消费者的比例与 CPI 通胀率的趋势变化基本一致，80 年代中期以后的人口红利时期，通胀的平均水平明显比 70 年代的短缺型经济低。 两者的相关性在每个国家的体现都有差别，日本在人口红利的早期（70 年代）还出现一波通胀上升期，美国在 1980 年代初的通胀高点比其生产者/消费者比例的低点所意含的时间来得晚，这些反映了影响通胀的其他因素，主要是当时的货币宽松政策和石油供给冲击的相互交织。 总体来讲，通胀受货币政策的影响大，其波动性比人口结构变动大，但是通胀的长期趋势还是和人口结构的变化明显相关。

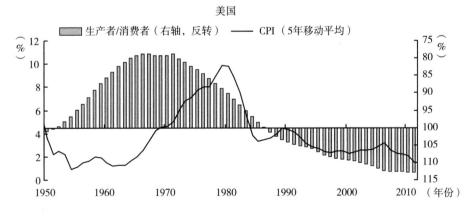

图 2-9　美国人口红利时期通胀率低

资料来源：Haver Analytics、中金公司研究部。

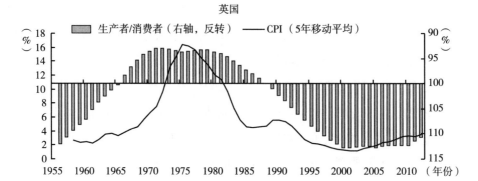

图 2 – 10　英国人口红利时期通胀率低

资料来源：Haver Analytics、中金公司研究部。

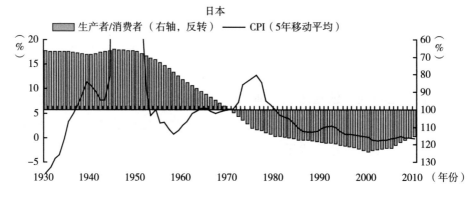

图 2 – 11　日本人口红利时期通胀率低

资料来源：Global Financial Data、中金公司研究部。

　　除了自身的人口结构因素，到 1990 年代中后期，中国的人口红利开始，通过经济全球化尤其是加入世界贸易组织后，我国低成本的劳动力提高了全球经济的供给能力。从中国的大量的劳动密集型产品的进口进一步抑制了欧美等发达国家的物价上升压力。通胀风险的下降延长了商业周期中经济扩张阶段的时间，同时为货币政策在衰退期大力度支持总需求提供了空间，降低了衰退的深度，最终结果是宏观经济波动显著降低。

　　在这样的宏观环境下，发达国家的货币政策在逆周期操作上变得非对称，即在经济扩展期紧缩的力度小，而在衰退期刺激的力度大。结合人口结构变化对资产需求／供给的影响，和货币信用顺周期的内在动力，发达国家在过去 30 年中资产价格的波动大幅增加，金融危机的频率增加。
从房地产市场来看，结合 25~34 岁的人口的消费性住房需求和 35~64 岁
的投资性住房需求，人口结构的变化是房地产价格的一个长期影响力量。
在生产者/消费者比例超过 100% 以后大约 20 年的时期内，日本和美国的
房地产都经历了一轮大的泡沫和其最终的破灭，日本发生在 90 年代初，美
国 2007 年的房地产价格大跌更引起了一场全球金融危机（见图 2 - 12 和
2 - 13）。德国在人口红利期没有发生房地产泡沫，部分是因为制度安排
（包括税收）和传统抑制了对住房的投资性需求（见图 2 - 14）。

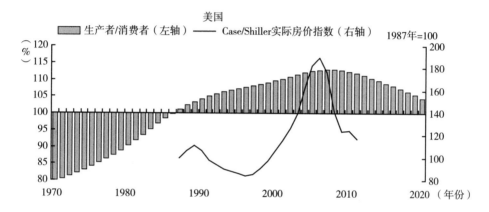

图 2 - 12 美国生产者/消费者比重见顶前房地产泡沫破裂

资料来源：Haver Analytics、中金公司研究部。

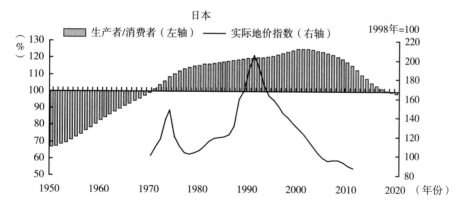

图 2 - 13 日本生产者/消费者比重见顶前地产泡沫破裂

资料来源：Haver Analytics、中金公司研究部。

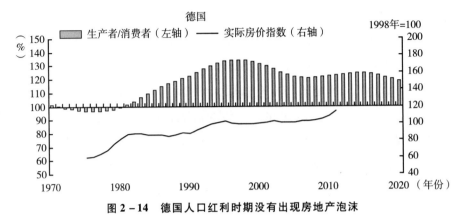

图 2-14　德国人口红利时期没有出现房地产泡沫

资料来源：Haver Analytics、中金公司研究部。

在房地产泡沫破灭前，美国经历了一次股市的泡沫，并在 21 世纪初破灭。 图 2-15 比较了美国股市市盈率和 35～54 岁的人口占总人口的比重。 和其他年龄的投资者相比，35～54 岁的人群最有储蓄能力，而且风险偏好最高，是股票的主要投资者。 我们发现自从股票在 1950 年代开始成为美国大众的投资工具以来，这两个指标的方向性趋势基本一致，而战后最大的股市泡沫的顶点正好和 35～54 岁的人口占总人口比重的峰值在时间点上吻合，都是在 2000 年左右。 日本股市的市盈率在一段时期极端地大，因为企业的赢利非常低，为了不给和人口结构的比较带来困难，这里用日本股市的指数和 35～54 岁的人口占总人口比重比较，两者的关系很紧密且峰值都出现在 1990 年前后（见图 2-16）。

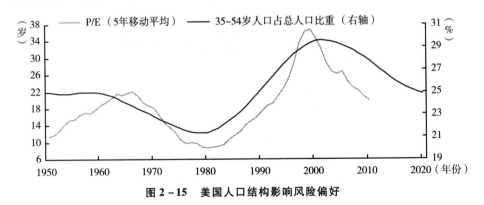

图 2-15　美国人口结构影响风险偏好

资料来源：Haver Analytics、中金公司研究部。

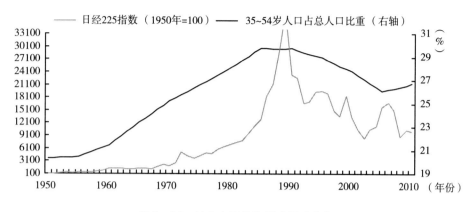

图 2 - 16　日本人口结构影响风险偏好

资料来源：Haver Analytics、中金公司研究部。

从债市来看，美国从 1980 年代中期以来，经历了一个 30 年的大牛市，收益率趋势性下降，近期 10 年期国债收益率更是达到了历史的低位。背后有多方面的影响因素，其中之一就是上述的过去 30 年的低通胀环境，后者本身和人口结构的变化有关。从借贷的供给和需求看，我们也能从人口结构的变化中找到相应的驱动力量。具体来讲，25～34 岁的人群在工作的早期阶段，收入较低，同时成家和抚养小孩的负担重，尤其是买房子，所以一般来讲，他们是借款人，64 岁以上的人群一般靠过去的储蓄支持消费，是负储蓄者（他们也是当期的借款人）。这两组人群对 35～54 岁的高储蓄人群（贷款人）的比例应该能较好地反映借贷的供需变化。图 2 - 17 显示了借款人/贷款人的比例和美国长期国债收益率自 1920 年代以来方向性的变化基本一致。最近几年是个例外，国债收益率降到历史低位，而人口结构显示应该上升。差别的原因可能是金融危机后投资者的风险规避需求增加，追求安全性资产，同时美联储直接购买长期国债，影响了供求关系。但这些政策性和暂时性因素回归正常以后，人口结构的趋势将仍然是推升国债收益率的一个基本面力量。

行文至此，有一个自然的疑问，那就是按照上述的理论逻辑，储蓄率增加是人口红利阶段的一个结果和影响资产价格的重要渠道，日本、德国等经济体的经历基本符合储蓄率上升这个理论假设，但是过去 20 年，美

图 2 - 17　美国人口结构影响国债收益率

资料来源：Haver Analytics、Global Financial Data、中金公司研究部。

国家庭部门的低储蓄率举世闻名，怎样解释这个似乎矛盾的现象？ 其实储蓄是为了累积资产，为老龄做准备，但如果现有的资产在一段时间升值幅度大，大家感觉财富积累快，新增的储蓄需求反而可能降低。 图 2 - 18显示从 1980 年代末以来，美国个人储蓄率大幅降低，同时家庭净资产对收入的比例显著上升，储蓄率下降反映资产升值带来的财富效应。 如果我们要从储蓄率以外寻找资产升值的原因，可能包括技术进步（科技股），投资者"羊群效应"和过度乐观的预期，以及美元的储备货币地位带来的海外储蓄对美国资产的投资需求等。 泡沫破灭、金融危机后，美

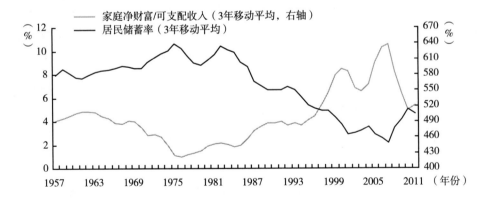

图 2 - 18　美国家庭财富与储蓄率负相关

资料来源：Haver Analytics、中金公司研究部。

国家庭部门的财富大幅下降，导致储蓄率上升。　换句话说，美国的家庭储蓄率在人口红利阶段下降的例子并不能否定人口结构变动对人们储蓄和投资需求的影响。

资产泡沫破灭、金融危机后，欧美和日本的政策当局都试图通过极度宽松的货币政策刺激总需求，背后的机制还是资产价格上升带来的财富效应对消费和投资的支持。　到 2013 年初为止，效果似乎比较慢。　为什么？　如果泡沫破裂发生在人口结构相对有利的时期，对经济的冲击和破坏相对较小。　欧美过去历史上也都经历过多次金融危机，比如美国 1987~1991 年的长期信用危机，英国和北欧国家 20 世纪 90 年代初的银行危机，其去杠杆、调整资产负债表的时间都不是很长，一般没有超过 5 年。　但此次金融危机和过去比较，有一个重大的差别，就是这次的泡沫发生在人口红利期，而调整发生在人口红利见顶回落后。

在人口红利阶段，泡沫的程度尤其大。　从根本上讲，私人部门在人口红利阶段累积的资产和权益（比如退休保障的安排），在人口红利结束后，由于增长下降，风险偏好降低，面临贬值的压力。　为什么现在欧美面临巨大的政府债务高企、财政调整压力？　一个理解的角度是，政府的债务就是私人部门的债权，这是私人部门在人口红利期累积资产的一部分。　而财政调整的压力，包括欧洲推行的退休年龄的延迟，都是私人部门资产（权益）贬值的一个体现。

如果欧美日央行的极度宽松的货币政策能够通过刺激资产价格上升来支持消费和投资需求，问题是否就此解决了呢？　短期内当然有帮助，但能否持续则是个疑问。　在一个逐渐老龄化的社会中，如果没有过去累积的资产的贬值，老一代人占有的社会资源就会过多，年青一代的产出就会过多地被分配给老一代人，扭曲整个社会的利益机制，难以持续。　老一代人累积的资产（权益）贬值是达到一个新的均衡的要求。

这里有两个启示。　第一，过去累积的泡沫越大，调整的痛苦就越大。　德国经济这几年在发达国家中表现较好，一个重要的原因就是在人口红利阶段避免了房地产泡沫。　第二，人口不均衡发展程度小的国家面临的结构性问题相对小些，货币宽松政策带来的总需求增长的可持续性也

高些。 从这个意义上讲，因为美国的人口结构比日本健康（美国比日本的生育率高，移民政策也开放些），货币宽松对总需求的拉动在美国的可持续性比日本高。

总之，其他走在我们前面的国家的经验显示，人口红利对经济的影响是广泛而深远的，尤其是通过资产价格和货币信用周期的变动，可能给经济带来巨大的冲击。 人口红利结束/消退的影响不仅仅是劳动力供应趋紧对增长潜力的影响，更重要的可能是对资产泡沫及信用周期的冲击，而且其表现形式是由量变到质变的过程，就像地壳运动逐渐累积能量，最后的火山爆发只是背后能量累积的集中释放。 那种人口结构变化是缓慢的过程，所以对经济的影响是渐进的观点是危险的。 当然，每个国家的具体情况不同，尤其是制度和政策的机制不一样，我们不能简单地照搬其他国家的经验来研究我们自己的问题。 在以下的章节里，我们将遵循人口结构变动和制度变迁这两条主线来分析中国经济过去 30 年的变化，并试图从中寻找驱动未来发展的力量和风险点。

第三章

增长的长周期和短周期

生产率不等于一切，但长期看，它几乎意味着一切。

——保罗·克鲁格曼（1990 年）

生产效率作为供给面的一个重要因素，是决定经济增长的长期根本力量，对此观点应该没有多少人持异议，本章引用保罗·克鲁格曼的话是因为这位 2008 年诺贝尔经济学奖获得者是当今凯恩斯学派的代表性人物。克鲁格曼在全球金融危机后极力主张政府采取扩张性财政和货币政策刺激总需求，认为短期总需求关系到长期总供给，高失业率如果持续下去，将降低总劳动人口的平均技能，影响长期的经济增长潜力。现实中的经济没有古典经济学和凯恩斯学派那么对立，供给和需求、长期和短期的问题可能相互交织。

我国经济增速从 2010 年的 10.4% 快速下滑到 2012 年的 7.8%，这是短周期的下行还是长期的趋势性放缓？对这个问题的解读关系到我们如何判断中长期经济前景，对考虑当前的政策应对也有意义。应对总需求增长放缓需要财政和货币政策的逆周期操作，而解决供给面的"瓶颈"则需要结构性的改革。有一种观点认为供给面的基本因素变化，比如人口结构是"慢变量"，过去三年增长的显著下滑主要反映需求的波动，由此宏观政策逆周期操作将促进增长的强劲反弹。然而，我们可以很容易地反驳这种观点，因为 2010 年经济过热，通胀压力大，10.4% 的增长高于当时的潜在增长率，不能作为可持续增长率的参照指标。因此，要准确地判断形势，还是需要分解导致增长放缓的不同因素及其规律。

本章遵循"长期看供给、短期看需求"的二元分析框架，先从劳动力、资本存量以及全要素生产率的供给面因素讨论经济长周期的趋势性变

＊　本章主要是在以下报告的基础上发展而成：彭文生、林暾、赵扬、杜彬：《2012 是终点还是起点——中国经济周期的逻辑》，中金宏观专题报告，2011；彭文生：《后刺激时代增长靠什么？》CF－40内部讨论演讲，2012－09。

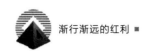

化；再从投资、消费、出口等需求面的因素讨论在长周期趋势背景下的短期波动；最后探讨供给和需求之间可能的相互影响。

我们的基本结论可以归纳为以下几点：过去三十年，驱动中国经济增长的根本因素是制度变革和人口结构变化带来的红利；我们已经进入长周期放缓的阶段，原因包括加入 WTO 的制度红利已经释放，人口结构朝着不利于经济增长的方向变化，房地产泡沫挤压实体经济；未来经济增长的关键在于用改革促进全要素生产率的提升。从短周期的波动来看，在需求的"三驾马车"（投资、消费和出口）中，消费相对稳定，投资和出口是驱动 GDP 增长在长期中枢值上下波动的主要力量；而短期内出口是"外生变量"，投资是我国宏观政策逆周期调控的着力点。我们判断，受政策放松的支持，2012 年是短周期的底部，但 2013 年的反弹幅度受到长周期下行趋势的制约。

我们可能处在一个中国版的"大缓和"时期，20 世纪 90 年代中期以来，我国由"短缺型"经济转变为"过剩型"，增强了政府通过总需求管理来降低经济波动的能力，但就像发达国家的经验显示的那样，过度稳定的短期增长可能积累长期的结构性风险。我们尤其需要关注经济变量存在的"两面性"：既影响经济的长期供给能力也影响短期需求水平，这种影响有些是同向的，比如出口的扩张提升需求，也通过全球竞争促进效率的提高；有些则是反向的，比如房地产价格上升拉动投资需求，但高房价/地价挤压了其他部门的发展空间。因此，政策需要在短期稳增长和长期调结构之间有所取舍和平衡。

一 过去三十年的三次增长上升期

理解历史是推断未来的必经之路——对于中国经济未来的展望，必须始自对过去经济快速增长的剖析。是什么因素驱动了改革开放三十年来的经济增长？ 这些因素的交织变化，使得我国经济现在处于怎样的长周期节点上？

全要素生产率对增长贡献大

从经济供给面的角度，我们可以根据增长会计法（Growth Accounting），把一个国家的经济增长解构为三个基本部分：劳动力、资本存量和全要素生产率的提高。 其中劳动力与资本是有形的要素投入，全要素生产率则是一个残差项，囊括一切不能以有形要素投入来解释的产出增长部分——例如技术进步、资源配置效率、规模经济和组织管理等方面①。 全要素生产率这个看似模糊而抽象的概念，往往是理解一国经济增长的关键——因为长期来看，劳动力增加和资本积累的边际回报是逐渐减少的，要想在有限的资源制约下突破前面的产出极限就必须改善生产条件，提高全要素生产率。

在亚洲开发银行的一篇研究报告的基础上，我们分解并横向比较了一些发达和新兴市场国家从 1992 年到 2007 年的经济增长结构②。 图 3－1 显示，全要素生产率对中国 GDP 增长的贡献率达到一半左右，劳动力贡献了 6%，资本贡献了 43%，全要素生产率的贡献显著超过同时期其他国家。 "亚洲四小龙"在同期全要素生产率只贡献了其增长的三分之一，其他 7 个亚洲发展中国家分别只贡献了约五分之一。 总体来讲，全要素生产率和资本积累是经济增长的两大来源，和其他大部分国家相比，生产效率对中国经济增长的贡献最大③。

为什么中国的全要素生产率对经济增长的贡献超过同期的其他大部分国家？ 可能有两个原因，一是市场经济体系在 1990 年代全面确立，市场配置资源的比重大幅增加，提高了效率，而其他国家早已是市场经济，没有改

---

① 经济学界对全要素生产率的系统研究始于索洛（Solow），1957 年索洛发表其代表作《技术变化与总生产函数》，将生产函数理论、拟合计量方法和国民收入核算融为一体，并首次运用了微积分推导。 索洛在总量生产函数和国民经济核算的基础上，采用计量分析方法，将总产出增长中无法由劳动和资本投入解释的部分归结为技术进步的结果。 由于这部分正好是拟合之后的余值，通常也被称作"索洛剩余"（Solow Residual）。

② Park 和 Park（2010），其数据主要来源于 Penn World Table 6.3 和 ILO Laborsta 数据库，GDP 和投资是基于 PPP 的测算。 我们应用 Park 和 Park（2010）的方法和数据是为了便于和其他国家比较。

③ 中金宏观组也用国家统计局公布的 GDP、就业人数和投资数据对中国经济增长进行分解，其中资本存量按照永续盘存法进行估算（折旧率为 4%），并对 1990 年以前的就业数据做了平滑处理。 我们计算的结果与上述文献大同小异：1992～2007 年全要素生产率对经济增长的贡献约为 40%，劳动力贡献率为 4%，资本贡献率为 56%。 按照这个估算，全要素生产率对增长的贡献仍然超过同期的其他大部分国家。 此外，劳动力对经济增长的弹性是该方法的重要参数，我们的实际测算值为 0.4（参考 Chow and Li，2002 的算法），敏感性分析显示，这个参数在文献范围内的变化（0.4～0.6），可能造成劳动力贡献微小上升，但对总结果没有显著影响。

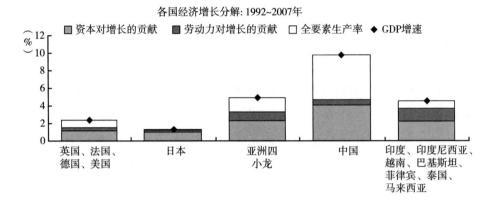

图 3-1　全要素生产率对中国增长的贡献高于其他国家

资料来源：Park and Park(2010)、中金公司研究部。

革带来的红利。二是 20 世纪 90 年代以来，大量农村富余劳动力转移到城镇，提高了平均劳动生产率，而这也是其他大部分国家没有的现象。

三次增长加速期

纵向来看，过去 30 多年我国经济增长有三次明显的加速期：第一次是在 20 世纪 80 年代初；第二次是在 90 年代初；第三次是在 21 世纪初的几年。这三次的加速期间，劳动年龄人口与资本的增速都是相对稳定的，全要素生产率是增长上升的主要驱动力（见图 3-2）。

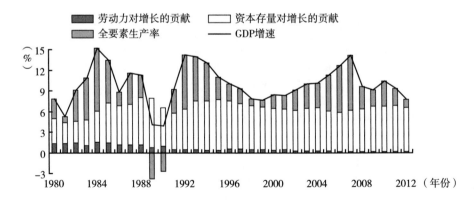

图 3-2　全要素生产率驱动经济的三个快速增长期

资料来源：CEIC、中金公司研究部。

　　从技术上讲，这样估算的全要素生产率是个残差，是 GDP 增长中劳动力和资本存量变化不能解释的部分。 由于实际经济增长受需求和供给的一些短期因素的影响，这个残差反映的不完全是生产效率的变化。 为了消除短期波动的影响，我们对劳动力、资本存量、残差进行滤波处理，过滤掉短期的波动，把平滑的部分加总得到增长趋势的估算值，也就是所谓的潜在增长率。 潜在增长率衡量一个经济体的增长潜力和趋势，通俗地说，它是一个经济体"可持续的"、与其资源禀赋（包括劳动力、资本存量以及代表两者结合效率的全要素生产率）相匹配的增长率（见图 3 - 3）。

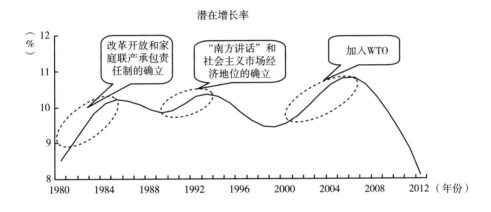

图 3 - 3　潜在增长率三次显著提升与改革有关

资料来源：CEIC、中金公司研究部。

改革红利是基本驱动力量

　　图 3 - 3 显示，过去 30 年的三次经济增长加速时期和三次大的体制改革联系在一起，反映了改革带来的经济体制和组织形式的变化，以及对外开放带来的竞争环境的变化。 而随着改革红利的释放，三个快速上升期后，都伴随着潜在增长率的下降。

　　第一个上升期是 20 世纪 80 年代初，以家庭联产承包责任制为核心的农村改革开始推行，大幅提高了农业生产效率。 改革开放的一个响亮口号是：解放生产力，发展生产力。 家庭联产承包责任制以及其他农村改革，解放了原来僵化的农业生产组织形式，激励机制的建立使农民的生产积极

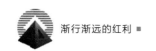

性被调动起来，生产资料的配置得到优化，促进了全要素生产率的提高①。

第二次是 90 年代初，邓小平南方讲话和《建立社会主义市场经济体制》改革目标确立，改革开放的力度加大。 吴敬琏（2010）描述了 90 年代初中国政府在财税、金融、外汇管理、企业制度、社会保障等方面采取的一系列改革措施，在现代宏观经济体系的建立和所有制改革方面取得重大进展。 这些改革提高了市场在资源配置中的作用，促进了生产效率的提高。

第三次是 21 世纪初，我国加入世贸组织，大幅提高了对外开放的水平，从两个方面提升了全要素生产率。 第一，随着进出口规模的扩大，外商投资的增加，中国企业全面参与全球竞争，从技术、管理等方面提高了生产效率②。 第二，出口的扩大为农村富余劳动力的转移创造了有利条件。 从 20 世纪 90 年代中期开始，劳动年龄人口开始超过非劳动年龄人口，加上农村的大量富余劳动力，经济面临着内部需求相对潜在生产能力严重不足、大量人口失业的挑战，加入世贸组织就是在这个关键的时期为中国经济供给潜能的释放提供了机遇。

在改革开放的过程中，限制劳动力转移的政策演变是影响全要素生产率的一个因素。 过去三十年的劳动力转移大致有两个政策偏紧期和两个宽松期：第一个偏紧期是 1978～1981 年，改革开放最初期，那时农村改革刚刚起步，农村户籍管制还很严；第一个政策宽松期是 1982～1993 年，随着乡镇企业发展，政策放宽城乡移居，劳动力在部门间与城乡间的转移显著增加；第二个政策偏紧期是 1994～1998 年，期间诸多省份对农民工进城新设限制③；第二个政策宽松期是 1999～2005 年，地方政府限制农村人口进城的措施取消，劳动力加速从农业和农村转移出来。 根据我

---

① 华生（2009）认为家庭联产承包责任制解放了农民，农民进城又引发一系列的制度变迁，同时带来廉价的土地和劳动力，这是改革开放 30 年高速发展的重要原因。

② 根据樊纲等（2011）的研究，1997～2007 年，市场化和技术进步分别贡献了 40% 和 30% 的全要素增长，同时得出 2003～2007 年比 1999～2002 年市场化的程度更高，对经济作用更大。

③ 根据杨聪敏（2009）的研究，1994～1999 年为限制流动人口阶段，政策上提倡民工本地化就近流动，即"离乡不离土"。 许多地方推出了保护城镇居民利益的措施，例如上海在 1995 年、北京和广州在 1997 年均出台了针对雇用外地工的工种和数量的限制。

们的估算，这两个政策宽松期的全要素生产率平均增速为3.9%，比两个政策偏紧期的全要素生产率增速大约高出0.6个百分点。

人口结构是另一基本因素

图3-2表明，从中国过去的增长来源看，资本存量和全要素生产率起了主要作用，而劳动力的贡献逐年下降，在20世纪90年代后已经作用甚微。那是不是说人口因素不再重要呢？其实推动资本累积和全要素增长率的背后都有人口结构变化的影响，人是关键因素。

前一章阐述了中国人口结构变迁的两大趋势：一是"人口红利"——生产者或储蓄者的人数在1995~2000年超过消费者，两者的比例在过去十年快速上升至目前的128%左右的水平；二是"城乡转移"——农村富余劳动力向城镇大量转移，从非充分就业转变为充分就业。这两个趋势在两个方面促进了经济供给的增长。

第一是对资本累积的影响，主要是通过提高储蓄率来实现的。资本累积的过程就是投资，对于单个企业来说，投资资金来自内部的留存利润或者外部融资；对整个经济而言，投资的资金则来自国内储蓄或对外负债。我国总体储蓄对GDP的比率在90年代中期以后大幅提高，10年间由初始的30%上升到50%左右的水平，支持了投资的快速增长（见图3-4）。影响储蓄的有多种因素，包括制度、政策的变化（下一章将详细分

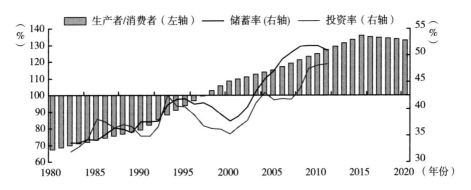

图3-4 人口结构造成高储蓄率，支持了高投资率

资料来源：CEIC、中金公司研究部。

析），但一个根本因素是人口结构的变化。 一方面，生产者超过消费者的人数越来越多，经济的供给能力相对当期的消费需求增加，储蓄率上升。 另一方面，大量农村富余劳动力向城镇转移，互相竞争，抑制了工资的上升，收入分配朝企业倾斜，企业部门的储蓄增加。

第二是对全要素生产率增长的影响，主要在于劳动力城乡转移过程中，劳动生产率获得提高。 改革开放初期，农业劳动者占总劳动者的比重达到 70%，农业部门人均劳动生产率低，有大量富余劳动力（他们对农业边际产量的提高几乎没有贡献）。 当这些劳动力转移到城镇从事二、三产业后，从过去的非充分就业变为充分就业，同时人均资本增加，城市的聚集效应提高劳动力技能，促进了劳动生产率。 当然，劳动力从农村向城镇转移本身也反映了体制改革和政策的变化。

二　长周期放缓已经开始

根据图 3－3 的测算，2008 年以来潜在增长率下降比较明显，由"十一五"期间的 10% 以上回落到目前的 8% 左右。 潜在增长率是根据理论推演而来的，并不能在实际经济生活中根据统计获得，因而其估算可能存在较大的偏差。 我们的估算值会有多大偏差呢？ 潜在增长率是与实际增长率相对而言的，如果实际增长率超过了潜在增长率，经济偏热，有通胀压力；如果实际增长率不及潜在增长率，经济偏冷，有失业压力。 如果一个时期，通胀压力不大，失业压力也不大，可以判断实际增长率应该离其潜在水平不远。 2012 年我国的实际经济增长率为 7.8%，与此同时 CPI 通胀率在 2.6%，属于温和水平，就业压力也有限。 由此我们判断 2012 年的实际增长率离其潜在水平不远①。 近几年增长率的下降不仅和外部需求疲弱有关，更重要的是它反映了供给潜力放缓的内在要求，即使没有全球金融危机的冲击，也很难维持过去 10% 的高速增长。

---

① 严格来讲，这是"不导致通胀上升"的增长率，潜在增长率可能还受其他因素的制约，比如环境和资源的压力。

潜在增长率放缓的三重诱因

第一重诱因是加入 WTO 的制度红利已经释放。 中国经济的对外开放度（外贸总额/GDP）在入世后明显上升，从 90 年代末的不到 40% 攀升到全球金融危机前的 60% 以上的水平，但近几年显著下降，已经回落到 50% 左右（见图 3 − 5）。 从供给面看，由国际市场竞争带来的效率提高的空间下降，经济活动更多地面向国内市场，而国内由于各种制度、政策方面的原因，面临行业垄断、政府支配资源过多等问题，这些摩擦因素形成了对市场竞争的限制，不利于全要素生产率的提升。

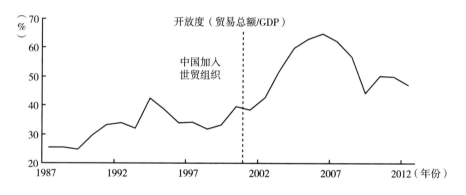

图 3 − 5　WTO 带来的全球化红利空间已经下降

资料来源：CEIC、中金公司研究部。

第二重诱因是城乡劳动力的转移空间减小。 根据我们的估算，在农村从事农业生产的半闲置和完全闲置的 16 ~ 34 岁劳动力已经从 2000 年的约 8400 万下降到 2010 年的 3400 万，说明农村可以转移到非农产业的青壮年劳动力已经所剩不多（见图 3 − 6）。 当然，这样的估算涉及一些重要的假设条件，有较大的不确定性[①]。 但近几年工资上升的速度超过GDP 的增速，尤其是低端劳动力工资上升快，说明劳动力的供应没有过去充足，这一点应该是没有争议的，这意味着靠劳动力城乡转移提高劳动

①　我们将在第九章讨论城镇化未来进程时，详细解释我们对农村富余劳动力的估算，并回顾文献中其他学者对此问题的分析。

生产率的空间已经下降。 从对经济增长贡献的角度看，重要的不是农村富余劳动力数量的绝对水平，而是其变动情况。 从更广的层面看，一般意义上的人口红利（生产者/消费者）比例即将见顶，这将引导储蓄率下降，投资率下降，资本存量的增速也将下降，从而影响潜在增长率。

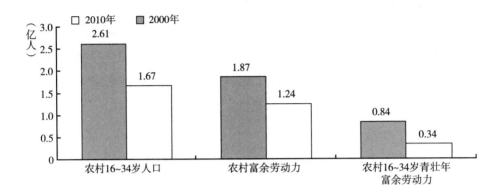

图 3 - 6　农村青壮年可转移劳动力数量显著下降

资料来源：CEIC、中金公司研究部。

第三重诱因是房地产价格的快速上升对实体经济的挤压。 我们将在第七章中详细讨论房地产和其他部门之间的关系以及房地产泡沫对宏观经济稳定的影响，这里是从供给面看，强调的是高地价/地租对其他部门的挤压。 过去十年来，地价、房价相对于其他商品和服务的价格快速上涨，引导社会资源过多地投向房地产和相关行业，降低了资源的配置效率，抑制了全要素生产率的增长。 房地产价格上涨对投资需求虽然有拉动作用，但对长期供给面的影响是不利的，由此造成的对实体经济的挤压效应随着房价的上升而逐渐累积。 房地产挤压其他行业的一个体现是在上市公司中，房地产企业的利润率在过去 10 年大幅上升，而非金融行业的利润率则下降或者基本稳定（见图 3 - 7）。

另一个可能抑制增长潜力的因素是环境和资源的压力，2013 年初，我国北方出现了持续的、大面积的雾霾天气，空气污染问题引起了社会的广泛关注。 导致我国空气污染的直接原因在于工业废气和汽车尾气的排放，但深层次原因则在于治理污染问题上的市场失灵和政策的"越位"与

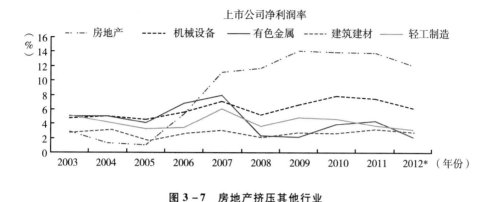

图 3 - 7　房地产挤压其他行业

* 注：2012 年为前三季度同比数据。
资料来源：Wind、中金公司研究部。

"缺位"。 市场失灵导致企业和个人无须为排污行为承担足够的成本。
政策越位体现在一些资源价格受到管制，造成对资源使用的浪费，政策缺
位则主要体现在我国的空气环保标准显著低于国际水平，同时地方政府在
环保政策的执行上比较消极。 环境问题是否会成为制约我国中长期经济
增长的重要因素呢？

经济增长和空气质量并非一对不可调和的矛盾。 发达国家的经验显
示，人均收入上升到一定程度，空气质量等环境指标会持续改善（环境库
兹涅茨曲线）。 改善的关键在于政府的介入，需要在节能减排、控制工
业排放和汽车尾气排放方面提高标准，加大立法和执法力度，增加对清洁
能源的投入，促进能源消费结构转变等。 种种迹象显示，我国已接近环
境库兹涅茨曲线的拐点，这意味着政府将面临较大的环保政策调整压力。
从需求端来看，加大环保力度将抑制对重污染行业的投资，但同时会推动
与环保相关的投资增加，对总体的投资需求不一定是负面影响。 从长远
看，环保政策有助于消除外部性造成的相对价格扭曲，提高资源的配置效
率，创造新的经济增长点，改善经济的供给面。

三　改革决定未来的增长趋势

纵观未来经济增长的潜力与趋势，劳动力供给和资本存量增长放缓的

态势恐怕难以改变，但制度变革和政策调整提高全要素生产率的空间仍然比较大。 劳动力供给方面，按照现在的人口预测，劳动年龄人口（15～64岁）的增长在未来 10 年内平均不到 0.2%，而过去 10 年的平均增速为 1.3%，尤其需要关注的是劳动年龄人口的绝对数从 2016 年开始下降（见图 3－8）；其中 15～59 岁的劳动年龄人口在 2012 年已经第一次出现下降。同时，劳动力从农业到第二、三产业转移的空间越来越小，农业就业人口平均年龄将从 2010 年的 43 岁上升到 2020 年的 50 岁，我们估算 2010～2020 年的非农就业将增加 9000 万人，显著低于前 10 年的 1.2 亿的增量。

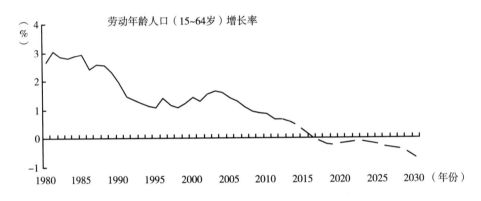

图 3－8 劳动年龄人口增速放缓

注：虚线部分为预测值。

资料来源：Haver Analytics、中金公司研究部。

资本存量方面，随着过去的资本快速累积，投资的边际回报率在下降，这降低了投资的动能[①]。 同时，人口结构的变化和经济结构的调整将使得储蓄率逐步降低（下一章将详细阐述），资金的供给趋于紧张。 当然，我国人均资本存量尚低，追赶效应还在[②]。 图 3－9 显示，2009 年中国的人均资本存量仅为日本的 14%、美国的 15% 左右，也比我国台湾地

[①] 判断资本效率的一个指标是"投资—产出比"（Incremental Capital Output Ratio），即每个单位的 GDP 增长所对应的投资额。 一般来说这个指标越低，宏观上说明投资效率就越高。 2010 年我国每单位的 GDP 增长需要的投资大约是 4.6 个单位，而 2000 年这一数字是 4.2。

[②] 追赶效应是索洛增长模型的一项特性，指的是经济发展较为落后的国家，其人均资本存量较少，生产效率也较低，只要投入相对较少的资本就能提高生产效率，从而取得比经济发达国家更高的经济增长速度，最终追及发达国家的 GDP 水平。

区及韩国的人均水平要低①。 总体来讲，预计投资率放缓是个渐进的过程，虽然短期内大幅下滑的可能性不大，但资本存量对经济供给的推动作用将会逐步降低。

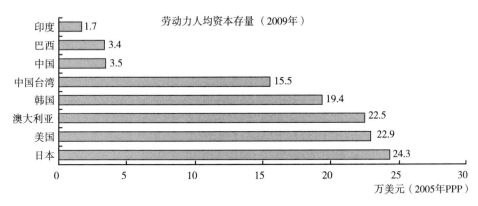

图 3 - 9 中国人均资本存量仍然较低

资料来源：Penn World Table，中金公司研究部。

改革可以提升全要素生产率

研究其他国家经验的文献表明，研发资本、人均受教育年限、政府效能等因素显著影响全要素生产率的增长（Lee and Hong，2010 和 Park and Park，2010）。 表 3 -1 显示中国与发达国家相比，在上述这些方面都存在较大差距，说明我国的全要素生产率还存在较大的提升空间。 从研发投入与研发资本存量来看，我国仍然处于较低的水平。 2008 年中国研发投入（R&D）占 GDP 比重只有 1.5%，低于德国（2.7%）、日本（3.4%）、美国（2.8%）等国家，由于过去每年的投入比较低，中国研发资本的存量和发达国家比差距更大。 从人口受教育程度来看，我国仍然显著低于发达国家。 2010 年我国 15 岁以上人口受教育的平均年限为 8.2 年，显著低于美国（12.2 年）、日本（11.6 年）、韩国（11.8 年）等国家。

---

① 对资本存量的计算参考了 Harberger（1978）的假设：一个经济体初始处于稳态（steady state），资本存量的增速与经济增速相同。 为便于国际比较，我们利用 Penn Would Table，以 1950 ~ 1960 年的平均增长率为稳态的增长率，计算了各个国家的初始资本存量，然后按照永续盘存法估算资本存量。

表 3 – 1　就全要素生产率的影响因素而言，中国仍有较大的追赶空间

	R&D 支出占 GDP 比重（2008 年，%）	15 岁以上人口 受教育年限（2010 年，年）	政府效能 指数（2010 年）
中国	1.5	8.2	0.12
印度	0.8	5.1	– 0.01
美国	2.8	12.2	1.44
日本	3.4	11.6	1.40
德国	2.7	11.8	1.55
英国	1.8	9.6	1.56
韩国	3.4	11.8	1.19

资料来源：WDI、Barro and Lee（2010）、Haver Analytics、中金公司研究部。

最关键的是，我国的政府和相关的公共服务效率在全球来看，也处于较低水平。根据世界银行测算的政府效能指数①，在 – 2.5 ~ 2.5 的评分尺度中，2010 年中国得分仅为 0.12，远低于发达国家 1.4 ~ 1.5 的水平。这些对比表明，未来我国全要素生产率仍有较大的提升空间。事实上，不仅仅是通过加大研发资本投入、增加人均受教育年限和改进政府行政效率，通过其他制度改革，比如取消限制城乡人口转移的制度性障碍、完善市场竞争机制等也将有利于促进全要素生产率的增长。

未来增长的两种情形

总结以上对经济供给能力的分析，我们对未来的增长趋势可做情景式的描述。采用联合国对我国劳动力年龄人口未来 10 年的预测，同时参照过去资本—产出比重总体下降的趋势来推测未来 10 年资本存量的增长，再加上对全要素生产率两种情形的假设，我们可以模拟估算未来 10 年经济增长的可能区间。

模拟估算分为基准和改革两种情形，差别在于对影响全要素生产率的主要因素（科研、教育和政府效率）未来发展的假设不同：基准情形下，影响全要素生产率的科研、教育和政府效率等因素，按照近几年的速度增

---

① 世界银行编制的政府效能（Government effectiveness）指数考虑了政府公共服务的质量、公务员的素质、政策的决策及执行力和政府的公信度等因素。该指数服从标准正态分布，范围 – 2.5 ~ 2.5，指数越高表示政府效率越高。

长（见图 3 - 10）。 由此估算出"十二五"期间潜在增长率的均值为
7% ~ 8%①，"十三五"为 5.5% 左右，到 2020 年下降到 5%；改革的情形
下，这些因素在未来 10 年将加速追赶美国②（见图 3 - 11）。 对应的"十
二五"期间潜在增长率的均值为 7% ~ 8%，"十三五"为 6% ~ 7%，到
2020 年下降到 6.5%。

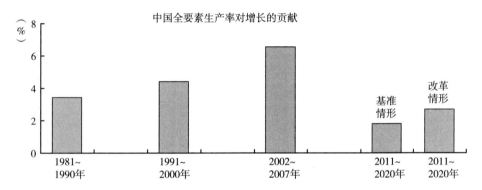

图 3 - 10　改革力度决定全要素生产率增速

资料来源：CEIC、中金公司研究部。

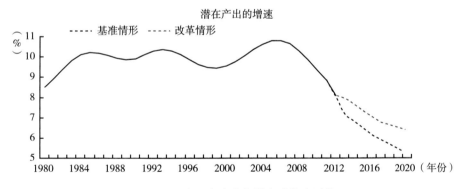

图 3 - 11　中国未来十年潜在增长率测算

资料来源：CEIC、中金公司研究部。

---

① 楼继伟（2011）的研究认为随着经济的转型和人口红利的消退，中国潜在增长率将从 2011 年的
　 10% 以上，下降到"十二五"末期的 7% ~ 8%，甚至更低一点的水平。
② 具体为研发支出占 GDP 的比重逐年提高，2020 年达到美国 2010 年的水平；人均受教育年龄基于
　 过去 5 年的水平加快增长，从目前为美国 1950 年代初的水平，到 2020 年达到美国 1960 年代中的
　 水平；政府效率 2020 年达到美国 2010 年的水平。 以上三个指标通过回归得出对全要素生产率贡
　 献的弹性，最后得出对全要素的贡献。

对于发展中国家来讲，有一个共同的现象，那就是随着收入水平的提高，与发达国家的差距减小，而追赶效应对经济增长的推动影响也会降低。 在上述的两种情形下，未来 8 年的 GDP 平均增速分别下降 3 个百分点（基准情形）和 1.5 个百分点（改革情形），这是否符合国际经验呢？2011 年中国的人均 GDP 已经超过 5000 美元。 根据日本、韩国、新加坡和中国香港、中国台湾的历史经验，在人均 GDP 达到 5000 美元与 13000 美元之间时，经济增速下降 1~3 个百分点（见图 3-12）。 这说明上述模拟基本符合国际经验。

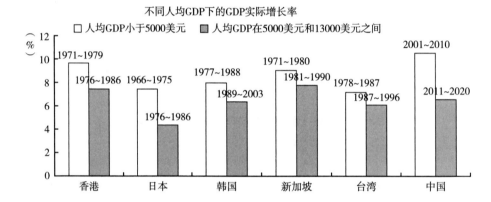

图 3-12 不同人均 GDP 下的经济增速比较

资料来源：IMF WEO、中金公司研究部。

我们还可以和政府的中长期经济发展目标比较。 中共十八大提出了 2020 年与 2010 年相比，GDP 总额倍增的目标。 结合以往总量翻番提法的一贯内涵，GDP 总额指的是实际值。 实现实际 GDP 翻番的目标，意味着未来 8 年（2013~2020）年均复合增长率约为 6.8%，相当于"十二五"期间年均增长 7.5%、"十三五"期间年均增长约 6.5%。 就我们现在所处的"十二五"期间而言，2011~2012 年实现了年均 8.5% 的增长，政府 2013 年的增长目标定在 7.5%，预计 2014~2015 年可能下降至 7%。 总体来看，政策目标不是很激进，但预留的空间也不大，因而改革是关键。 过去 10 年，加入全球化竞争和劳动力转移是生产效率提高的主要来源，未来 10 年需要更多依靠降低内部的体制性束缚，改善资源的配置效率。

四　短周期波动：中国版"大缓和"

在回顾我国经济增长短周期波动的历史特征时，我们发现体制变迁与人口结构依然是重要的驱动因素。从体制变迁来说，在旧的计划经济体制下，以政府计划为主导进行资源配置，企业行为有"一抓就死、一放就乱"的内生波动。20 世纪 90 年代市场经济体制确立后，旧模式在很大程度上被打破，市场在资源配置中的作用大大增加，短周期经济波动趋于缓和。从人口结构来说，人口红利与城乡转移造成 20 世纪 90 年代中期以后，我国从短缺型经济过渡到供给充分型经济，制约增长的主要因素不再是供给短缺，而是需求不足。因此，以消费、投资和出口为三驾马车的社会总需求，逐渐成为驱动经济短周期波动的主要力量。与之相应地，宏观调控政策也转向了逆周期的总需求管理。拿 90 年代中期以后的时期和此前的 15 年比较，我国经济的一个重要特征是增长和通胀的波动大幅降低，可以说是中国版的"大缓和"时期。

市场经济体制降低了短期波动幅度

1992 年邓小平南方讲话将改革开放以来我国的宏观经济运行划分为两个显著不同的阶段：前者是以政府计划为主导的"有计划的商品经济"阶段，后者则是全面建设"社会主义市场经济"的阶段。第一阶段我国经济波动的幅度较大，GDP 增速高点在 15.2%，低点是 3.8%；波动周期较短，主要受政府经济计划影响，呈现出"一抓就死，一放就乱"的"治乱循环"。第二阶段我国经济波动幅度大为降低，GDP 增速最高为14.2%，最低 7.6%。从估算的产出缺口（实际 GDP 增长与潜在增长的差距）来看，第二阶段明显平滑多了（见图 3-13）。

对于前后两个时期短周期波动的差别，主要原因有两个。首先是随着社会主义市场经济体系的建立，市场价格对资源配置的作用加大。1992 年以前，我国经济资源的配置仍然以政府计划为主导，国有企业并不面对市场，因此造成政策一放松，企业的投资和生产热情就高涨，但缺

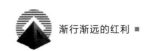

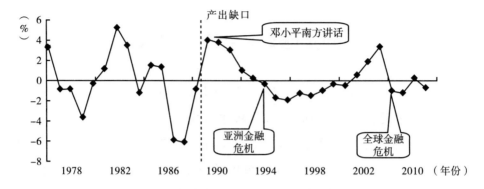

图 3 – 13　市场经济体制下经济波动幅度减小

资料来源：CEIC、中金公司研究部。

乏弹性的价格使得企业的扩张活动缺乏约束，直到宏观经济扩张受到资源"瓶颈"的制约变得难以为继，政府的计划被迫转向，国有企业生产出现急剧下滑，经济呈现大起大落。 1992 年确立市场经济体制以后，主要产品价格基本由市场决定，价格体系的灵活性大大增加。 在面对供给或需求的变化时，价格的弹性变动调节了消费和投资行为，吸收了部分冲击，降低了生产活动起落的幅度。

其次是增长的制约因素从供给向需求转化。 1990 年代中期以后，我国从短缺型经济过渡到供给充分型经济，供给能力对经济增长的制约下降，而需求不足变成更突出的问题。 如上所述，经济供给能力的扩张得益于两个主要因素：经济体制改革提高了生产效率；同时，劳动年龄人口数量逐渐超过非劳动年龄阶段的人数，以及农村富余劳动力向城镇的转移，都增加了经济供给相对于需求的能力。 短期来讲，政府通过财政和货币政策刺激需求的能力较大，供给面的限制比如产能和效率则难以改变。 因此，经济从短缺型变为过剩型后，短期波动主要体现为总需求的变动，以总需求管理为导向的逆周期宏观调控政策有了较大的操作空间，政策稳定短期增长的能力提高。

出口和投资主导短期波动

从拉动总需求的三驾马车看，出口和投资的波动较大，消费对 GDP

增长的贡献则相对稳定（见图 3－14）。 1995 年以来消费对 GDP 增速的拉动平均为 4.6 个百分点，高点和低点分别为 6.0 和 3.4，其对增长波动的影响远远小于出口和投资。

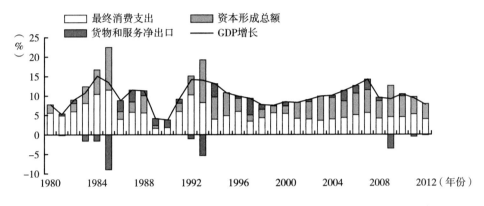

图 3－14　短周期波动主要来自投资和出口

资料来源：CEIC、中金公司研究部。

首先看出口。 20 世纪 90 年代中期以来，外需冲击是造成我国短期经济增长探底的主要诱因。 1995～2010 年，净出口对 GDP 增长的平均贡献为 0.9 个百分点，在 GDP 平均增长率 9.9% 中占比并不高，但是波动很大：最高时达到 4.2 个百分点，最低则为 －3.5 个百分点。 1995 年以来，我国 GDP 增长的两次低点分别位于 1999 年和 2009 年，均受到了外部冲击的影响——分别源自 1997～1998 年的亚洲金融危机和 2008～2009年的全球金融危机。 1998 和 1999 年连续两年我国的出口增长仅为个位数，相比 1997 年的 21% 大幅下滑，2009 年的出口额更是比 2008 年大幅下降 16%。

出口波动对 GDP 增长的影响不只局限于其直接的贡献，还有一个对投资和消费的乘数效应。 出口受到冲击后外向型企业的投资会受到抑制，这不仅体现在固定资产投资上，存货的需求也会降低。 同时，出口放慢抑制了相关就业人员的收入和其对未来的信心，从而影响消费支出。

其次，从总体投资来看，其对 GDP 增长的贡献波动也很大。 1995 年以来，投资对 GDP 增速的贡献平均为 4.4 个百分点，最高达到 8.1 个百

分点,最低为 1.7 个百分点。 相对于出口主要受外部冲击影响,投资波动的原因则更为复杂,其中房地产和制造业投资主要由企业进行,其波动既有自身内在的周期性因素,也受到宏观政策特别是货币政策的影响,而基础设施投资则主要由政府主导,受财政政策的影响比较大。

政策逆周期操作与政治周期

市场经济环境下宏观调控政策主要由财政政策和货币政策构成,着力点是总需求管理,在我国主要体现为对投资的影响。 财政政策直接影响政府主导的基础设施建设投资,而货币政策通过调节货币和信贷条件影响更广泛的投资。 1995 年以来的宏观调控轨迹显示,投资波动既反映政策对于外部冲击的逆周期反应,同时也受政治周期的影响。

政府主导的投资存在一定的政治周期,体现为政府换届和五年规划对基建投资的影响,其特征是每届政府任期内,或每个五年规划期内,都存在一次基建投资大规模加速的现象,一般发生在每届新政府的第一年或五年规划的中期(见图 3 – 15)。

基础设施投资实际增长率

十五计划
1996~2000

十五计划
2001~2005

十一五计划
2006~2010

十二五计划
2011~2015

图 3 – 15 基础设施投资的政治周期特征

资料来源:CEIC、Wind、中金公司研究部。

货币政策则有明显的逆周期特征,尤其是对外部冲击的反应。 1995年以来三次大的宏观经济刺激政策,都起因于应对外生冲击带来的经济下行风险,分别是 1997 ~ 1998 年的亚洲金融危机、2003 年的"非典"事件和

2008～2009 的全球金融危机（见图 3－16）。 面对外生冲击时，为了避免经济增长大幅下降，货币政策显著放松，支持内部需求，其影响主要体现在投资上。 相反，在总需求增长过快，通胀压力加大时，货币政策则紧缩，主要传导渠道也是通过投资的放缓来抑制总需求压力。

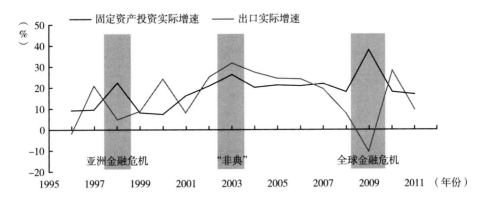

图 3－16 固定资产投资是政策逆周期操作的载体

资料来源：CEIC、Wind、中金公司研究部。

宏观政策对增长和通胀的滞后影响是经济周期波动的内在原因之一。历史数据显示，货币政策对经济增长和通胀存在显著的滞后作用：一般信贷增速领先经济增长 1～2 个季度（见图 3－17），而经济增长领先通货膨胀 1～2 个季度。 贷款和 GDP 增速在 2004～2007 年变动的方向一致，但幅度

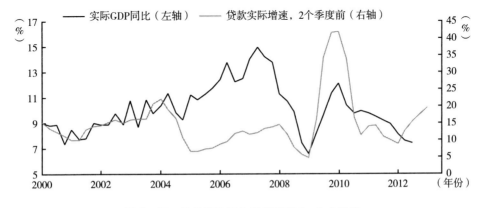

图 3－17 信贷扩张领先经济增长 1～2 个季度

资料来源：CEIC、中金公司研究部。

差别很大，主要反映了支持经济增长的其他资金来源，主要是外汇占款的大幅扩张，企业把来自贸易顺差和资金流入带来的外汇卖出，换取的人民币支持了投资的扩张。 政策的滞后影响若和新的外生冲击在同一方向叠加——比如政策紧缩加上外部需求突然下降——经济的波动幅度就会超过政策调控的意图，反之亦然。 一个例子是2007～2008年为了控制通胀而进行的宏观调控，导致信贷增速显著下降，其对国内需求的影响在2008年逐渐显现出来，而2008年的全球金融危机带来了对出口的突然冲击，两者叠加，导致经济增长在短期内呈现大幅下降。

五　案例分析：2013年的温和反弹

按照以上的分析框架，反映外需疲弱和早前为控制通胀采取的宏观紧缩政策对投资的滞后影响，2012年出口和投资增长的动能减弱，带动总体经济增速较2011年显著放缓。 实际GDP增速从2011年的9.3%下降到2012年的7.8%。 但是，逆周期的宏观政策操作，限制了增长下降的幅度，并将扶持2013年实现小幅反弹，预计增长达到8.1%。

首先看出口，外需疲弱与实际汇率升值，是影响2012年出口的主要因素。 在欧洲主权债务危机的干扰下，欧元区经济陷入了衰退，美国经济复苏力度不振，新兴市场需求也受到抑制。 汇率方面，人民币实际有效汇率2011年末比2010年末上升了6.2%。 汇率升值对贸易的影响一般存在6～12个月的时滞，因此2011年人民币实际汇率的较大幅度升值抑制了2012年出口扩张的动能。

其次，内部需求方面，2011年的宏观调控紧缩了企业的融资条件，体现为实际利率上升和贷款增长放缓，减弱了2012年投资扩张的动能。 尤其是2009～2010年的货币放松造成企业的杠杆率处于历史高位（见图3-18），随后融资条件紧缩加大了企业的去杠杆压力，抑制了投资。 房地产投资增速下滑尤其明显，从2011的27.9%下降到2012年的16.2%。除了固定资产投资，库存调整也是拖累2012年总需求的一个不可忽略的因素。月度的工业产成品库存累计同比增速在2011年4季度达到高点后，在 2012 年经历了较大的下降，估算拖累 GDP 增长 0.4 个百分点（见图 3－19）。

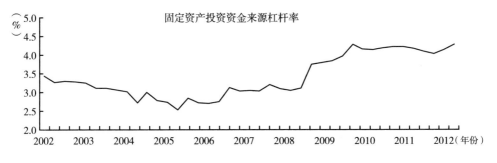

图 3－18　企业去杠杆化的压力上升

资料来源：CEIC、中金公司研究部。

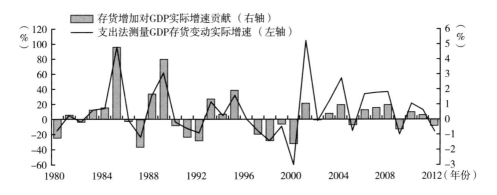

图 3－19　2012 年去库存拖累 GDP 增长

注：2012 年为预测数据。

资料来源：CEIC、中金公司研究部。

在总需求压力下降的影响下，2012 年的通胀显著下行。CPI 通胀率从 2011 年的 5.4% 下降到 2012 年的 2.6%，PPI 通胀率更是从 6.0% 大幅回落到 －1.7%。通胀压力下降为支持增长的宏观调控提供了空间，央行总共降息 2 次，降低存款准备金率 2 次，并通过大量的逆回购维持市场流动性的相对宽松。从财政政策来看，结合"十二五规划"，政府的基建投资加快。财政赤字在 2012 年达到 GDP 的 1.6%，比 2011 年上升 0.5 个百分点，财政收支在 2009 年以后第一次对经济产生了扩张性的影响。

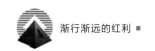

财政、货币政策相叠加，使得 2012 年经济避免了硬着陆。 实际 GDP 增长在 2012 年第三季度降到 7.4% 的低点后，开始反弹，4 季度达到 7.9%。

预计 2013 年出口依然面临挑战，但有望低位企稳。 政府主导的基础设施投资有加速的空间。 同时，在最终需求企稳改善的环境下，企业的库存调整也将进入再库存周期，对 GDP 增长的贡献由负转正。 综合出口和投资来看，私人部门自主增长的动能还是偏弱，宏观政策对总需求还会有扶持。 宏观政策组合基本是"宽财政、稳货币"。 宽财政体现为预算赤字比 2012 年有所扩张，尤其是财政支出对基建投资的支持。 稳货币在年初体现为中性偏松的政策取向，央行通过公开市场操作维持较宽松的流动性环境，抑制融资成本。 随着增长的反弹，货币政策在 2013 年的进程中从中性偏松向中性转换。

具体来讲，有两个因素将抑制政策宽松的力度，从而限制总体经济增长的反弹力度。 第一，潜在增长率有不确定性，一般认为目前的可持续增长率在 8% 左右，但如果真实的潜在增长率比这低，增长从 2012 年 7.8% 的水平反弹可能很快就会带来通胀压力。 第二，一线城市房价在 2012 年底、2013 年初明显上升，促使调控政策加强，房地产调控处在关键时期，一定程度上对货币政策构成制约。 国务院办公厅 2013 年 2 月 26 日发布了"关于继续做好房地产市场调控工作的通知"，包括了加强限购和税收征管等一系列的控制投资性住房需求的措施。

六 供给与需求的双面性

以上对经济增长的讨论遵循了"长期看供给，短期看需求"的二元分析框架，但现实中的供给和需求，长期和短期往往是相互交织的。 许多经济变量与政策都存在"两面性"，既影响长期供给能力也影响短期需求水平，因此政策的制定需要在短期稳增长与中长期调结构中做好取舍与平衡，力图长短兼顾。 要准确把握经济的长短周期变化，就需要辩证、全面地看待驱动经济增长的多重力量。

一个典型的例子是外贸需求的双面性。我们在前面强调了加入世贸组织之后，出口的扩张促进了中国经济供给面的改善，因为全球市场竞争程度比国内市场高，最近几年外贸放缓，贸易开放度下降，便阻碍了经济效率的提高。但一个流行的观点是过去的增长过度依赖外部需求，全球金融危机之后，对出口的依赖明显下降，是我国经济乃至全球经济再平衡的重要体现。这是真正有效的再平衡吗？如果需求结构的"改善"是以供给面效率的降低为代价，那将影响中长期的经济增长潜力。所以，不能简单地认为减少对出口的依赖，经济就会更平衡，只有同时深化内部市场改革和增强国内市场竞争度，才能使我国经济供给面的增长不会因为贸易开放度的下降而受影响。

另外一个典型的例子是房地产的双面性。过去十几年房地产市场增长很快，最重要的体现是房地产投资快速扩张。与出口扩张一样，从短期需求来看这对经济增长是好事，但与出口扩张不一样的是，这对长期供给面的影响是不利的。概括地讲，土地价格大幅上涨造成土地、房租成本的提升，形成了对实体经济的挤压；作为重要的生产要素，土地的有效供给持续不足会影响经济供给能力的增长。也就是说，过去十几年，房地产对经济的需求拉动是正面的，但累积的问题也越来越多，对经济供给面产生了负面的影响。

除了这两个例子以外，还有更广层面的涉及短期和长期、供给和需求取舍的问题。上面提到自20世纪90年代中期以来，我国进入一个"大缓和"时期，经济呈现"过剩型"特征，宏观政策调控总需求稳定增长的能力和空间加大。我们需要关注类似欧美在"大缓和"时期的情况，正因为政府短期调控的能力增强，调控的意愿增加，总是在增长稍有放缓的时候，就放松政策以支持总需求。导致的结果是私人部门形成一个强烈的预期，只要经济不好，政府就会出手，下行的风险有限，所以私人部门的风险偏好持续处在高水平，使得结构性问题和市场风险累积起来。在我国，房地产市场是一个明显的例子，大家认为经济增长离不开房地产市场，而政府总是要保增长，所以房价下跌的空间有限，支持了住房的投资性需求。

另外，我国的宏观调控主要是通过投资，尤其是政府投资来实现，也

带来长期和短期目标的冲突。 相对欧美超过 100% 的 GDP 政府负债率，我国政府负债率较低，财政政策仍有较大的宽松空间，可以进一步支持政府基建投资。 同时，我国的财政政策拉动需求的效率较高；财政资金对基建项目的投入往往带动地方政府来自其他渠道的配套资金，尤其是银行信贷。 从某种意义上讲，财政和货币政策难以分开是中国版的"财政主导"（fiscal dominance）的宏观政策。

财政主导的政策，虽然刺激短期需求的效率较高，但缺点是可能加剧政府部门对私人部门的挤压，这体现在两个方面。 一方面，财政赤字的扩大增加了货币需求，在一定的货币供应的条件下，利率将上升，影响私人部门的融资条件。 在我国，部分利率仍然受到管制，不同利率市场之间的传导机制也不是十分有效，利率对财政收支变化的敏感度没有发达国家市场高，因此财政扩张导致的货币趋紧，对市场流动性总量的影响可能超过了对价格（利率）的影响。 再有，在我国地方政府融资平台的特殊机制下，财政扩张往往带来对银行信贷的直接占用，增加民营和中小企业融资的难度和成本。

另一方面，地方政府融资平台带来的"财政主导"增加了政府在资源配置中的作用。 政府既是经济运行的参与者，又是游戏规则的制定者，存在利益冲突。 政府部门和私人部门的相互关系不仅体现在对资源（包括融资）的量的占用上，也包括政府制定的政策和规则能否为不同的经济活动的参与者提供一个公平竞争的市场环境，从而促进经济整体效率的提高。

政策平衡如此之难，解决问题的根本之道还是要靠改革。 十八大后，在一系列重要领域的改革值得期待，包括降低行业垄断、增加竞争、促进非公经济的发展，社会改革方面包括推进新型城镇化与公共服务均等化、财政金融领域的结构性减税、利率市场化等。 这些改革的推动将有利于增加私人部门的发展空间，从而既促进供给又改善需求的结构，可以减轻宏观政策逆周期操作对政府投资的依赖。 本书下面的章节将就此做进一步阐述。

第四章

结构的失衡与再平衡

善者因之，其次利道之，其次教诲之，其次整齐之，最下者与
之争。

——《史记》卷 129《货殖列传》

上一章分析了经济增长中枢下移的趋势，除了人口结构变化这个基本面
外，还有一些经济发展不平衡的因素在起作用，比如房地产对实体经济的挤
压。 结构失衡当然不局限于此，从过去几年的媒体报道、政策讨论、市场分
析中，我们可以总结以下几个方面的发展不平衡问题。 首先，我们听到最多
的不平衡大概是拉动总需求的三驾马车中，过度依赖投资和出口，消费相对疲
软。 其次，从供给的角度看，结构的失衡体现在第三产业（服务业）发展大
幅落后于第二产业（制造业、采矿业、建筑等）。 再次，资源压力，尤其是环
境污染已经成为所有人切身感受的失衡问题。 另一个关注度高的失衡是收入
分配和财富差距的扩大，国家统计局最新发布的数据显示，2012 年我国的基
尼系数达到 0.47，虽然比 2008 年的 0.49 有所回落，但仍高于 0.44 的国
际平均水平。 一些非官方机构的研究显示我国贫富差距在过去十几年急
剧扩大，基尼系数在 2010 年达到 0.6[①]。

这几个不平衡之间有什么样的关系呢？ 导致这些不平衡的因素相互
之间是独立还是彼此关联的？ 哪些是表象，哪些则是根本的驱动力量？
我们可以罗列一系列可能导致经济结构不平衡的原因，比如对出口的依
赖，汇率往往被认为是重要因素；投资过多和环境污染问题，人为压低
（受管制）的资源价格是重要原因之一；生产性服务业近几年越来越受到

＊ 本章基于以下报告发展而成：彭文生、林暾、边泉水、赵扬、朱维佳、杜彬："经济转型的消费
轨道（上、下篇）"，中金宏观专题报告，2012。

① 2012 年 12 月，西南财经大学中国家庭金融调查发布的报告显示：2010 年中国家庭收入的基尼系
数为 0.61，城镇家庭内部的基尼系数为 0.56，农村家庭内部的基尼系数为 0.60，显示贫富差距悬
殊。

关注，不少地方政府推出政策措施包括补贴来促进相关行业的发展，等等。 分析经济发展不平衡的根本原因对我们判断未来的政策和结构调整的走势至关重要。

从总需求和总供给的分析框架出发，我们提出以下的逻辑。 首先，产出（供给）在两大生产要素——劳动力和资本——之间分配，这中间政府的政策起到了重要的再分配作用，形成一定的收入分配格局。 其次，收入分配格局对需求的结构有重大影响，企业部门（资本）的收益转化为投资，同时，居民内部收入差距影响着人们的消费和储蓄行为，一般来讲，低收入群体的边际消费倾向大于高收入群体，收入差距扩大压低了社会的平均消费倾向，提高了储蓄率。 再次，需求结构的变动带来相对价格的变化，比如投资品对消费品价格，引导社会资源在不同产业部门的投向，最终影响产业结构，比如工业与服务业的相对重要性。

按照这个逻辑，虽然经济的不平衡体现在多方面，影响因素也很复杂，但收入分配的失衡是症结。 收入分配差距扩大导致总体消费率下降，储蓄率上升，带来高投资和出口，进而产业结构偏向工业、制造业，与消费联系紧密的服务业发展落后，偏重工业的产业结构对资源的需求相对较高，对环境压力大。 图4-1勾勒了这样的因果关系。 那么是什么因素导致收入分配差距的扩大呢？ 其影响真的有我们描述得这么关键吗？ 其他一些国家包括美国过去20年贫富的差距也在扩大，为什么仍以消费强劲而闻名呢？ 显然，问题不是我们一般理解的居民之间收入差距加大那么简单，虽然它应该是原因之一。

图4-1 结构失衡的表象和实质

资料来源：中金公司研究部。

本章从总需求的结构失衡出发，通过分析消费率降低的推动因素和轨迹，试图把这个逻辑讲清楚。 我们提出一个新的解释视角：过去十年，在收入分配过程中，企业部门和政府部门对居民部门形成挤压，同时居民内部财富和收入分配日益不平衡，造成平均储蓄率上升。 人口结构的变动和相关体制、政策扭曲是收入分配不平衡的两大关键性驱动力量。 这也是本章引言的含义，强调应该降低政府和企业部门在收入分配上对居民部门的挤压。 展望未来，人口结构变化的拐点已经到来，将逐步有利于改善收入分配，但这还不够，体制和政策的扭曲因素需要变革，才能从机制上降低不平衡的动因，促进经济的均衡和持续发展。

一　结构失衡的表象：消费弱

2001 年以来我国居民消费年均实际增速高达 9%，居全球前列，但每当人们谈起中国的经济增长时，焦点始终放在"中国制造"和"中国投资"上，消费不足成了经济不平衡的一个重要方面，给人一种"中国不消费"的印象。 这对矛盾并不难解释：过去十多年，居民消费增长虽然不慢，却落后于投资增长与经济总体增长。 拉动总需求的三驾马车中，投资贡献最大，十年间平均贡献 53% 的经济增长，超过消费贡献 10 个百分点。 居民消费率[①]从 2000 年的 46% 下降到 2010 年的 35%。 尽管对于因统计因素导致消费率被低估的问题存在争议，但我国居民消费率显著下降并大幅低于国际平均水平是不争的事实。

居民消费率大幅下降

改革开放以来，我国居民消费率经历了 1978~1981 年的短暂上升期和 1994~2000 年的相对稳定期，其余大部分时间呈现下降态势，特别是 2001 年以来居民消费率持续下降。 从 2001 年到 2010 年，居民消费率累计下降了 13 个百分点；同期政府消费率下降了 2 个百分点；总体消费率

---

① 本章中居民消费率、政府消费率、投资率、净出口率是指国民经济核算中居民消费、政府消费、资本形成及净出口占 GDP 比重。

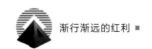

（包括居民消费和政府消费①，后者占总体消费不到30%）从62%下降到48%。 同时，投资率不断上升，到2010年与消费率基本持平，这是中国过去不曾经历过的，也是主要国家经济发展史上从来没有出现过的现象（见图4-2）。 与消费率下降相对应，过去十年居民消费对经济增长的贡献平均为31%，比1978～2000年的平均水平低了17个百分点。

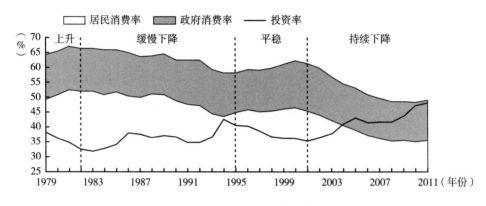

图4-2 过去10年居民消费率大幅下降

资料来源：CEIC、中金公司研究部。

国际经验显示，居民消费率在国家的发展过程中往往呈现U字型。 在发展起始阶段，农业比重较大，收入和生活水平较低，此时属于生存型消费，收入的大部分都用于消费，居民消费率较高；随着经济发展、农村人口向城镇转移和产业结构的变化，居民收入水平提升，此时投资率上升而居民消费率降低；达到高收入阶段后，居民的消费从生存必需品向享乐型延伸，同时工业化完成后的投资率也开始下降，此时居民消费率重新上升。

从美、英、日、韩四个发达国家和印度、巴西两个新兴市场的情况看，这些国家都曾经在某个历史时期出现过长达十年左右的居民消费率大幅下降的情况（见表4-1）。 美国在"大萧条"之后的十年中，实施罗斯福新政，政府

---

① 政府消费包括政府自身的消费以及政府用于卫生保健、教育、社会保障、环境治理等方面的公共支出。 国内外文献表明，政府消费与居民消费既有替代效应，又有互补效应，取决于不同国家的情况。 Fiorito 和 Kollintzas（2004）把政府提供的消费分为公共品（Public goods，国防、公共秩序与安全）和优值品（Merit goods，保健、教育以及其他可以由私人部门提供的产品），前者对私人消费有替代效应，后者有互补作用。

加大基础设施建设造成投资支出的扩大，居民消费率在 1932～1942 年下降了 28 个百分点。 日本和韩国的居民消费率分别在 1955～1970 年和 1980～1988 年的经济高速增长期间，下降了 13 个百分点左右，其当时对应的人均 GDP 水平（PPP 计价）与中国 2000～2010 的人均收入水平接近。

表 4－1　中国居民消费率下降并非历史个案

	2010 年	历史最高点		历史最低点		下降最快时期	
	居民消费率（%）	居民消费率（%）	对应年份	居民消费率（%）	对应年份	时间段	居民消费率降幅（百分点）
中国	34	52	1981	34	2010	2000～2010	－13
美国	71	83	1932	49	1944	1932～1942	－28
英国	65	66	2001	58	1976	1945～1958	NA
日本	59	66	1955	52	1970	1955～1970	－13
韩国	53	84	1962	49	1988	1980～1988	－13
印度	57	81	1960	56	2007	2000～2007	－9
巴西	61	72	1967	54	1989	1983～1989	－17

注：①最高、低点所在的时间跨度为，中国 1978～2010 年、美国 1930～2011 年、英国 1965～2010 年、日本 1955～2000 年、韩国 1960～2010 年、印度 1960～2010 年、巴西 1960～2010 年。
②英国 1945～1958 年为总体消费率下降最快的时期，下降了 24 个百分点，估计这也是其居民消费率下降最快的时期。
资料来源：World Bank WDI、中金公司研究部。

国际比较表明，中国居民消费的下降并非历史个案，各国历史上居民消费率的下降可能隐含着与经济发展特殊阶段相关的共性。 那么，中国在这段历史时期的居民消费率以国际标准来衡量是否处于"正常"范围呢？

居民消费率明显低于国际水平

虽然不少国家都有居民消费率大幅下降的历史，但是横向和纵向的国际比较均显示，我国居民消费率和总体消费率的绝对水平偏低。 从横向比较看，目前我国居民消费率和总体消费率均处于世界最低水平：2010 年分别比全球平均水平低了 25 和 30 个百分点。 从纵向比较看，我国总体消费率与其他国家相同发展阶段相比也明显偏低。 在相同人均收入水平条件下，中国当前总体消费率比日韩可比时期大致低了 15 个百分点，比英美可比时期大致低了 30 个百分点（见图 4－3）。 除此之外，从单个时间点看，

主要国家历史上没有出现过像我国 2010 年这么低的居民消费率和总体消费率。 2010 年中国居民消费率和总体消费率分别比美国 1930 年以来的历史最低水平低了 16 和 29 个百分点，分别比日本 1955 年以来历史最低水平低了 19 和 12 个百分点，也大幅低于印度和巴西历史上的最低水平。

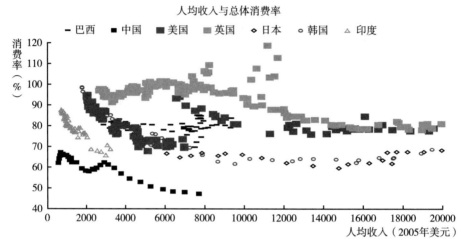

图 4-3　同等人均收入水平阶段中国的消费率偏低

注：①中国为 1978～2010 年、美国为 1834～1983 年、英国为 1830～1999 年、日本为 1955～1995
　　年、韩国为 1960～2008 年、印度为 1960～2010 年、巴西为 1960～2010 年。
　　②Angus Maddison 人均收入数据仅到 2008 年，2009～2010 年的数据是在 2008 年基础上
　　根据 World Bank WDI 人均 GDP 增速推算而来。
　　③美国 1870 年以前人均收入为每十年一个数，年度数据根据十年平均增长率插值估算。
　　资料来源：World Bank WDI、http://www.ggdc.net/Maddison/、中金公司研究部。

统计低估不改大的方向

正因为中国居民消费率水平与国际相比较低，不少学者怀疑居民消费率被统计低估，并对居民消费率的数据进行修正。 现有研究基本从两个角度出发，试图调整居民消费率：一个角度是，我国的居民调查在选取样本时较少纳入高收入群体，被调查户普遍存在漏报和少报收入的倾向（尤其是"灰色收入"），造成居民收入水平被低估，消费也被相应低估。另外一个角度是根据零售数据判断居民消费增速。 2008 年以后社会商品零售增速高于 GDP 项下居民商品消费的增速，由此推断 2008 年以后居民消费率数据被低估的程度比较严重（见图 4-4）。

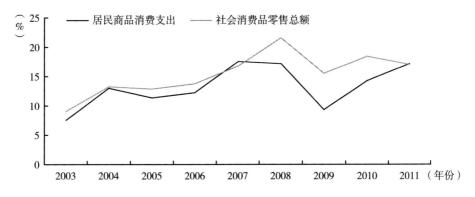

图 4 - 4　2008 年以来社会商品零售超过 GDP 居民商品消费增速

资料来源：CEIC、中金公司研究部。

　　这两种方法虽然都有一定的根据，但都存在一些问题，据此测算的居民消费率有较大的不确定性。 第一种方法在数据上存在问题，无法准确估算居民收入，因而对居民消费的修正本身也会有较大的误差[①]；第二种方法简单地将 2008 年以来零售增速高于居民商品消费归结于后者被低估，而没有考虑统计方法演变的影响。 2008 年零售数据的突然上升可能是统计原因造成的，并不能真实地反映居民消费行为。 具体来讲，近几年零售上升主要是餐饮和限额以下商品（二者占比 60% 以上）的高速增长引起的，这与统计局加强相关调查统计有关。 同时，零售数据包括了社会团体消费，比如企业的车辆购置在 GDP 中被记入投资而非消费。 因此，零售与居民消费数据的背离还有社会团体消费这个因素。 用零售增速来调整居民消费，存在概念上的偏差。

　　在消费的低估里，医疗消费与住房消费两个最受争议[②]。 我们从这两类消费入手，做一些探讨。 首先，并没有很强的证据支持居民的医疗消费被显著低估了。 从住户调查的医疗支出来看，医疗消费支出确实显得很低。 这

[①] 学者独立进行的居民收入调查中，影响较大的是王小鲁（2010）关于居民可支配收入和灰色收入的研究。 于是，有研究者基于居民收入的低估来修正居民消费率。 但统计局相关人员认为王小鲁的样本选取和调查推算存在严重偏差，其对居民可支配收入的估算明显过高，参见施发启（2010）。

[②] 郭树清（2010）认为造成消费存在低估的可能原因还包括：农民自产自销的产品没有完全依照市场价格估算，私营企业主可能将家庭消费支出列为企业生产性支出等。

可能有两个原因。 第一，医疗支出相对于其他日常支出而言，发生的频率较低，有可能在调查中被遗漏。 第二，并不是每个家庭都有重症病人，产生巨额的医疗开支，以目前居民消费调查有限的覆盖面而言，可能统计日常消费支出是足够的，在统计重症病人方面就显得不够有代表性。 但是，在 GDP 中计算医疗支出的时候，统计局已经结合住户调查以外的政府与医院数据，对居民的医疗支出做了调整（见图 4－5）。 例如 2009 年，根据住户调查得出的医疗卫生消费只有 0.74 万亿，但是 GDP 里面的医疗卫生消费达 1.1 万亿，调整的部分为财政部门和社保基金为居民支付的药费及诊疗费①。

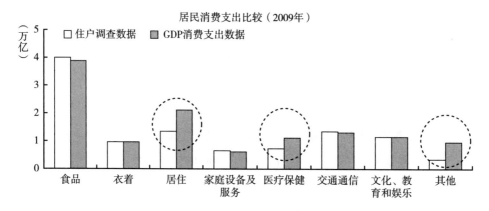

图 4－5　统计局对住户调查消费支出已有调整

资料来源：CEIC、中金公司研究部。

此外，有的研究直接把我国的医疗消费占 GDP 的比重与国外发达国家的医疗消费占比相比，认为我国过去的医疗消费存在低估。 但一个事实是，中国过去十年人口较为年轻（2010 年中国年龄中位数是 34②，英国为 40，德国为 44，法国为 40，美国为 37）。 同时我国的医疗保障从覆盖面到水平都比发达国家低，直接将医疗消费占比与发达国家相比不尽合理。

其次，相比医疗支出，我们认为住房消费存在着较为明显的低估。 主要原

---

① 彭志龙：《关于中国消费统计问题的几点看法》，中国经济统计信息网，2009 年 12 月 2 日。 文中讲到"居民自己花费的支出，利用城乡住户抽样调查的人均医疗保健消费支出和相对应的人口数计算，财政部门和社保基金支付的部分，利用财政部门当期发生的对个人和家庭的公费医疗支出和社保基金支付的医疗保险费用支出等资料计算"。

② 2000 年不到 30 岁。

因是目前我国自有住房服务消费支出的基数是按房屋的成本价计算的，这与市场房租相比，存在着明显的低估，导致在此基础上计算的住房消费偏低。 我们尝试重新估算城镇居民的虚拟房租，从而理解居民消费率可能的低估程度。

首先，根据统计局公布的全国部分城市商品房住宅销售单价以及租金数据，我们估算了全国城镇的房价—租金比例，由此推算出全国城镇住宅每平方米每年的租金。 其次，结合全国城镇的自有居住面积，推算城镇虚拟房租。 农村地区由于缺乏相应数据，自有住房仍按照统计局的成本方法计算。 在新的自有住房服务消费基础上，重新估算居民消费率（可获得的数据仅有 2006 ~ 2009 年），结果显示其低估幅度在 3 ~ 4 个百分点，低估程度并不严重。 由此推算，其他年度居民消费率的低估程度也大致处于这个范围（见表 4 - 2）。 调整后的结果也表明，居民消费率的低估不改变其 2001 ~ 2010 年总体下降的趋势。

表 4 - 2 调整虚拟房租支出后的居民消费率有所增加

	支出法 GDP（统计局）万亿	居民消费（统计局）万亿	居民消费率（统计局）%	估算的居民居住虚拟租金 万亿	调整后的居民消费 万亿	调整后的GDP 万亿	调整后的居民消费率 %
2006	22.2	8.2	36.9	2.2	9.8	23.8	41.2
2007	26.6	9.6	36.0	2.6	11.5	28.5	40.3
2008	31.5	11.1	35.1	2.4	12.7	33.2	38.4
2009	34.6	12.1	35.0	2.8	14.1	36.6	38.5

资料来源：CEIC、中金公司研究部。

总之，虽然对于中国居民消费率是否被低估，特别是被低估了多少存有争议，但居民消费率在过去十年大幅下降的事实应该是没有争议的，中国消费率显著低于其他国家也应该是合理的结论。 分析居民消费率为什么大幅下降至关重要，这是我们理解未来走势的基础。

二 失衡的症结：收入差距扩大

为了探究消费率下降的原因，我们可以从数据出发，基于资金流量表的框架，考察国民收入怎样在居民、企业和政府三个部门间分配和流动，形

成消费和储蓄（参见专栏 4 - 1）。 总体消费由居民消费和政府消费构成，而政府消费反映政府的政策，与一般的经济行为不同，而且对 GDP 的比例下降不多。 因而，我们主要讨论为什么居民消费率在十年间大幅下降。

专栏 4 - 1　从资金流量表的角度理解消费率

我们依据资金流量表拆解国民收入在居民、企业、和政府三个部门[①]间的分配，为理解消费和储蓄提供一个框架。

对于居民部门而言，其可支配收入包括居民获得的劳动报酬、经营性收入（如个体工商户）、财产性收入（如租金、利息、股利等）以及来自政府的经常性转移收入[②]；其可支配收入在居民消费与储蓄之间分配，储蓄转化为居民投资。

对于企业部门而言，企业创造的增加值和财产收入（包括利息和红利净值），在扣除劳动者报酬、生产税和转移支付后，就是企业的可支配收入。 由于企业不存在直接消费的问题，企业的可支配收入全部转化为企业储蓄和投资。

对于政府部门而言，政府可支配收入[③]的主要进项是生产税、所得

---

① 居民部门即住户部门，由城乡居民构成。 企业部门包括了金融企业与非金融企业。 政府部门不仅包括一般定义的政府机构，还包括为住户服务的非市场非营利机构，如工会、专业协会、国外资助的慈善、救济和援助组织等，比联合国国民经济核算体系的定义要宽。 对于一个开放的经济体而言，除了上述三个部门外，还有一个"国外部门"。

② 根据统计局的定义，劳动者报酬指"劳动者因从事生产活动所获得的全部报酬。 包括劳动者获得的各种形式的工资、奖金和津贴，既包括货币形式的，也包括实物形式的，还包括劳动者所享受的公费医疗和医药卫生费、上下班交通补贴、单位支付的社会保险费、住房公积金等"。 转移"是一个机构单位向另一个机构单位提供货物、服务或资产，而同时并没有从后一机构单位获得任何货物、服务或资产作为回报的一种交易"。 经常转移"包括扣除资本转移外的所有转移。 其形式有收入税、社会保险付款、社会补助和其他经常转移"。 财产性收入就是"指家庭拥有的动产（如银行存款、有价证券）和不动产（如房屋、车辆、收藏品等）所获得的收入，包括出让财产使用权所获得的利息、租金、专利收入及财产营运所获得的红利收入、财产增值收益等"。

③ 政府的可支配收入与财政收入有关联，但不相同。 财政收入中除了大部分行政事业性收入外，基本都形成了政府可支配收入。 也就是说财政收入里的税收收入，比如生产税、财产税、所得税，都是政府可支配收入的组成部分；而财政收入里的非税收入，除了行政事业性收入外，也都是政府可支配收入的组成部分。 但是政府可支配收入涉及国民收入分配过程中的进项与出项，与财政收入仅是进项还不相同。 从进项看，除财政收入内容外，还有行政事业单位存款利息收入、社保缴款、政府固定资产折旧。 从出项看，主要是生产补贴、国债利息、社保支出等。

税、社保缴款等，主要支出项是社保支出、生产性补贴、国债利息等。政府的可支配收入主要用于：政府消费（即科教文卫等公共开支）和政府储蓄。政府储蓄转化为投资性拨款与政府自身的固定资产投资。

从这个框架来看，全国的消费包括居民消费和政府消费；而全国的储蓄包括居民储蓄、企业储蓄和政府储蓄。国民总收入就等于消费与储蓄之和。在一个封闭经济体里，储蓄全部转化为国内投资。在一个开放经济体，储蓄转化为国内投资与国外投资（通过贸易顺差实现）。

居民消费率是居民消费占 GDP 的比重，它可以分解为两个部分：一个部分是居民可支配收入对 GDP 的占比，它反映了国民收入中有多少分配给了居民部门，多少留给了非居民部门（政府和企业）。另一部分是"居民储蓄率"，即储蓄对居民收入的占比，它反映了居民部门对可支配收入的处置：是当下消费，还是未来消费（储蓄）。因此居民消费率的变化，与收入占比正相关，与储蓄率负相关[①]。

过去十年居民消费率大幅下降，既反映了居民可支配收入占 GDP 的比重下降，也有居民储蓄率上升的原因。根据统计局的数字，在 2000～2008 年期间[②]，居民消费率从 46% 下降至 35%，同期居民可支配收入对 GDP 的占比下降幅度约 6 个百分点[③]，而居民储蓄率上升约 12 个百分点（见图 4-6），根据我们的估算，居民消费率下降有三分之一来自可支配收入占比下降，另外三分之二则由储蓄相关的因素导致[④]。

与居民部门收入占比下降对应的是非居民部门收入占比上升：企业可

---

① 从等式上讲，居民消费/GDP =（居民可支配收入/GDP）*（1 - 居民储蓄率）。其中居民储蓄率 = 居民储蓄/居民可支配收入。居民消费率的变化速度，等于两者之和：即居民可支配收入占 GDP 的比重的变化速度，加上（1 - 居民储蓄率）的变化速度。

② 国家统计局公布的资金流量表的数据目前只到 2008 年。

③ 2000～2008 年，我国居民的名义可支配收入年均增长 14%，落后于名义 GDP 增速（16%），造成居民可支配收入对 GDP 占比由 2000 年的 64% 下降至 2008 年的 58%。从可支配收入的主要构成成分看，劳动收入占 GDP 的比重从 2000 年的 50% 下降到 2008 年的 48%；个体工商户收入占 GDP 的比重从 2000 年的 9% 下降到 2008 年的 7%；居民的财产性收入从 2000 年占 GDP 的 3% 下降至 2008 年的 2%；居民的经常转移收入对 GDP 占比由 2000 年的 5% 上升到 2008 年的 6%，但是未能弥补前三者的下降。

④ 我们计算的结果与 Guo and N' Diaye（2010）利用计量模型估算得到的结果一致。

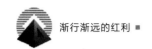

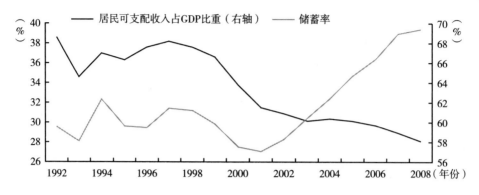

图 4 - 6　2000 以来居民储蓄率上升，可支配收入占比下降

注：储蓄率指居民储蓄占居民可支配收入的比重。
资料来源：CEIC、中金公司研究部。

支配收入占 GDP 的比重从 2000 年的 17% 上升至 2008 年的 22%，政府可支配收入（即政府税费收入扣除社保支付和其他转移后的余额）占 GDP 的比重从 19% 上升至 21%。企业和政府的收入主要用于投资，表现为企业和政府部门的储蓄率大幅上升。2000～2008 年，我国居民储蓄的年均增速是 17%，而政府和企业储蓄分别年均增长 32% 和 21%，总体的结果是整个社会消费率下降，投资率上升。

那又是什么样的因素压低了中国居民的收入占比，抬高了居民储蓄率呢？对这个问题的研究，指向诸多因素：例如人口结构的变化[1]，产业结构转型[2]，金融市场落后、社会保障不健全[3]、收入差距拉大[4]、税收制度不合理，以及房地产泡沫[5]等。在综合分析影响我国居民消费率的诸多因

[1] Horioka C. Y., Junmin Wan, "The Determinants of Household Saving In China: A Dynamic Panel Analysis of Provincial Data", *Journal of Money, Credit and Banking*, 2007, Vol. 39, issue 8, pp. 2077 -2096.

[2] 李稻葵等（2009）认为我国居民收入占比的下降符合世界其他国家的 U 型规律，有工业占比和资本回报率上升的因素；白重恩、钱震杰（2009）从农业向非农产业的结构转变和工业部门的劳动收入分析劳动收入占比的变化，同时认为统计口径的变化也是导致收入占比下降的一个原因。

[3] 袁志刚、宋铮：《人口年龄结构、养老保险制度与最优储蓄率》，《经济研究》2000 年第 11 期。

[4] Jin, Ye, Li, Hongbin Li and Binzhen Wu., "Income Inequality, Status Seeking, Consumption and Saving Behavior". Tsinghua University Working Paper, 2009.

[5] 陈彦斌、邱哲圣：《高房价如何影响居民储蓄率和财产不平等》，《经济研究》2011 年第 10 期。

素时，我们提出一个新的观察视角：过去十年，在社会财富的分配过程中，企业部门和政府部门对居民部门形成挤压，同时居民内部的财富和收入分配不平衡，造成平均储蓄率上升。 而人口结构的变动既是这些不平衡的关键性驱动力量，也是相关体制、政策扭曲能够延续如此长时间的支持因素。 所以在居民收入占比下降和储蓄率上升的背后，是特殊的人口结构与体制和政策的扭曲影响。

三　人口结构是基本因素

居民可支配收入占 GDP 比重下降的重要原因是劳动收入占 GDP 的比重下降，体现为劳动收入的增速落后于 GDP 的增速，也就是工资（以实际劳动报酬/就业人数来度量）增速低于劳动生产率（以实际 GDP/就业人数度量）增速（见图 4-7）。 为什么工资增速会落后于劳动生产率增速？ 根本的原因是劳动力市场的供需不平衡①，大量劳动力供给带来的竞争压低了工资增长。

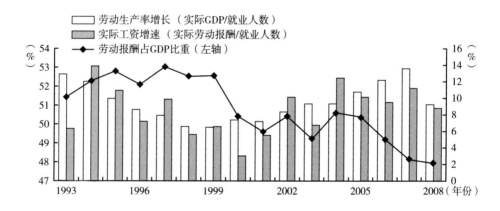

图 4-7　劳动生产率快于工资增长，劳动收入占比下降

资料来源：CEIC、中金公司研究部。

---

① 除人口结构因素外，相应的劳动者保护法律（如最低工资、工作条件保障等）的不完善也是个辅助原因。

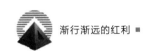

从人口红利的角度看，青壮年人较多，社会创新能力强，有利于劳动生产率的提高；但同时供给相对充裕的年轻劳动者之间的竞争，抑制了工资增长。从城乡转移的角度看，农村源源不断地向城镇输送劳动力，农民工从效率低下的第一产业转移到生产率更高的二、三产业，提高了整个社会的生产效率；同时农村大量隐性失业人口的存在，导致工资增长缓慢。如第二章所阐述的，过去十年，城乡转移和人口红利的两大因素叠加，造成了我国劳动力市场供需的独特条件。放眼世界，很少有国家出现这种人口红利期与城乡转移期的重叠。

从居民储蓄率的角度看，根据生命周期收入假说，青壮年是社会上的生产者和储蓄者，而老人和小孩则主要是消费者，所以人口红利时期青壮年人数较多，平均储蓄率上升。同时，城乡转移过程中，农民工进城后，家庭收入较多地向城市看齐，但其留守在农村的家庭消费倾向还比较低，也推升了储蓄率。

四　企业对居民部门的挤压

上述的特殊人口结构，从客观上造成了收入分配中企业部门对居民部门收入的挤压；在企业部门方面，则体现为企业的储蓄和投资率上升①。由于劳动力的充分供给，虽然企业投资上升刺激了对劳动力的需求，但工资上升受到劳动力供给的压制。换句话说，没有劳动力的充分供给，企业的高投资会导致工资快速上升，利润率收缩，最终企业的高储蓄、高投资不可持续。

除了人口因素之外，我国金融体系的不健全，也造成居民向企业提供便宜资金却不能有效分享企业收益的状况，加剧了企业对居民部门可支配收入的挤压。因为金融市场发展落后，居民可投资的金融工具少，金融资产以银行储蓄为主，而利率受管制，银行存款利率低，造成金融企业与能获得贷款的非金融企业部门能够"便宜地"使用居民部门的资金。结果是：居民储蓄存款利率低于资金的影子价格，从而压低了居民的可支配

---

①　林毅夫（2012）认为富余劳动力的存在抑制工资上升，推升企业的利润和储蓄。

收入，进而抑制消费。

另外，由于企业治理结构存在缺陷，导致企业分红很少。 1999～2010年，全体工业企业和国有（含国有控股）工业企业利润的年均增长分别为33%和36%，显著快于同期名义GDP 14%的增速。 然而企业重投资轻分红的倾向严重①。 和其他市场比较，我国上市公司的分红派息率明显偏低（见图4-8）。 这些因素导致企业部门储蓄率和投资率上升，居民却无法有效分享企业赢利增长所应该带来的投资收益的上升。

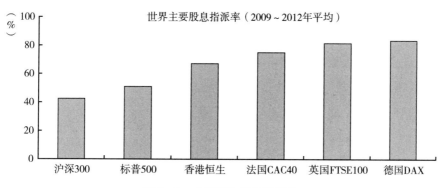

图4-8 中国股市派息率偏低

注：派息率为派息总数/同年总盈利。
资料来源：Bloomberg、中金公司研究部。

五　政府对居民部门的挤压

中国的税负高不高，学术和政策界的看法并不统一，各国统计口径和发展阶段的差异又往往使跨国比较备受争议。 然而一个不争的事实是，过去十年税收增长显著超过了经济增速，2000～2010年税收平均增长20%，而同期名义GDP增长14%，居民可支配收入增长只有13%。 我国目前是以间接税为主体的税收体制，间接税可由企业转嫁给居民，实际上

---

① 从企业角度讲，由于历史原因，国企将大量的利润予以留存，从而为企业投资提供资金来源，国企管理层作为国有资产代理人，出于自身的利益，倾向于投资扩张而不是分红；从政府角度说，许多国有企业是地方的利税大户，在各地招商引资的竞争中，国家作为股东的分红诉求也不高。参考李鑫（2007）及魏明海和柳建华（2007）。

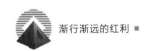

居民部门负担了大部分的税收，直接后果是限制了居民可支配收入的增长，抑制了消费。

另外，判断税负高低，还应看政府支出的结构，有多少税收通过公共服务与转移支付还给了居民部门。我国政府在支出结构上重投资而轻公共服务和转移支付，政府的公共服务支出增长较慢，政府储蓄率上升[1]，支持了政府投资。在现有国情下，无论是官员的考核提拔，还是寻租动力都鼓励政府重投资、轻转移支付与公共服务。这使得政府储蓄占政府可支配收入的比重从 1999 年的 15% 上升至 2008 年的 39%[2]。政府支出轻转移支付与公共服务，使得财政政策不能有效地发挥调节收入分配的功能，降低了低收入群体的可支配收入和社会保障性力度，拉低了居民消费。从国际对比看，政府转移支付中社会保障性支出占 GDP 比重较低的国家，相应的居民储蓄率也比较高（见图 4 - 9）。

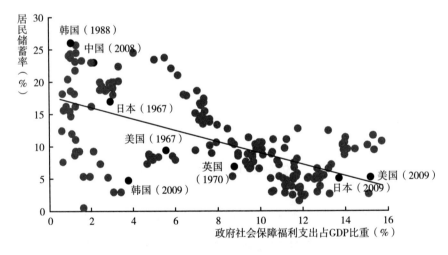

图 4 - 9 政府社会保障支出与居民储蓄率负相关

注：样本包括韩国、日本、美国、英国、中国从 1960 年以来的可获得数据。

资料来源：Haver Analytics、中金公司研究部。

---

① 政府的税费收入扣除转移支付的收支后，就是政府可支配收入，再扣除公共服务支出，即为政府储蓄。

② Xu Zhong, "Public Finance and High Savings Rate in China", CF - 40 内部讨论演讲，2011。该研究表明，政府的逐利动机导致了这种上升，国有企业利润率高的年份，往往伴随着下一年政府储蓄（和投资）的上升，挤压了政府在科教文卫上的公共支出和用于社会保障的转移支付。

六 居民部门内部贫富差距拉大

除了企业和政府部门对居民部门收入的挤压，居民部门内部贫富差距也在扩大。由于高收入群体的边际消费倾向较低，低收入群体的边际消费倾向较高，收入和财富分配的差距扩大，降低了居民部门的平均消费倾向。分析居民内部贫富差距扩大的根源可以从三个角度出发，一是城乡收入差异，二是永久收入差距，三是税收结构。从城乡差异看，2002年，城镇最高收入户人均收入是农村低收入户的人均收入的 13 倍，2010年上升到 16 倍[1]。

收入差距反映的是当期的现象，而财产代表永久性收入，这方面差距扩大的影响更为深远。改革开放早期，居民之间的财产差距很小，但随着市场经济的发展、资本的累积，财富的差距不断扩大，尤其是过去十多年，房价、地价大幅上升，加大了城乡及城市内部居民之间拥有财产的差距。就消费与收入的关系而言，弗里德曼的永久收入假说影响很大，说的是人们的消费行为主要受其永久收入（收入中稳定、可预期的部分）决定，暂时的收入波动影响小。按照这个理论，决定消费多少主要是人们的财富，而不是当期的可支配收入[2]。

正是因为收入与财产的差距，在成熟的市场经济体，政府通过税收来调节收入分配。从我国税收结构看，税收对居民收入差距的调节乏力。我国税收以流转税（增值税、营业税、消费税和关税等）为主，2011 年，流转税占总税收的 58%，是所得税（25%）的 1 倍以上，和其他国家比较，我国流转税占总税收的比重明显偏高（见图 4−10）。流转税的税基是交易额，本质上讲是一种消费税，具有累退性质，低收入者因为消费占收入比重大而税负偏重。根据相关研究，我国最低收入群体的增值税有

---

① 来自国家统计局公布的城乡居民住户调查数据。

② Milton Friedman, "A Theory of the Consumption Function", NBER Books, National Bureau of Economic Research, Inc, number frie57−1, January, 1975.

效税率是15%，而最高收入群体的增值税有效税率只有8%①。 另外，个人所得税主要针对工资收入，租金和资本增值所得等其他收入没有合并纳税，导致税负主要落在工薪阶层，而且也没有考虑家庭负担的差异。 这一切使得税收在我国没能有效发挥调节收入分配的作用。

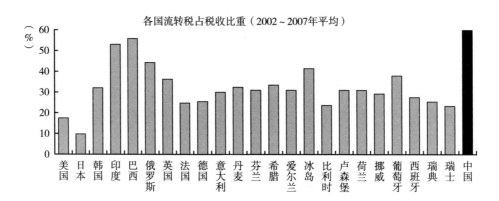

图4-10 我国流转税占总税收比重比其他国家高

资料来源：联合国数据库、中金公司研究部。

社会保障体系也是一个重要因素

20世纪90年代中后期我国在社会保障体系进行了一系列市场化的改革，主要包括：①养老保险从原先企业和政府负责的现收现付制改为社会统筹（现收现付）与个人账户（储蓄累积）结合的统账结合制；②城市住房由过去福利分房改为以商品房为主的市场化制度；②医疗保障由过去的企业和政府负担的公费医疗改为统账结合，居民负担部分增加。 90年代后期社会保障体系改革是经济市场化的一部分，解决了企业办社会的困局，对推进市场经济改革功不可没，但相应的政府公共支出和社会保障功能没有跟上，抑制了消费，促进了居民储蓄率的提高②。

养老方面，90年代后期的养老保险改革，相当于在减少现收现付的

---

① 刘怡、聂海峰：《间接税负担对收入分配的影响》，《经济研究》2004年第5期。
② 周小川：《关于储蓄率问题的若干观察与分析》，《中国金融》2009年第4期。

同时引入居民储蓄累积，从两方面推升居民储蓄率。 现收现付体系是通过对下一代的劳动收入征税来为上一代养老，并没有为养老进行实质的资本积累，减少现收现付意味着居民为养老而储蓄的压力增加，推升了居民储蓄率。 储蓄累积式养老体系基本上是一种强制储蓄。 如果贫富差异小，储蓄累积制不过是以强制储蓄替代了个人自发储蓄，对居民总体储蓄率无实质影响。 但现实中存在贫富差距，同时，个人账户存在空账运行和管理问题，对个人而言这部分强制储蓄的收益颇有疑问，因此居民仍需要自发储蓄。 总体上来看，从现收现付过渡到统账结合，增加了居民储蓄的意愿，这在其他发达和新兴市场国家也是常见的现象[1]。

住房方面，从福利房到商品房的住房制度变革，也可能提高了居民储蓄率。 房改之后，城镇居民住房主要通过市场满足，而配套的政府保障房建设则长期没有落实到位，导致中低收入阶层的住房保障缺失，实际收入下降（过去的住房福利没有了），被迫增加储蓄。

医改方面，居民需要负担的成本上升，导致居民增加储蓄。 90 年代中后期实施的统账结合的医保改革减少了企业直接提供医疗服务的责任，增加了居民在医疗成本中承担的比重（包括减少公费医疗报销的比重以及城镇居民医保覆盖面降低）。 一个结果是将企业和政府承担的"为医疗而储蓄"的责任更多地转给了居民，直接增加了居民储蓄压力。 同时，医保改革引入了个人账户，削弱了统筹医保的共济功能，相当于居民自我提供医疗保险，导致个人账户储蓄总额大于医疗保险所需要的保险金，客观上提高了社会为医疗保障所做的总储蓄。

上述的社会保障转轨将原先由企业和政府承担的相关储蓄部分转移到居民部门，促使居民部门储蓄率上升。 但这并非故事的全部。 先前政府主导的社会保障制度本质上是一种转移支付，具有缩小居民收入分配差距的功能。 社会保障体系的市场化转轨，减弱了转移支付的功能，是居民内部收入分配差距扩大的原因之一，增加了社会平均储蓄率。

---

① Martin Feldstein, eds. , *Privatizing Social Security*, NBER, 1999.

七　结构再平衡的路径

上文探索了"中国不消费"这一增长结构失衡的本质原因，总结来说，症结是收入和财富差距的大幅扩大，背后的驱动因素则是人口结构和政策扭曲。 从人口角度说，过去十年我国处在一个其他经济体没有经历过的独特状态，即劳动年龄人口越来越多地超过非劳动年龄人口（一般意义上的人口红利）和大量农村富余劳动力向城镇转移相叠加。 大量的劳动力供给推升了经济增长但造成收入分配不利于劳动者，而有效储蓄人口的增加提高了居民储蓄率。 从制度角度看，金融压抑和企业治理机制的缺陷导致居民部门未能有效分享企业部门收益。 同时，税收结构不合理、税赋增长快、政府转移支付不足并且重储蓄投资而轻公共服务支出，导致了政府部门对居民部门的挤压。 另外，居民部门内部分配不均包括房价快速上升，推升了居民的平均储蓄率。

展望未来，造成中国经济结构失衡、消费率持续下降的根本性因素正在发生变化。 人口结构的变化，以及降低贫富差距的体制改革将促进消费率趋势性上升。 事实上，根据统计局的估算，2011 年是 2001 年以来首次出现消费对 GDP 增长的贡献大于投资，2012 年这一态势继续并显示趋势性变化的苗头。

人口结构的拐点已经发生

人口结构的变动既体现在人口年龄结构的变化上，也体现在人口城乡转移的变化上。 首先，劳动年龄人口将减少，导致劳动供给下降，带来工资上升压力，促进劳动收入在 GDP 中占比上升。 同时，生产者/消费者比例在 2015 年见顶后将逐渐回落，居民的储蓄率将因此下降。 需要强调的是，计划生育政策放松是大概率事件，未来出生率可能会有明显提升，加快生产者/消费者比例的下降。

其次，农村可转移青壮年劳动力数量的下降将加剧工资上涨，改善收入分配。 根据第二章的估算，农村可转移青壮年劳动力数量已经从 2000

年的 8400 万左右下降到 2010 年的 3400 万，未来的十年内这一数字将进一步下降。 把以上两个因素放在一起分析，总体的人口结构的拐点可能在 2007～2008 年已经发生，体现在工资，尤其是低端劳动力工资上升速度的加快上。 近两三年，中国人均工资性收入的涨幅已经超过人均 GDP 的增长。

制度变革是加速器

从机制和政策层面看，随着人口结构的变化，过去支持政府和企业部门对居民部门可支配收入挤压的因素将越来越不可持续。 在一个供给能力增长下降的环境中，维持过去政府和企业对居民部门的挤压将加大社会矛盾，影响社会的和谐和稳定。 缩小收入与财富差距的压力在加大，相关的改革和政策变化有的已经开始，有的在讨论中，包括新一轮社会保障体系改革、财税改革、金融改革、新型城镇化以及房地产调控，可能在不同程度上促进居民可支配收入的增长，有助于缩小财富的差距，提高全社会的平均消费倾向。 当然，这些改革对消费的影响有多大，最终将取决于其推进的力度和速度。

社保体系改革方面，随着政府财力和整体经济实力的增长，社会保障体系覆盖范围扩大，有利于居民储蓄率的下降。 截至 2011 年底，全国基本养老保险参保人数为 3.3 亿，比 2004 年翻一番；城镇基本医疗保险的参保人数达到 4.7 亿，是 2007 年的两倍多；新型农村合作医疗制度的参与人数则从 2006 年底的 4.1 亿上升至 2010 年底的 8.4 亿人，参合率达到 96%。 按现在的计划，未来几年将进一步提高城镇居民医保和新农合补助标准，实现城乡基本养老保障制度全覆盖和城乡基本医疗保障制度全覆盖。 因为新的养老保险体系是统账结合的，随着养老保险覆盖范围的扩大，其中的现收现付的范围也在扩大，增加实际的总转移支付，有利于降低收入分配的差距。

医疗保险本质上相当于提供了一种保险市场，通过保险市场集中使用医疗保险资金将会大大低于通过家庭分散储蓄所需的保险资金数量，从而降低居民为了医疗而进行的储蓄。 总体而言，社会保障体系覆盖范围的

扩大，一方面起到了缩小居民可支配收入差距的作用，有利于提高社会平均消费倾向；另一方面，降低原先无社保的居民所面对的风险和不确定，减少居民的预防性储蓄。

政府收支方面，如果税制改革和支出政策调整能有效地推进，由此带来的居民税负的下降和政府转移支付的增加将有助于降低收入分配的差距。 从税负总量来讲，政府所提的结构性减税整体上应该是导致居民税负下降，增加居民可支配收入占 GDP 的比重，减少政府部门对居民部门的挤压。 从税负结构来讲，调整主要体现在降低增值税、营业税等流转税，包括正在推进的营业税改增值税，因为这部分税收具有累退性，税负主要集中在中低收入人群；同时，税制改革中将增加资源税、房产税等财产性税收，这部分税负主要集中在资本所有者和高收入人群①。 总体而言，税制改革应该以降低居民整体税负，且使税收负担更为合理（高收入人群承担更多责任）为导向。

金融体制方面，预计未来五至十年利率市场化、资本市场深化和资本账户开放等改革将基本完成或取得重大进展。 利率市场化将提高存款利率的相对水平，提高居民从企业部门获得的利息收入。 从更广意义上讲，资本市场深化将发展更多的金融产品和投资工具，有利于提高居民的储蓄收入，分享企业赢利，增加居民可支配收入占 GDP 的比重。

八 "中国消费"的宏观含义

就像过去十年，"中国制造"改变了世界一样，在未来十年，"中国消费"也将深刻地影响世界与中国的经济格局。 "中国消费"时代的来临，对宏观经济与各行各业来说都意义深远。

总需求结构变化

从总需求的角度看，"中国消费"时代的来临，意味着总需求实现由

---

① 贾康、程瑜（2011）分析认为降低税率，降低间接税比重，有利于增加居民可支配收入，优化分配格局，减少对居民消费的抑制。

投资向消费、由外需向内需的结构性转变。 消费率上升，带动消费对经济增长的贡献上升。 按照我们的推算，2000～2020 年，我国居民消费率将上升 6 个百分点，达到 41%（参见附录一）。 至 2020 年，总体消费率为 58%，较 2011 年上升 9 个百分点。 与之相对应的是，投资率和净出口下降，对总需求增长的贡献下降。 我们预计 2020 年的投资率为 42%，较 2011 年下降约 6 个百分点；而净出口率（贸易余额）从 2010 年的 2.6%，下降到 0% 左右（见图 4 – 11）。

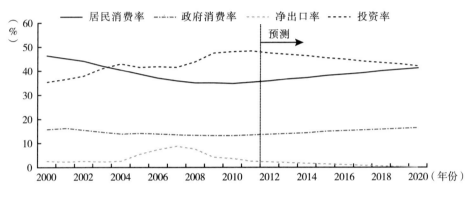

图 4 – 11　未来十年消费率逐渐上升

资料来源：Wind、中金公司研究部。

消费结构变化

未来我国消费的变化，除了总量变化外，还涉及消费结构的变迁。总的来说，居民收入水平上升，年龄结构变化以及地域差别，是驱动消费结构变动的三大主要力量。 随着居民可支配收入水平的较快增长，一方面会导致服务消费的占比上升，商品消费的占比相对下降；另一方面意味着消费需求的差异化上升，商品的附加值增加，不同收入阶层的消费动力和内容将进一步分化（见表 4 – 3）。

从消费者年龄结构来看，主要变化是老龄人口的增加，以及计划生育政策放松带来的婴儿与儿童人数的增加。 我国 2010 年的老龄化水平，已经显著高于其他经济体在同等收入时期的水平。 目前中国大陆 65 岁人口占比已经达到 8.4%，对比在同等收入水平时期，日本（1963 年）为 6%，台

表4-3 不同消费群体消费特征比较

	人群特征	主要消费动力	主要消费内容
低收入	大部分农村居民和进城民工,中国劳动力市场趋紧的最明显的受益者	收入增长	大众消费(如快餐店、中低端品牌服装饰品)
中低收入	面临低端劳动力的竞争,工资有限,并且背负房贷、车贷、教育、医疗、养老费用压力,储蓄率高		
中高收入	包括医生、律师、公司中高层管理人员、金融、通信IT等高端服务业从业人员和小企业主等	人数增长	高端服务与软性奢侈品(如高端餐饮娱乐、美容健身、旅游、航空、保险证券、珠宝首饰、酒店、汽车)
高收入	企业家等	社会环境稳定	硬性奢侈品(如游艇、私人飞机、奢华汽车、顶级珠宝箱包)

资料来源:中金公司研究部。

湾地区(1981年)为4.4%,韩国(1986年)为4.4%。 总之婴儿和老年人的消费(医疗保健等)将比较突出。

再者是消费者地区差异的影响。 在消费结构上,我国依然存在较大的地区差异与城乡差异,意味着食品、服装、家电、汽车等消费虽然在东部城市的增长空间逐渐缩小,但在中西部与农村地区的增长空间依然广阔。

对全球经济的影响

作为全球第二大经济体(未来10～15年可能成为第一大经济体),中国的消费率上升、储蓄率下降将影响全球经济和金融市场。 从需求总量看,中国的消费将构成世界总需求的重要部分。 无论是总消费、还是居民消费,中国目前都处于世界第三的位置,落后于美国和日本。 根据前面的预测,至2020年,中国消费总额将达到日本的两倍、居世界第二(见表4-4)。 中国的消费总量到时仍不及世界第一的美国[1],但社会零

---

[1] 根据我们的估算,2020年中国消费市场总量将达到64万亿元人民币(居民消费市场46万亿元),而美国如果按照现在的消费增速,2020年消费市场总量可以达到15.4万亿美元。

售总额①超过美国的可能性大②，这主要反映我国人均收入水平仍然较低，商品消费占总消费的比重较大。 也就是说，对贸易伙伴来讲，中国消费需求的重要性将比美国大，因为相对于商品消费而言，服务的可贸易程度低。 从需求结构看，未来的变动对我们的贸易伙伴有不同的影响。一方面，随着中国消费市场的拓展，越来越多的国家的出口增长会依赖中国的进口，而跨国公司的销售也更加依赖中国消费者。 另一方面，因为投资率下降，大宗商品等投资品的进口增速将会放缓。

表 4 - 4   全球前 10 大消费国比较

	2010 年总消费（万亿美元）	2010 年居民消费（万亿美元）	居民消费 2001 ~ 2010 年均增长%	2020 年居民总消费预测（万亿美元）
美国	12.8	10.2	4.1	15.4
日本	4.3	3.2	2.0	3.9
中国	2.8	2.0	13.5	7.0
德国	2.5	1.9	5.5	3.2
法国	2.1	1.5	7.2	3.0
英国	2.0	1.5	4.3	2.3
意大利	1.7	1.2	11.4	3.6
印度	1.3	1.0	12.9	3.3
加拿大	1.2	0.9	8.6	2.1

注：该表格增长率计算是基于美元计价得到的结果
资料来源：WDI、中金公司研究部。

中国消费时代除了对国际贸易产生影响外，也将影响金融市场。 未来十年，我国储蓄率将有较大幅度的下降，而投资率下降幅度要相对小些（因为人均资本存量较小，仍有较强的投资需求等）。 这意味着我国的贸易顺差会显著减小，中国对外资本净出口将下降。 过去 10 年累计，中国

---

① 社会零售总额与消费总额有若干区别，其中最大的区别在于，前者主要是商品消费，而后者包括服务消费。

② 2001 ~ 2011 年，我国社会消费品零售增长（年均增长 14%），远快于美国（3%）和日本（负增长）。 未来十年，如果美国按历史均速增长（年增长 3%），而我国的社会消费品零售总额与消费总额同步增长（年增 13%），在 2016 年左右我国消费品零售将超过美国的总量。 即便我国的社会消费品零售总额落后消费总额增长 4 个百分点（年增 9%），在 2020 年左右我国消费品零售亦将超过美国的总量。

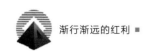

是全球最大的净资本出口国，达到 1.9 万亿美元，而且资本出口主要通过政府部门进行，体现为外汇储备的增加，主要是对外国政府的债券投资。未来资本净出口量将大幅下降甚至消失，同时，对外投资的结构将发生变化，更多地将通过非政府部门和权益类投资来实现。

总之，人口结构变化和政策变革将促进"中国制造"和"中国投资"向"中国消费"转型，深刻影响中国乃至国际的宏观经济环境。从国内看，居民消费率上升，投资率下降，消费品价格相对于投资品价格上升，企业和政府储蓄率下降。从国际看，中国到 2020 年将成为世界最大的商品消费市场，在这过程中，"中国消费"会逐渐成为全球经济增长的重要动力。我国贸易顺差将继续减少，甚至转为逆差，从资本输出国变为资本输入国。从行业角度看，"消费时代"将利好服务类消费，尤其是文教娱乐、金融保险、住房、医疗等行业，服务业发展将快过第一和第二产业。

附录一

2020 年：中国的消费市场有多大？

估算未来中国消费市场的容量包含了两个方面的判断。一方面是经济总量的测算，即 GDP 的增长轨迹。在第三章里，我们根据劳动力、资本存量，以及全要素生产率的变化，估算了中国经济未来十年的增长。在我们估算的基准情形下，我国实际 GDP 的增长率会从 2011 年的 9.3% 逐步下降到 2020 年的 5% 左右，人均 GDP 从 2011 年的 5400 美元上升到 2020 年的 9500 美元（以 2011 年为基期）。由于投资者关心的消费市场容量更多的是一个名义上的概念，因此我们还需要在判断相应物价变动的基础上，以估算未来十年名义 GDP 的变化。另一方面是总消费率的测算，即居民与政府的消费占 GDP 比重的变化。我们对居民消费率和政府消费率分别加以估算，将经济总量与总消费率的估计相结合，以估算消费市场的规模。

我们利用了两个模型来估算居民消费率上升的幅度。一个模型是跨国的计量统计模型。我们参考 Guo and N' Diaye（2010）的模型，综合了经济增速、产业结构、人口结构、公共支出、金融深化与广化的程度、居民可支配收入占比以及利率、汇率、通胀条件等，较好地拟合了中国过去10 多年的消费率变化。根据之前的讨论，我们估计了这些变量在未来十年内变化的程度（见表 A4 - 1）。然后在这个计量模型的基础上，推算到 2020 年的居民消费率：在 2010 ~ 2020 年，居民消费占 GDP 的比重逐步上升，大约增长 7 个百分点，达到 41%。

表 A4 - 1　预计 2010 ~ 2020 年，居民消费占 GDP 比重将上升 6 个百分点

解释变量	假设条件：中国从 2010 年到 2020 年的变化	假设基础
人均 GDP	增加 0.8 万美元（PPP）	基于对到 2020 年经济和人口增长的预测
公共支出/GDP	增加 3 个百分点	政府增加在教育、卫生等支出
实际 GDP 增长率	逐步下降到 5.5%	基于对到 2020 年经济增长的预测
通胀	增加 1 个百分点	生产者/净消费者比重在 2015 年左右见顶
老年抚养比	增加 5.5 个百分点	根据未来人口年龄结构预测
金融发展	股市交易量占 GDP 比重增加 40 个百分点	考虑到资本账户将逐步开放和市场深化，假设到 2020 年中国股市交易量占 GDP 比重将达到美国过去 20 年的平均水平
第三产业劳动力占比	比重增加 9 个百分点	按照我国台湾和韩国在人均 GDP 从 0.8 万美元上升至 1.5 万美元的经验，到 2020 年我国第三产业就业人数占比将达到 44%
实际有效汇率变化	增加 5 个百分点	名义汇率变化不大，但通胀增长快 1 个百分点
居民可支配收入/GDP	增加 3 个百分点	根据居民可支配收入的变化趋势和名义 GDP 的预测

资料来源：Guo and N'Diaye（2010）、中金公司研究部。

另一个是中国各地区追赶模型。我国幅员广阔，西部、中部和东部之间存在较大的收入差距以及消费率的差别。假设未来 10 年内，中西部的居民消费率向同等收入水平时期的东部靠拢，而东部的居民消费率向同等收入水平时期的日、韩、我国台湾地区靠拢，根据测算，至 2020 年，居民消费率将提高 5 个百分点，与我们跨国模型的测算相差不远。

按照上述经济增长与居民消费率上升 7 个百分点的测算，到 2020

年，我国居民按现价计算的消费额度将从 2010 年的 13 万亿元增加到 46 万亿元，市场扩容量达到 33 万亿元。 这既反映了居民可支配收入占 GDP 比重的上升，也反映了居民储蓄率的下降。

未来十年，随着政府职能转变，政府的公共支出（特别是科教文卫等支出）会有所增加，即政府消费率上升。 为了估算上升的程度，我们做了一个相对保守的假设：政府消费中的医疗卫生和教育方面的投入逐步提高，到 2020 年这些支出对 GDP 的占比达到目前中高收入（Upper - Middle Income）国家的平均水平，而政府消费的其他部分（如国防等）则跟随名义 GDP 增长。 这样政府消费率将总共提升 3 个百分点，即由 2010 年的 13.2% 上升至 16.4%。 该预测方向符合国际经验[①]。 根据以上的推算，至 2020 年，政府消费将达到 18 万亿元，比 2010 年增加约 12.5 万亿元。

与居民消费率类似，政府消费率也可以拆解为政府可支配收入占 GDP 比重和政府储蓄率两个方面。 过去十年，两者同步上升，前者提高政府消费率，后者降低政府消费率，作用相反。 未来十年，我们预计这两个趋势都会扭转：随着公共服务与社保支出的增加、税收体制的改革，政府可支配收入占 GDP 的比重将会下降，而政府储蓄率随着政府职能的转变也会有所下降，两者在对消费率的影响方向上相反，从而限制了政府消费率的变化幅度。

表 A4 - 2 总结了我们估测的居民与政府可支配收入占比、储蓄率、消费率与消费额的变化情况[②]。 如果把居民和政府消费的规模相加，可以得出 2020 年我国的消费市场总额将从 2010 年的 19 万亿元增加到 2020 年的 64 万亿元，扩容 45 万亿元，对应的年平均增长率为 13%，比2000~2010 的年均增长率快 1 个百分点。 在未来十年中国消费长周期的下半场，消费增长率比过去十年略有提速，是在总体经济增速明显下降的背景下实现

---

① 跨国比较显示，越是发达的国家，政府消费率越高，韩国、日本等国家也出现经济起飞后政府消费率逐步上升的趋势。

② 我们预测到 2020 年全国消费率将达到 58%，其他学者也用其他方法做过预测，例如卢中原（2003）利用趋势外推得出 2020 年消费率为 61%。 两个预测结果较为接近。

的，反映了消费率的显著提升，同时也说明，消费行业的总体增速将超过非消费行业。

表 A4 - 2　居民部门和政府部门未来消费率对比

	可支配收入/GDP（%）			储蓄率（%）			消费率（%）			消费量（万亿）		
	2000	2010	2020	2000	2010	2020	2000	2010	2020	2000	2010	2020
政府部门	19.2	21.8	18.5	17.2	39.1	11.3	15.9	13.2	16.4	1.6	5.4	18.0
居民部门	64.1	58.5	62.0	27.5	40.3	33.2	46.4	34.9	41.4	4.6	13.3	45.6
总　计	83.2	80.3	80.5	—	—	—	62.3	48.1	57.8	6.2	18.7	63.6

注：由于我国资金流量表只更新到 2008 年，2010 年可支配收入/GDP 为估算数据，并根据消费率、可支配收入/GDP 和储蓄率三者关系推算储蓄率。

资料来源：CEIC、中金公司研究部

第五章

货币信用周期

美国所有的困惑、混乱和痛苦不是来自宪法或者联盟的缺陷，也不是来自人们对荣誉和美德的过高追求，很多情况下只是因为人们对货币、信用及其流通规律的无知。

——约翰·亚当斯（1787）

上面这句话是美国第二任总统约翰·亚当斯1787年在给托马斯·杰斐逊（第三任总统）的信中提到的，两百多年后的今天，这句话对美国及其他市场经济体恐怕仍然适用。 在金融危机冲击后，人们对美联储前任主席格林斯潘当初宽松货币政策的责难，对现任主席伯南克直接购买长期国债和资产抵押债券来大幅印钞（量化宽松）的争议，很多都和大家对货币信用的理解差异有关。 近代市场经济的大幅波动很多情况下都是和货币联系在一起的，货币太多或太少都会出现问题，什么是"太多"什么是"太少"，事后看似乎很容易，但事前看有很大的不确定性，而且这种判断和当时的主流思维有很大关系，少数人可能看到了问题所在，但因为其逻辑不符合主流的观点，难以影响政策。

在全球金融危机之前的20多年，对货币政策影响最大的是新凯恩斯主义（就像第一章所强调的，这是个错误的标签，新凯恩斯主义更多的是古典经济学的一个更新的版本，而不是凯恩斯的精神）。 在新凯恩斯经济学的模型里，央行的货币政策通过控制短期利率，来影响长期利率和资产价格，进而影响总需求。 只要总需求在经济的潜在产出水平附近，通胀就能被控制在温和稳定的水平。 在这个模型里，货币完全是一个内生变量，反映总需求波动带来的货币需求的变化，货币的量不对经济的其他部分有超越利率以外的独立影响，最多是提供一些领先的信息，帮助我们

---

* 本章源自彭文生：《金融创新给调控流动性带来新挑战》，中金宏观专题报告，2011；彭文生、林暾、赵扬、朱维佳：《盛筵难再——货币长周期的逻辑》，中金宏观专题报告，2012。 在整理过程中增加了对货币理论的阐述。

更准确地判断经济的走势①。 在这个模型里，金融部门基本上有效地把储蓄变为投资，宏观经济的不平衡主要体现在通胀上，只要把通胀控制了，经济就不会出现大的问题，人们往往把所谓可持续的经济增长率（潜在增长率）等同于把通胀控制在温和水平上所伴随的增长率。

建立在新凯恩斯经济学基础之上的发达国家中央银行的政策框架，对我国的货币政策也产生了较大的影响。 虽然我国货币政策的目标是多方面的，包括物价稳定、经济增长、国际收支平衡等，但在实际执行中，控制通胀显然是货币政策的第一目标。 在政策的操作和传导机制中，货币信贷总量起到相对重要的作用，不仅是有用的信息变量，而且是传导机制的一部分，体现为对信贷规模的控制上。 这部分反映了利率的传导渠道不畅通，但随着利率管制的逐渐放松，利率在货币政策的操作和传导中的角色逐渐增加。 实际上，从学术界到政策方面，主流的观点都是货币政策调控应从数量型工具转变为价格型（利率）工具。

全球金融危机对主流理论和政策框架产生了很大的冲击。 发达国家在2007年以前的20年内处在一个"大缓和"时期，低通胀伴随持续的经济增长，似乎完美。 但全球金融危机后的"大衰退"则显示控通胀并不是可持续增长的充分条件；货币信用有其超越经济短周期波动的内在规律，其本身对实体经济产生独立的影响，尤其是和房地产价格的变动联系在一起，可能在一段时间内导致过度的繁荣，最终的破灭会对实体经济产生很大的冲击，其影响的深度和持续时间的长度会超越一般经济周期的波动。 也就是说，金融中介引导储蓄转变为投资不一定总是有效的，而失效的形式复杂，且短期内往往被掩盖。

在我国，货币和信贷的大幅扩张近几年也引起了很大的关注和担心，

---

① 如第一章所介绍的，在新凯恩斯经济学的模型里，货币政策的变化先影响利率，进而影响总需求，也就是GDP增长，当总需求超过潜在GDP增长时，物价就会上升。 在这个过程中，伴随消费和投资需求上升的是居民和企业对货币需求的增加，货币的量是内生的，取决于经济活动的变化。 但GDP数据是季度的，而货币信贷数据一般按月发布，央行内部可能掌握着更高频率比如每周的货币信贷数据。 CPI虽然是月度数据，但其本身是最终政策目标，滞后于GDP增长。 所以，在这个模型里，货币信贷数据提供一些领先信息，有助于分析总需求的最新发展，但它不是货币政策传导机制的关键变量。

带来关于"货币超发"的争议。 在第三章中,有关中国经济长期增长趋势的讨论集中在供给面的基本因素上,包括人口结构、生产效率等,房地产也被提到,但是从成本的角度考虑其对其他行业的供给影响。 第三章中我们也提到中国版的"大缓和"对货币环境的可能影响,本章进一步探讨我国的货币信用周期。 在回顾研究文献的基础上,我们探讨货币信用在市场经济中的角色及其运行周期的一般规律。 在此基础上,我们分析中国货币信用周期的驱动机制以及其与实体经济之间的关系,阐述我国货币信用周期的特征。

一　房地产交易吸收了"超发"货币?

我们先从一个热点问题讲起。 过去 10 几年,广义货币 M2 大幅扩张,尤其是最近几年 M2/GDP 比率上了一个更高的台阶,达到了近 190%(见图 5-1)。 同期,CPI 通胀率虽然有一轮上升,但总体来讲处于相对较低的水平,为什么货币发了这么多却没有引起恶性通胀? 有一个流行的观点是资产交易,尤其是房地产交易的大幅上升吸收了这些超发的货币,否则通胀就是大问题。 这样的观点是否正确? 对这个问题的看法涉及如何看待货币的功能及其与经济的关系。

图 5-1　M2/GDP 呈现长期上升趋势

资料来源:Wind、中金公司研究部。

　　什么是货币？ 相信每个人的脑海里都会有一个特定的形象，这个问题看似简单，但上升到分析货币和宏观经济，比如通胀、增长、资产价格等关系时，就复杂起来，变成了一个令人困惑的问题。 经济学教科书告诉我们货币有三个功能：交易工具、储值手段和记账单位。 第一章提到两大货币理论：古典的货币数量论和凯恩斯的流动性偏好理论，前者强调货币的交易功能，后者强调货币的储值功能，给我们理解货币和宏观经济的关系提供了不同的视角和框架。 房地产交易吸收货币的观点是基于货币数量论的逻辑。

　　货币数量论强调商品的货币价格和货币数量之间的正比例关系，一般用货币的交易方程式来描述：

$$M \cdot V = P \cdot Q$$

　　其中，M 是货币存量；V 是货币流通速度；P 是物价水平；Q 是商品的交易量。 狭义的或者简化地考虑，商品交易主要是当期生产的商品和服务交易（即 GDP），因此等式右边也可以视作名义 GDP 值。 等式的右边代表货币需求，左边的 M 是货币供给，相对于货币需求来讲是外生的。如果货币政策放松，货币供应增加，M/GDP 的比例上升，货币供给超过需求，导致通胀。 背后的假设是货币流通速度基本稳定，货币流通速度取决于当时的支付手段与技术、社会习惯等。

　　按照这个等式，M／GDP 的上升只是暂时的，超发的货币带来通胀，体现为名义 GDP 上升，最终 M/GDP 会随之下降，回到超发前的均衡水平。 也就是说，按照货币数量论，M/GDP 虽然有波动，但应该呈现一种均值回归的态势。 在我国，有狭义（M1）与广义（M2）货币两个指标，M1 包括流通中的现金与活期存款，M2 包括现金，活期存款与定期存款。M2/GDP 的比例长期以来呈现上升的趋势。 显然，要么货币数量论不成立，要么我们需要解释的实证关系（M2/GDP）和货币数量论描述的关系并不对应。

　　对改革开放后至 90 年代的 M2/GDP 的上升趋势，众多解释主要集中在"货币化"进程：随着计划经济向市场经济转轨，越来越多的经济活动从实物交易转变为通过货币的媒介来实现，在农村地区尤其明显，也就是货币流通速度下降了，导致的结果是对货币的交易需求的扩张速度超过了名义 GDP 的增长速度[①]。这种解释应该说比较合理，符合当时的经济发展状况。

"货币化"观点的一个含义是当货币化基本完成后，M2/GDP 比例便不应该持续地上升了。那怎么解释 M2/GDP 的比例在近几年的大幅上升呢？一种可能是货币超发对物价的影响还没有完全体现出来，未来通胀将是大问题，背后的含义是 M2 增长将连续地大幅低于名义 GDP 的增长，使得 M2/GDP 下降到过去的均衡水平。M2 增长放缓而通胀大幅上升，这种可能性不能排除，但似乎可信度不高。另一种解释是资产交易的扩张增加了对货币的交易需求，吸收了部分货币，使得 M2 的快速增长没有导致 CPI 通胀失控。结合近几年房地产价格和交易量的大幅上升，一个流行的观点是房地产市场吸收了超发的货币。按照这种观点，Q 不仅包括商品和服务交易，也包括资产交易。

这种房地产市场（或者资产市场）交易吸收超发货币的观点似乎有一定道理，但如果我们进一步思考的时候，问题就来了，资产交易的波动性非常大，假设房地产泡沫破灭了，房地产交易大幅下降并长时间低迷，那此前被资产交易吸收的货币就要被吐出来，按照货币数量论的观点，M2 的供应那时就会超过需求，过剩的货币就会去追逐商品和服务，带来 CPI 通胀问题。可是事实情况是，在资产泡沫破灭后，人们更需要担心的是投资和消费需求的疲弱，总需求压力不是增加而是下降，难以想象通胀会上升。

那么房地产交易吸收超发货币的逻辑在什么环节上出了问题呢？我们当然不能否认交易量（无论是商品还是资产）的波动对货币交易需求的影响，问题出在对货币的交易功能的衡量上。就广义货币（M2）的组成部分而言，活期存款与 5 年期定期存款的"货币性"是不一样的，一般情况下，在需要做支付的时候，人们会先用活期存款，因为其利息很低，只有活期存

[①]　易纲：《中国的货币化进程》，商务印书馆，2003 年 1 月。该书对此做了详细分析。

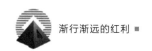

款用完后，才会考虑把定期存款转为支付目的。 也就是说，M2 的一部分主要用于储值，与货币数量论讲的货币的交易功能不是严格对应的。

从货币的交易功能看，狭义货币 M1（包括现金和活期存款）应该是更合适的指标，因为现金与活期存款比定期存款更有可能被用来做支付手段。 过去的数据也显示 M1 确实与名义 GDP 的关系较紧密，M1 和股市走势的相关性也较高（见图 5－2 和图 5－3）。

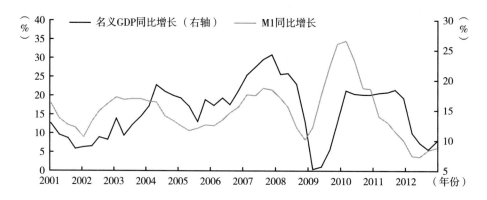

图 5－2　名义 GDP 与 M1 增长正相关

资料来源：Wind、中金公司研究部。

图 5－3　股指与 M1 增长正相关

资料来源：Wind、中金公司研究部。

但是，在现代金融体系里，支付手段的量的变化反映了交易活动的强弱，我们观察到的 M1 的量更多的是由需求决定的、内生的，而不是由供给决定的。 也就是说，首先是经济活动因为某个原因增加了（比如财政扩张、融资条件改善或者外部需求扩张），带来对货币作为交易工具的需求上升，M1 扩张不一定必然代表货币政策放松。 没有需求的增加，供应导致的 M1 的扩张只是暂时的，不会持续。 举个例子，假设人们的收入没有变化，只是出于某一个原因，某一个月的工资不是通过转账到每个人的银行账户（存款增加）而是通过现金发放，M1 突然多了，会不会导致人们的支出增加、物价上升呢？ 应该不会，因为收入没变，人们会把超出一贯支付的现金存回银行账户，M1 很快回到原先的水平。

资本市场上甚至有所谓的 M1 定律，也就是看到 M1 增长加快，股市一般也上升。 投资策略显然不会这么简单，实证上看，M1 和股市走势正相关，但并不能说明 M1 增长与股市上升存在因果关系。 相反，更大的可能是股市的上升伴随交易量的提高，从而带来活期存款作为支付手段的使用的增加。 相关性的分析也显示 M1 的变动并不领先于股市。

所以狭义货币虽然可以提供有关当前经济活动强弱的信息，但不是我们分析、理解货币政策传导机制的关键变量。 从概念上讲，M1 和货币数量论框架下的货币的外生性是矛盾的。 这也是为什么在宏观经济和货币政策的分析中，若用到货币供应量（总量）的概念，仍然使用广义货币（M2）。 要解释广义货币 M2 和增长、通胀、资产价格等宏观变量的关系，我们不能局限于货币的交易功能（货币数量论），还要看货币的储值功能。 从储值的角度看，货币理论还有凯恩斯贡献的流动性偏好理论。

二　准确理解货币的储值功能

人们持有银行存款，作为备用的购买力，除了支付手段的考虑外，还有储值的需要。 人们在储值、配置资产的时候，不仅配置风险资产（比如房地产），还会配置流动性较高、风险较低的货币资产，比如银行存款（也称流动性）。 投资者为什么配置流动性资产？ 因为未来不确定，不确定性越大，流动性需求也就越大。 按照凯恩斯的流动性偏好理论，影响人们资产配置中对流动性需求的最大的不确定性是未来利率的波动。

我们可以用以下公式来描述流动性在资产配置中的角色①：

$$M2 = b \cdot W$$

其中 W 是社会总的财富（总资产）， b 是流动性资产占总资产的比重，取决于人们的流动性偏好。 这个公式的右边代表人们对流动性资产的需求。 假设开始时， $W=100, b=0.2, M2=20$ ，人们的流动性偏好决定了流动性资产占比的均衡值为20%。 然后，假设在流动性偏好不变的情况下，货币政策的操作是使得流动性供给（货币）增加到40，流动性资产的占比上升到40%，超过了流动性偏好的水平。 这种情况下，短期利率下降，人们重新配置资产，大家都用货币资产去交换风险资产，比如房地产。 但已经发出的 M2 总量不会减少，只是从某一个房产的买家转到此房产的卖家，大家都竞购风险资产，导致资产价格上升，财富的货币值上升，只有当 W 上升到200，资产配置才能回到均衡点（ $b=0.2$ ）。

上述的例子中，在私人部门给定的流动性偏好下，央行增加流动性，利率下降，资产重新配置提升风险资产（比如房地产、股票、公司债券等）的价格，后者改善私人部门的融资条件，有利于投资，并通过财富效应刺激消费需求。 在这个传导过程中，利率是重要的载体。 在这个框架下，宽松的货币政策最终会影响物价，但中间首先影响利率和资产价格，然后是私人部门的消费和投资行为，当总需求超过经济的供给能力的时候，通胀就会上升。

基于流动性偏好理论，在凯恩斯的货币政策框架里，政策操作的标的首先是短期利率，央行公开市场操作一般是通过短期工具（比如短期国债或者央行自己发行的票据的买卖，或者以其为标的回购/逆回购）来进行的。 当流动性供给大于需求时，短期利率下降，促使私人部门增加

① 在凯恩斯的流动性偏好理论中，人们在流动性（货币）与债券（风险资产）之间选择，如果预期利率上升，人们愿意持有更多的流动性，降低债券的持有量（因为利率上升将导致债券的价格下跌），而流动性的供给由央行控制，如果供给不增加，利率就会马上上升。 在凯恩斯流动性偏好理论中，利率是一个关键变量，影响货币的需求。 在现代金融体系中，风险资产的选择性大，不局限于债券，但基本精神是一致的，我们这里的风险资产定义得更广些，包括债券、股票、房地产等。

对风险资产的需求。 当短期利率降到零时，就有所谓流动性陷阱的问题，央行投放流动性只能通过购买长期国债和风险资产，体现为长期利率下降。 所以，凯恩斯当年强调中央银行应该通过购买长期国债甚至风险资产来增加流动性供给，满足私人部门的流动性偏好，以应对大萧条。

图 5 - 4 显示美国的 M2/GDP 比例在金融危机后大幅上升了 10 个百分点，但 CPI 通胀率仍维持在低水平，似乎违背了货币数量论的逻辑，但流动性偏好理论有助于我们理解这个现象。

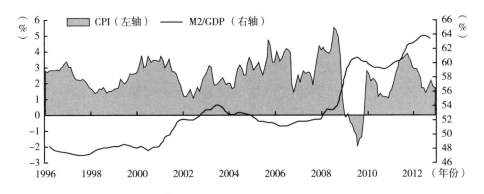

图 5 - 4　美国 M2/GDP 比例上升，但 CPI 通胀维持低水平

资料来源：Wind、中金公司研究部。

金融危机后，美国私人部门流动性偏好（货币的储值需求）上升，风险偏好降低，从资产配置的比例来讲，流动性资产占比上升。 在这种情况下，如果流动性供给不相应增加，风险资产价格将大跌，因为大家都想卖风险资产以换成流动性，但后者有限，风险资产的货币价格必定下行，总需求将更疲弱。 美联储量化宽松和扭曲操作都起到增加流动性的作用。 首先，美联储购买私人部门持有的长期国债和资产支持债券，投放了货币，增加了私人部门的流动性资产（银行存款），M2 增加；其次，在隔夜利率接近于零的情况下，短期国债的流动性和货币差不多，联储的扭曲操作（卖短期国债、买长期国债）使得私人部门流动性资产的增加比 M2 显示的还要大。

从现在看，流动性供给的增加对资产价格的支持已经显现，美国股市

S & P 500 指数在 2012 年上升 8.7%，房价也开始企稳，但总需求仍然受到财政紧缩和相关的信心问题的抑制。 换句话说，没有美联储的量化宽松，美国经济可能比现在要差得多。 极度宽松的货币政策当然带来通胀风险，但在通胀上升之前，首先应该看到经济的强劲复苏，传导机制不仅是 M2 增加、通胀上升那么简单和直接。

流动性偏好理论强调货币的储值功能，利率、资产价格在货币政策的传导机制中起到重要作用；货币数量论则强调货币的交易功能，和商品价格的关系更直接。 应该说流动性偏好理论比朴素的货币数量论更贴近现代经济和金融的现实。 但两者并不是不可调和的对立，弗里德曼的货币主义实际上就是两者的一个结合。 弗里德曼的货币主义往往被认为是复兴了古典的货币数量论，但他的货币理论中的重要一部分来自凯恩斯的思想。 弗里德曼强调货币供给超过货币需求，就会带来通胀问题，这一点和货币数量论的精神是一致的，但其货币需求理论和凯恩斯的流动性偏好理论紧密相连①。

具体来讲，弗里德曼的货币需求取决于三大类因素：人们的总体财富（永久收入），决定资产配置的债券利率和预期的股市回报率（持有货币的机会成本），以及预期的商品和服务价格通胀率。 最后一点是弗里德曼的货币理论与流动性偏好理论的差别，预期的通胀率代表持有商品的回报率，所以当货币政策放松、通胀预期上升时，人们不仅购买风险资产，还购买耐用消费品，直接增加对商品的需求。 所以在弗里德曼的理论里，货币供应增加多了一个影响总需求进而影响通胀的渠道。

回到上一节提到的问题，分析我国的 M2/GDP 大幅上升的含义，不能用朴素的货币数量论——货币多了，通胀就会上升——的简单逻辑，还要考虑货币的储值功能，以及相关的社会总财富的变化。 流动性偏好理论包含了资产价格的传导作用，比货币数量论更切合实际，但还是局限在非银行部门的资产方，也就是货币的需求。 非银行部门的负债（或者说银

---

① Friedman M., "The Quantity Theory of Money: A Restatement", in M. Friedman, editor, Studies in the Quantity Theory of Money. Chicago: University of Chicago Press. Reprinted in Friedman, 1969.

行部门提供的信用）在货币扩张的机制中同样起着重要作用。 要准确理解货币和经济的关系，还需要考虑货币是如何创造的，即货币的供给。如第一章所述，全球金融危机凸显了主流经济理论的局限性，一个重要方面就是没有足够重视信用在货币创造中的作用及其影响。

三　货币是如何创造的？

在现代金融体系里，居民与企业持有的流动性（银行存款）是由银行体系的信贷扩张创造的。 通俗地讲，是贷款创造存款，而不是存款创造贷款。 贷款的最终资金来源是中央银行发行的基础货币。 具体来讲，中央银行通过公开市场操作或其他手段（比如调整存款准备金率）改变商业银行在中央银行的超额储备，因为超额储备的利率低，商业银行一般都会用超额储备发放贷款，这些贷款转变为企业或者居民在银行的存款，在满足一定的存款准备金要求后，继续派生新的贷款和存款。 货币供应取决于基础货币和银行扩张贷款的速度（货币乘数），一般来讲，后者也受货币政策（比如利率水平）和一些监管要求的影响。

信用的顺周期特征在货币信用扩张中扮演了重要角色。 在上行阶段，经济增长较快，房地产价格上升，一方面提高了非银行部门的风险偏好和借款能力（尤其是抵押品估值上升），另一方面也降低了银行的坏账率，提高了资本充足率，进而增加了银行的贷款能力与意愿。 信用的扩张反过来又刺激了经济增长和房地产价格，如此相互促进、螺旋式上升，直到泡沫破灭。 在下行阶段，整个过程反过来，房地产价格下跌和信用收缩互相影响，叠加打击非银行部门的消费与投资需求。

在这样一个信用创造货币的机制里，有两个问题。 一是在某些情况下，中央银行对商业银行信用扩张的控制能力不一定强。 二是即使中央银行控制信用扩张的效率高，但货币政策的目标有偏差，同样会带来问题。 比如政策集中于控制通胀，但通胀又不能准确反映经济不平衡的主要矛盾，带来的货币信用扩张可能和维护经济其他方面的平衡相互冲突。

在全球金融危机之前的30年，对经济周期的主流解读是利率是货币政

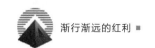

策传导机制的主要渠道，信用和货币是名义变量，虽然对实体经济的短期波动有影响，但不会持续，且长期来讲，货币只影响物价，对实体经济是中性的。 在这个框架下，普遍认为只要通胀被控制住了，货币信用的增长速度就是合适的。 当然，也有些非主流的观点，其中有代表性的是所谓"明斯基时刻（Minsky moments）"，讲的是在经济繁荣期创造的信贷泡沫，最终导致信贷紧缩、经济衰退，乃至金融危机①。 21世纪初的几年，国际清算银行的研究人员也提示了虽然通胀低，但有全球信用过度扩张的风险②。

全球金融危机的一个重要启示是货币信用体系和资产价格的相互影响，带来的泡沫和其最终破灭对实体经济的冲击非常大，导致经济下滑的幅度和持续的时间都超过一般经济周期中的衰退。 银行信用和资产价格相互影响，往往起到加速器的作用，导致货币信用周期有着与一般经济周期不同的特征。 理解货币信用周期（或者金融周期）的特殊性对我们分析宏观经济走势非常重要。 金融危机后，学术界、政策部门和市场分析人士都增加了这方面的研究，尽管目前仍处于起步阶段，但相关的分析值得我们关注。 近期的一篇国际清算银行的工作论文对发达国家过去50年货币信用周期的一些规律做了一个总结，主要有以下几点③。

第一，货币信用周期最核心的两个指标是银行信用和房地产价格，前者代表融资条件，后者反映投资者对风险的认知和态度，两者相互影响，且具有顺周期自我强化的特征。 这里讲的信用主要是银行信贷，但也包括影子银行的信用创造活动。 其他变量对判断货币信用的波动规律也有帮助，包括利率、银行的坏账率等，但信用和房地产价格最有普遍意义上的代表性，两者的快速扩张往往昭示了未来的麻烦。

---

① Hyman Minsky , *Can "It" Happen Again? Essays on Instability and Finance*, Armonk：E M Sharpe, 1982.
② Borio, C and White, "Wither Monetary and Financial Stability? The Implications of Evolving Policy Regimes", BIS Working Papers, No. 147, February, 2004.
③ Claudio Borio, "The Financial Cycle and Macroeconomics：What have We Learnt?", BIS Working Papers, No. 395, December, 2012. 近期英文文献里的用词是"financial cycle", 直接翻译成中文是"金融周期", 但其强调的是银行和影子银行的信用创造的内在规律及其影响, 所以中文用"货币信用周期"更贴切些。

第二，货币信用周期发生的频率比一般商业周期小，持续的时间较长，也就是说，一个货币信用周期可能跨越多个以增长和通胀为代表的短周期波动。一般的商业周期涵盖的时间为 1～8 年不等，根据 1960 年代以来发达国家发生的货币信用周期，显示其跨度平均在 16 年。

第三，货币信用周期的顶点往往和金融危机联系在一起，解释了为什么在货币信用进入收缩阶段后，实体经济的衰退/放缓的持续时间比一般经济周期长。在少数没有发生金融危机的国家，货币信用周期的顶点过后，金融体系也面临很大的收缩压力，影响到实体经济。

第四，货币信用周期在不同国家呈现的特征，比如持续时间的长短、累积压力的大小，和当地的货币政策框架以及实体经济结构变化有关。比如，货币政策只关注 CPI 通胀而忽视资产价格的走势；经济供给面的改善（潜在增长率上升）减轻了通胀压力，使货币政策易松难紧，往往增加了货币信用、资产价格扩张的空间。

值得关注的一个新的现象是美国的货币创造机制出现了一些变化。金融危机的冲击后，银行体系的信用创造功能受到损害，金融机构宁愿持有超额准备金，也不愿意放贷。为了给私人部门提供流动性资产，美联储直接在市场上购买长期国债和其他资产，也就是当年凯恩斯的主张。这意味着美联储绕过商业银行，通过购买资产直接创造货币，中央银行弥补了商业银行的信贷不足。但这并不意味着银行的信贷不重要了，正是因为过去信用扩张过度，招致后面的紧缩压力，需要央行的干预。图 5-5 显示近几年美国的 M2 扩张速度超过银行信贷，反映了美联储购买长期国债和其他资产的结果，在这之前差不多 20 年的时间里，信贷扩张速度超过 M2，则是信用过度扩张的一个体现。

在我国，过去 10 年中也存在一个不同于商业银行信用货币创造的渠道，那就是外汇占款，实际上是中央银行购买非银行部门的外汇资产，直接投放流动性。不同于美联储的是，正因为外汇占款的大幅扩张，中国人民银行要控制商业银行信贷来限制总体（货币）的增长。显然，我国的货币信用扩张有自己的特殊性，下一节将讨论我国货币信用周期的普遍规律和独特性。

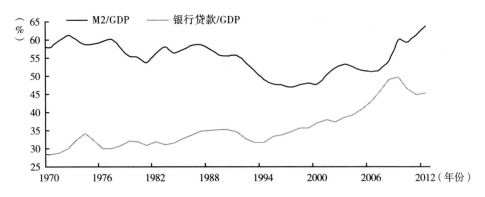

图 5 - 5　近几年美国的 M2 扩张速度超过银行信贷

资料来源：Haver Analytics、中金公司研究部。

四　上半场的繁荣

对中国货币信用问题的讨论与研究，大都集中在货币政策的短期操作及相关的总需求和通胀的短期波动上。 从政策的层面看，中央银行关注资产价格，尤其是房地产的波动[①]。 但在整个政策框架里，房地产与信用长周期的角色不清晰，对其关注度显然低于经济增长、CPI 通胀等短周期波动指标。 本节试图超越短期波动，从人口结构、制度变迁，以及货币信用运行机制本身来阐释我国的货币信用周期。

过去三十年，我国货币增速经历了三个阶段（见图 5 - 6）。 第一阶段是从改革开放到 90 年代中期的货币高速扩张期。 1986～1995 年 M2 年均增长 28%，高出同期 GDP 增速 18 个百分点。 如上所述，该时期货币的高速增长反映了经济体制从计划向市场过渡所引起的货币化过程。 而且当时的人民银行尚不是真正意义上的中央银行，不存在相对独立的针对通胀的货币政策。 一个典型的例子是，1994 年我国外汇占款增量由 1993 年的 330 亿元急增至 3050 亿元，但是人民银行没有相应的紧缩举措，结果导致当年 M2 增长 35%，CPI 通胀高达 24%。

---

① 张晓慧：《关于资产价格和与货币政策问题的一些思考》，《金融研究》2009 年第 7 期。

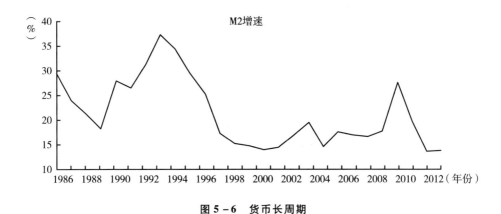

图 5 - 6 货币长周期

资料来源：Wind、中金公司研究部。

第二阶段是从 1995 年到 2003 年的货币增速大幅放缓阶段。 1995 年可视为我国货币政策元年，当年颁布的《中国人民银行法》正式确立了中央银行行使金融监管和货币政策的职能。 货币政策逐步确立了以调控通胀为主的稳健基调。 1995 年以后 M2 增速快速下降，1997～2002 年的 M2 年均增速仅为 15.4%。 货币增速与 GDP 增速的差值由第一阶段的 18 个百分点大幅下降到 7 个百分点。

第三阶段是 2003～2010 年新一轮货币快速增长期。 其间 M2 平均增速达到 18.8%，即便扣除实行极为宽松货币政策的 2009 年，M2 平均增速也达到 17.6%。 M2 与 GDP 的比率从 2002 年的 154% 上升到 2012 年的 188%。 最近 10 年的货币快速增长发生在我国现代货币政策调控机制基本建立、货币政策逆周期操作特征显著增强的时期。 期间平均的 CPI 通胀水平只有不到 3%，与发达国家相似，房地产价格则大幅上涨。

是什么原因导致货币长期保持超过 GDP 的增速，却没有引发严重的通胀？ 货币扩张与房地产之间是怎样的关系？ 我们总结为三个因素：储蓄率大幅上升增加了对货币储值功能的需求，同时抑制了通胀的压力；资本账户管制导致这些储蓄不能通过贸易顺差分流到海外投资，外汇占款成为货币增长的重要来源；房地产与信用扩张充当了加速器的作用。

基本因素:储蓄率上升

与 20 世纪 80 ~ 90 年代不同,过去近十年的货币高速增长更大程度上反映的是货币作为储值手段的功能。 如第四章所述,人口结构与政策扭曲带来的收入分配差距扩大,导致我国总储蓄率在过去 10 年大幅上升,从 2003 年的 37% 上升至 2010 年的 53%。 储蓄率的上升,从两个渠道推动了货币增长:

第一,高储蓄率意味着资产或财富的快速积累,对货币作为流动性资产的需求也快速扩张。 由于我国的金融市场欠发达,金融产品不丰富,因此货币成为居民资产中最主要的流动性资产,加剧了财富积累过程中货币扩张的程度。

第二,储蓄率上升意味着经济的供给能力相对于当前的消费需求增加。 我国在 20 世纪 90 年代后期开始越来越呈现过剩型经济的特征,这导致通胀尤其是 CPI 通胀比较温和。 1986 ~ 1995 年中国的平均 CPI 通胀高达 11.9%,而 2002 年以来则平均为 2.7%。 较低的通胀压力提高了货币当局对货币增长的容忍度,货币政策易松难紧,为货币扩张提供了空间。

制度因素:资本账户管制

储蓄转化为投资,有国内与国外投资两个渠道,如果储蓄大于国内投资,体现为贸易顺差。 储蓄率上升带来的资产累积,本来可以通过贸易顺差分流一部分到境外,体现为企业与居民部门对外资产的增加,但实际情况是企业与居民把外汇卖给央行,换取人民币存款,于是体现为外汇占款的快速扩张。 1992 ~ 2002 年外汇占款增量占 M2 增量的平均比重仅为 12%,此时货币增长主要依靠传统的信贷渠道;而 2003 ~ 2010 年外汇占款增量占 M2 增量的平均比重则高达 43%(见图 5 - 7),外汇占款成为推动我国货币增长的重要因素。

在一个开放的资本市场下,贸易顺差往往与资本账户下的对外投资相对应,一般不会导致央行被动的货币发行。 造成外汇占款大幅上升的制

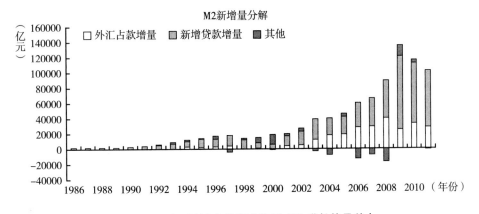

图 5 - 7　2003 ～ 2010 年外汇占款对 M2 增长的贡献大

资料来源：Wind、中金公司研究部。

度因素主要在于我国长期实行的资本账户管制和汇率管制。

虽然国际上也有不少国家实行资本账户管制或者固定汇率制度，但他们的主要目的是抵御国际间资本流动带来的金融风险。 我国资本账户管制则缘于计划经济时代政府对外汇这一稀缺资源进行统一配置的思想和实践，更多地体现了计划经济体制在金融领域的一个延续。 因此，不同于其他国家以限制资本跨境流动为主要目的，我国资本账户管制的一个重要手段是强制结售汇。

强制结售汇不仅限制了资本自由流出，而且限制了私人持汇。 央行买入私人部门因贸易顺差而积累的外汇，在这个过程中投放货币。 虽然央行集中的外汇最终也用于对外投资，但是这与私人部门的对外投资有着完全不同的经济含义。 如果私人部门直接用外汇进行对外投资，则央行无须通过发行本币来购买外汇，也就没有相应的国内流动性投放。 除了贸易顺差，资本流入是货币增长的另一个来源。 早期的资本账户管制是非对称的，鼓励资本流入，尤其鼓励外商在华直接投资，这些流入的资金也通过央行的购汇而转化为人民币的流动性。

我国在过去较长时期实行固定汇率制，即便在 2005 年放开汇率管制后，汇率的浮动范围还是受到很大限制。 由于汇率缺乏及时相应的调整，巨额的贸易顺差带来了人民币升值的预期，加大了资本流入的压力。

虽然我国对于资本账户有管制，但是境外资本仍然可以借道 FDI 或者服务贸易流入我国。 近几年的政策有了明显调整，央行在 2007 年取消强制结售汇并推动藏汇于民的政策，企业部门的对外投资在放松管制的推动下，也实现了快速增长，尽管基数还是比较低。

信用扩张加速器

在外汇占款大幅扩张的情况下，央行通过控制信贷来限制 M2 增长。 为此，央行采取多重调控手段，一方面是对冲外汇占款扩张带来的银行体系的超额准备金①，包括发行央票、提高存款准备金率以限制银行信贷扩张的能力，另一方面实行对信贷的额度管理和窗口指导，包括贷存比的监管②。

在这个过程中，利率作为货币政策工具的重要性低于数量控制。 大幅提升利率会吸引更多的资本流入，加剧人民币升值预期，导致外汇占款增速进一步上升。 然而，基准利率被压制在较低水平，也对流动性的宽松起到了推波助澜的作用。 同时，依赖数量型工具尤其是信贷额度的管理，使得信贷资源的分配受行政干预的影响大，既影响了资源配置的效率，也干扰了货币政策的有效性③。

房地产市场在银行信贷扩张的过程中起到重要作用。 房地产价格上升，提高了企业和居民的借贷能力（抵押品价格上升），同时也增加了银行的放贷意愿。 虽然银行对房地产按揭贷款和对房地产开发企业贷款占

---

① "2003 年以来，持续、大规模的国际收支'双顺差'是我国经济运行中的一个显著特征。 对冲由此产生的银行体系过剩流动性成为金融宏观调控的重要任务，也是这一时期货币政策工具选择、使用和创新的主线。"周小川：《建立符合国情的金融宏观调控体系》，2011 年 7 月。

② 贷存比上限在 1996 年的监管条例中就有所提及，主要也是为了应对 1994 年以后出现的外汇占款快速上升，但尚未成为主要监管规则。 2003 年贸易顺差和外汇占款快速上升，控制银行信贷的必要性增加，75% 的贷存比上限在当年正式写入《商业银行法》。

③ "从我国的情况来看，近年来货币政策的自主性和有效性受到外汇占款较快增长的严峻挑战……外汇占款成为基础货币供应的主渠道。 货币政策的自主性受到影响，货币供给呈现出较强的内生性特征。 近年来，虽然我国 CPI 基本稳定在较低的水平，但广义价格水平，如 PPI（生产者价格指数）、房地产等资产价格都有较大幅度上涨。 此外，随着银行体系流动性增加，央行票据的大量发行和存款准备金的频繁调整等也对商业银行的经营行为乃至金融体系的运行效率造成一定影响，央行的对冲成本也在逐渐加大。"胡晓炼：《汇率体制改革与货币政策有效性》，2010 年 7 月。

总贷款的比例似乎不是很大，仅从 2005 年的 14% 上升到 2012 年 3 季度的 19%，但这个数字无疑低估了银行体系对房地产市场的风险敞口，银行信贷应该还有相当大的一部分是直接或间接以土地和房地产作为抵押的，这其中包括地方政府融资平台的贷款，有些是以土地及相关资产为抵押的。第七章我们将讨论房地产价格上升背后的原因，这里要强调的是，与发达国家的经历类似，房地产市场与银行信贷相互影响也是过去十几年我国的一个突出问题。

信用扩张的一个体现是非金融企业部门的杠杆率上升。 非金融上市公司资产负债率从 2002 的 49% 上升到 61%，目前仍处在历史高位。实际上杠杆率本身受资产价格影响较大，高地价/房价提高了企业持有的资产价格，降低了杠杆率。 其他国家的经验显示，在市场繁荣期，杠杆率虽然上升，但往往不是顶部，一旦资产价格下降，因为负债的名义值是不变的，净资产会大幅下降，杠杆率大幅上升，导致强大的去杠杆压力。 也就是说，如果房地产价格是虚高，未来有较大幅度的下降，现在 61% 的资产负债率则低估了非金融上市公司的真实杠杆率。

从银行的角度看，还有一个因素，大量发行的央票和存准率的上升导致商业银行资产负债表上无风险低回报的资产不断累积，为了平衡资产配置的风险收益，商业银行存在信贷冲动，导致紧缩货币的政策调控能力减弱[①]。

总体来讲，过去 10 多年，我国银行体系的信贷扩张很快，银行贷款余额对 GDP 的比例从 2002 年的 109% 上升到 2012 年的 121%。 和美国不同的是，我国银行信贷扩张的速度比 M2 慢（见图 5 - 8）。 但相对于经济规模，我国银行信贷的绝对水平高，而且近几年影子银行业务快速发展，通过银行表外业务和非银行金融机构的信用增长很快，是需要关注的新的风险点。

---

① 牛晓健、陶川：《外汇占款对我国货币政策调控影响的实证研究》，《统计研究》2011 年 4 月。

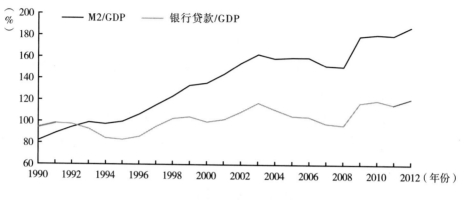

图 5 - 8　中国信贷扩张速度比 M2 慢

资料来源：Wind、中金公司研究部。

五　信用扩张的暗影——影子银行

近几年，我国信用扩张有一个新的现象，就是影子银行的快速增长①。 从最广义上讲，我国的影子银行包括三种形式的融资活动。 第一类是银行表外业务，如理财产品；第二类是非银行类金融机构，如信托公司、小贷公司、财务公司和典当行等；第三类则是民间金融。 从对信用扩张和系统性风险的影响来看，银行表外业务与非银行金融机构从事的融资活动最应该受到关注。 这两方面的业务类似于中介机构吸收存款并发放贷款，直接融资的成分较低，与西方发达市场的影子银行以批发融资和资产抵押证券为代表的业务模式有很大差别。

快速发展的原因

过去几年我国的影子银行业务呈现爆发式增长，有三个重要推动因素：

第一，从资金的供给方看，高储蓄和对存款利率管制带来对存款以

---

①　影子银行，在西方一般指通过杠杆操作持有大量证券、复杂金融工具等的金融中介机构。 美国前财政部长盖特纳将影子银行组成的非银行金融体系称为"平行银行体系"。

外的流动性资产（如理财产品）的需求。 虽然储蓄率已经出现见顶回落的势头，但总体仍处于高位，高储蓄意味着居民对流动性资产的总体需求不断扩大。 与此同时，理财产品的收益率比相应期限的银行存款利率高，驱动流动性资产的结构，从银行存款转化为理财产品、信托产品等。 这里存在着居民对无风险利率的认识问题，理财产品大部分通过银行进行销售，虽然理论上讲银行只是代理人，但人们往往认为理财产品背后有银行甚至政府信用的担保，属于无风险产品。 如果风险等同于银行存款，但利率比银行存款利率高，当然就存在一个套利的动力。

第二，从资金的需求方看，影子银行的迅速扩张与银行信贷的波动，以及地方政府的投融资活动有关。 2008 年以来，伴随着四万亿投资刺激计划，地方政府的债务急剧增加。 随着部分债务逐渐到期，地方政府的融资需求有增无减。 但是当局对银行信贷扩张的限制，使得部分地方政府融资平台及企业尤其是房地产开发企业无法通过银行信贷获取资金。 相当一部分理财产品、信托产品发行的背后是为了满足地方政府融资平台的资金需求，而这一点在过去两年中央加强房地产调控、地方政府卖地收入大幅下降的背景下尤为突出。

第三，银行的利益驱动机制和对监管的规避促进了影子银行业务的发展。 政策当局对银行放贷的监管和限制主要针对银行的表内业务，尤其体现在拨备要求、准备金要求、存贷比等方面，表内外业务监管、银行与非银行监管的差别促使银行积极拓展表外业务，追求更高的利润。

金融风险

影子银行体系的发展有其正面效应。 从理论上讲，在当前的金融格局下，信贷资金主要面向国有企业或大型企业，私营企业尤其是中小企业融资始终是个难题。 影子银行业务的发展可能为中小企业提供了一个新的融资渠道。 另外，影子银行业务的发展对利率市场化也起到了一定的促进作用。 目前商业银行的存款利率仍然受到管制，不能充分反映全社会的资金需求以及投资回报率。 相反，银行理财产品的收益率则更直接

地和相关资产收益率相联系。

但是，我国影子银行的迅速扩张，也带来了一些问题，货币金融方面，由于风险缺乏有效管理，最终可能累及银行体系；同时影子银行影响货币政策执行效率。

首先，监管的差别导致影子银行的风险高企。 理财产品本质上还是一种间接融资，通过银行体系、信托公司的媒介进行，但和传统的银行信贷比较，无论是银行内部的风险控制与管理，还是当局的监管，都有很大的差别，尤其是中介机构在理财产品发行以后，缺乏跟踪、管理相关资产风险的动力与能力。 影子银行的风险包括信用违约风险，以及资金期限错配隐含的流动性风险。 理财产品的融资方往往难以获得银行信贷，内含的违约风险较大，而且相当部分的融资与房地产行业有关，主要抵押品也是房地产，在房地产繁荣期，违约风险似乎很小，一旦房地产行业进入下行阶段，其违约风险就会暴露出来。

而流动性风险，通俗地讲就是所谓的"短借长贷"。 理财产品资产池里的资产投资期限通常是数年，其产生的现金流可能无法匹配理财产品的兑付。 此时银行有三种选择：一是发行新的理财产品，以新还旧；二是从银行间市场拆借，以补充短期的流动性；三是动用表内的资产，挤占其他经营资产。 一般来说银行更加偏好前两种，尤其是第一种。 因此，一旦出现哪怕少数的信用违约事件，导致投资者风险规避情绪增加，减少购买理财产品，流动性风险就会凸显出来。 和传统的银行业务一样，流动性风险与信用违约风险有时候是紧密相连的，一旦资金链断裂，又没有外在的紧急资金支持，流动性风险就转化为信用违约风险。美国的次贷危机就有这样的情况，在投资者的风险偏好下降、流动性偏好上升后，过去被认为非常安全的资产工具，比如货币市场基金，同样面临大量赎回压力。

这里面还存在一个无风险利率错误定价的问题。 银行以理财产品变相"高息揽储"，以表外通道贷给企业，而融资主体的债务风险相对较高。 但是，由于银行的参与，理财产品的购买者通常误以为融资行为背后有政府或银行的信用背书。 因此，市场投资者并没有树立"买者自负"的市场化意识。 更进一步，一些投资人缺乏风险甄别、评估的能力，也缺乏承担风险的意愿。 无风险利率被提升至过高的水平，大类资产配置的基本参数发生改变，深刻影响着全社会的金融行为。 一旦出现违约事件，引起无风险利率的错误定价的纠正，影子银行可能出现资金链断裂的问题，银行与监管机构如何处理将是一个重大考验，而银行恐怕也难以避免受到冲击。

其次，影子银行的扩张导致 M2 等货币信贷指标意义减弱，给货币政策操作目标的制定和执行带来困难。 虽然央行已经开始关注社会融资总量，试图纠正 M2 和信贷指标意义下降带来的诸多问题。 但是当前社会融资总量中，没有完全统计"影子银行"体系的一些重要业务，反而涵盖了风险较小的权益类融资如股票融资。 就货币而言，有些理财产品的期限很短，流动性高，是居民部门持有的流动性资产的一部分，但并没有包括在 M2 的范围内，降低了 M2 作为广义流动性指标的可靠性与准确性[①]。 总之，影子银行业务的发展加大了以货币和信贷作为操作标的的难度[②]。

结构矛盾

结构方面，政府部门参与影子银行，对私人部门资金造成挤压，同时加大了居民内部收入的差距。 虽然理论上讲，影子银行帮助了中小企业融资，但一个新的现象是政府部门参与到影子银行体系中，对私人部门资金造成了挤压。 影子银行在一定程度上借用了商业银行、央行乃至政府的信用，地方政府成为重要的融资主体之一。 由于资质好的大型国企在融资方面有优势，有些国企变身"影子银行"，利用从事金融业务的子公司，不仅在国内资本市场，还利用海外相对低廉的价格融资，将获取的资本重新向资金紧缺的中小企业放贷，赚取利差。

[①] 李波、伍戈（2011）的分析认为影子银行使传统的货币供应量难以完全覆盖流动性的范围，影子银行创造的流动性有必要纳入广义流动性的范围。

[②] 李扬和殷剑锋（2011）认为影子银行绕开了传统的数量型监管政策，需要加快利率市场化，货币政策操作尽快从数量型转向价格型工具。

参与影子银行活动的资金提供者主要是收入较高的群体，是对金融市场了解较多、对资金利率较敏感的群体，取得了较高的收益率。 而农村居民、低收入群体的储蓄主要还是银行存款。 如果收益率与风险匹配，则不是问题，但是在无风险利率错误定价以及被高估的情况下，对低收入群体是不利的。 因为影子银行的风险最终可能由银行/政府承担，也就是由全体纳税人承担，而收益由少数人获得。 所以，理财产品的发展虽然促进了利率市场化，但是否真的反映了市场化定价则是一个疑问。 如果不是，则加大了现在的高收入与低收入群体的差距。

六　下半场的挑战

前面的讨论表明，驱动货币信用长周期的物质基础是储蓄率和经济增长趋势，背后有人口结构变动和制度变迁与政策扭曲。 而这些因素有的已经开始转向。 储蓄率在 2011 年出现 10 年来的第一次下降。 我们会不会在经历快速的货币信用扩张后进入一个长时期的放缓阶段？ 其影响如何？ 结合其他国家的经验，我们可以推断货币信用周期下半场可能呈现的一些特征。

下半场的特征

首先，从基本面来看，随着储蓄率的下降，总体融资条件从上半场的易松难紧过渡到易紧难松，再加上潜在增长率放缓，我国货币信用扩张的速度将相应下降。 和上半场相反，储蓄率下降将从两个方面降低货币、信贷的增长速度。 一是总体资产累积的速度放缓，对流动性需求的增长也将下降；二是在潜在增长率放缓的情况下，如果货币供应维持过去的快速增长，货币条件将过于宽松，带来通胀与资产价格膨胀的问题。

其次，货币的增长机制发生变化。 外汇占款的贡献降低，甚至出现负贡献，在潜在增长率放缓和人民币升值空间缩小的情况下，私人部门配置外汇资产的动机将加强，从而改变此前我国外汇资产在私人部门和公共部门之间的不平衡配置。 关于这一点，我们将在第八章进行详细论述。 货币增长将更多依赖于商业银行的信贷扩张。 而有两个因素可能限制下半场货币信贷扩张的速度。 第一，企业部门的杠杆率处在高位，限制了信贷需求增长的速度。 第二，银行的安全性资产（央票、国债以及央行的存款准备金）占总资产的比重下降，银行有惜贷的情绪（见图5－9）。

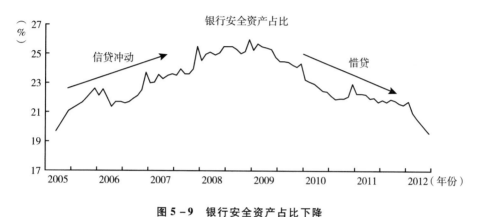

图 5－9　银行安全资产占比下降

注：银行安全资产包括储备资产、对政府的债权和对中央银行的债权。

资料来源：Wind、中金公司研究部。

在货币政策操作上，央行对基础货币投放的调控能力增强，减少了通过行政性措施（如存贷比）、数量型工具（如法定准备金率）来限制银行贷款的必要性。 不仅法定存款准备金率面临趋势性下降，存贷比75%的上限也面临调整的压力。

再次，货币信用扩展与房地产价格相互影响的顺周期进程将如何演变是货币信用周期下半场的一个重要风险点，而这又和近几年快速发展的影子银行业务纠结在一起。 如果房地产价格有较大幅度的调整（第七章将探讨房地产问题），将加大货币信用下半场的紧缩压力。 而如果房地产价格继续上升，将加剧货币信用的不平衡，最终的调整将更为痛苦。

实际利率将是什么样的走势？ 从古典经济学的一般均衡论出发，经济增长趋势放缓，意味着资本的边际回报率下降，实际利率的长期均衡水平会下降。 现实中，实际利率可能偏离理论上的均衡值。 储蓄率下降，投资率相应下降，但降低幅度应该比较小，使得实际利率下降的幅度不会很大，与经济潜在增长率放缓的幅度比，可能相对较小。 另外一个影响

因素是利率市场化进程，一般认为利率市场化将提高现在受限制的利率水平，比如银行存款利率。 但总体的市场利率水平是否因此上升仍有不确定性。

政策含义

有一些迹象显示我国面临货币信用周期的拐点，但是转变的速度与力度存在不确定性。 显示拐点的迹象包括经济增长放缓、贸易顺差与 GDP 的比例持续下降、外汇占款增量下降、M2 增速下降等。 但是，这些变化部分可能是短周期总需求波动的结果。 增长放缓和贸易顺差下降在一定程度上反映了全球经济疲弱，而跨境资金流动则与全球金融市场风险偏好的变化有关。

更重要的是，未来的变化与发展，部分取决于内部政策的应对，以及外部环境的变化。 以眼前的形势为例，国际货币环境异常宽松，新兴市场和中国可能仍然面临资本流入压力，可以缓解内部储蓄率下降带来的资金环境紧缩压力。 未来几年需要关注的风险则是，一旦主要发达国家的中央银行开始紧缩货币政策，对全球金融市场的资金流向可能会有重大冲击，对我国的货币信用环境产生紧缩的压力。

从内部的政策应对来看，如果在控制房地产泡沫、监管影子银行、资本市场结构性改革等方面的政策力度大、前瞻性强，那么拐点到来后的转折就会平稳些。 举例来说，人民币国际化对货币信用长周期的趋紧可以起到一定的抵消作用。 人民币国际化的一个结果是境外人民币的增加，对我国而言相当于资本流入，从长周期来看，对未来我国私人部门因持有的外汇资产增加而导致的资本流出起到一定的平衡作用。

尤其重要的是要避免房地产泡沫进一步增加，同时加强实施维护金融稳定的机制和措施。 从世界经验来看，几次大的货币信用周期都是以房地产泡沫破灭，甚至金融危机的形式完成的转折。 中国要避免重蹈覆辙，就一定要控制好房地产泡沫。 从宏观审慎的意义上说，控制投资性住房需求包括税收和对房地产市场的行政性调控（如限购、限贷）有助于让拐点时间较长，转折平稳些。

　　利率市场化是金融领域促进效率，同时改善分配的重要一环。　要促进影子银行的有序发展，加大信息披露、破解刚性兑付、防范道德风险尤其重要。　在影子银行的运作过程中，关于资金流向和风险的信息不对称，导致了投资者的盲目和刚性兑付的要求，也加大了融资者可能的道德风险。　因此，加大信息的披露，有利于明确风险处置的规则，区别对待不同原因造成的不能偿付。　如果是银行内部风险控制出了问题，如涉嫌欺诈等恶性事件，银行需要担负责任；如果是在风险披露充分的情况下，投资者则需要为存在风险溢价的收益率承担责任。

　　同时，货币信用长周期的演变使得资本市场的结构性改革更为紧迫。跟发达国家相比，我国通过深化、广化资本市场从而提高效率的空间还很大。　一个规范化、有深度和广度的资本市场有助于提高储蓄转化为实体经济投资的效率，在提高潜在生产率的同时减少房地产泡沫，有利于维护金融体系的稳定。

第六章

通胀谜思

无论何时何地，通货膨胀无一例外都是一个货币现象。

——米尔顿·弗里德曼（1963）

经济学家说过的话中，给人留下深刻且持久印象的，能超过弗里德曼关于通胀的这句话的不多。然而，若观察经济学家的政策主张的生命力，弗里德曼并不突出，他主张中央银行以控制货币总量为政策目标，通过把货币增长控制在一个不变的速度水平，以此来稳定人们的预期，稳定物价。弗里德曼的政策主张在 20 世纪 70 年代和 80 年代初对欧美的中央银行有很大影响，虽然政策没有严格地控制货币增速在一个不变的水平，但货币总量一度成为美联储等主要央行的操作目标。到了 80 年代中后期，人们发现货币和通胀的关系越来越不稳定，中央银行的政策框架变为以低通胀水平作为目标，以利率作为主要操作工具[①]。

从结果看，过去 20 年全球尤其是发达国家的通胀率比 70 年代和 80 年代初大幅下降，虽然对其原因还有争议，但不以货币总量为调控目标的政策框架起码没有妨碍把通胀控制在温和水平。弗里德曼有关货币是通胀根源的观点错了吗？应该不是。如上一章所述，弗里德曼的货币理论强调货币供应短期对增长，长期对通胀的影响，大部分人应该都认同。但这个理论在现实中的影响是怎样的就存有争议了。弗里德曼在这句话的后面，还有一句话，是说通胀短期内还受其他因素的影响，但"短期"有多"短"？对于政策和市场分析来讲，事前区分货币增长对通胀的影响和其他短期因素的冲击在很多情况下并不容易。

这个问题之所以重要，是因为货币太少了也不行，会出现通缩问题。

＊　本章部分内容源自彭文生：《通胀消退，泡沫还在》，中金宏观专题报告，2012，和彭文生：《食品涨价触动货币政策》，《财经》杂志，2011 年第 287 期。

①　欧元区成立前，德国的央行可能是个例外，货币总量一直是一个其操作的目标，但也不是维持一个不变的增长率，实际操作中根据经济环境的变化呈现很大的灵活性。

弗里德曼在其代表作《美国货币史》中，把1930年代的经济大萧条归结为美联储货币政策过度紧缩。但什么样的货币增长是合适的呢？按照货币数量论，货币流通速度不变的话，货币增长和经济增长应该基本一致，就能稳定物价。但现实中，怎样定义和衡量货币呢？在前一章，我们阐述了在现代信用体系下，金融市场的发展使得可以起支付和储值功能的货币工具变得多样化，要准确量度理论上的"货币"概念并不是想象得那么简单。所以在学术研究，尤其在中央银行的政策分析和市场分析中，货币总量作为判断通胀压力指标的重要性下降，逐渐变化为诸多指标中的一个。

就我国而言，过去十年经历了三轮通胀上升期，似乎每次都是和食品价格联系在一起，尤其是猪肉价格，所以有人讲中国的通胀是"猪通胀"问题（见图6-1）。最近2010~2011年的这一轮CPI通胀上升，既是在2009年货币信贷大幅扩张后，也和劳动力短缺迹象与工资上升加快联系在一起，由此引发了此轮物价上升是反映货币扩张还是劳动力成本推动的争议。归纳起来，对通胀的解释有三个故事：劳动力成本推动、货币超发和总需求压力增加。后两者相互联系，货币扩张首先会刺激投资与消费需求，当总需求超过总供给时，物价开始上升，所以通胀基本上是经济周期波动的一部分。总需求压力不一定总是与货币政策有关，比如外部需求导致出口扩张。但毕竟出口是总需求的小部分，较长时间内的总需

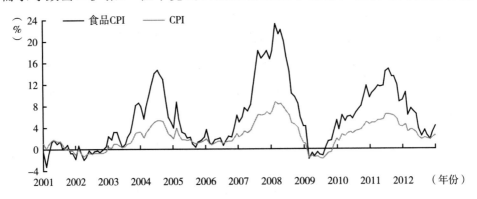

图6-1　过去10年三个通胀周期

资料来源：CEIC、中金公司研究部

求一般与国内货币宽松有关。

此外，中国的城乡二元经济结构中，农村有大量剩余劳动力，压低了工资。可是，当人口发展到了所谓的刘易斯拐点，剩余劳动力减少，劳动力变得短缺，工资上升加快。前面的章节提到的，我国面临刘易斯拐点与人口红利见顶的两重压力，劳动力供应紧张将是一个长期趋势，所以劳动力成本推动的观点有超越经济周期波动的含义。

本章试图分析上述各种解释的合理性，探讨未来影响我国通胀的结构性因素和周期性因素。我们从分析通胀与总需求压力波动的关系出发，尤其是最近一次通胀上升的情况，就2009~2010年的货币信贷扩张，我们探讨其影响经济与物价的可能的渠道，"货币超发"带来的未来风险点在什么地方。针对工资上涨的影响，我们区分总需求拉动与劳动力供给紧张的不同影响，后者主要代表相对价格的变化。食品价格是一个特殊因素，我们分析其波动规律以及货币政策的应对，最后一节探讨我国过剩型经济特征在未来几年是否会有大的变化。

一　通胀短周期：总需求波动

CPI通胀在过去十年中经历了三个周期。最近的一轮（2010~2011年）通胀上升和货币扩张、经济增长反弹，以及劳动力工资快速上涨联系在一起，表面上看，此次通胀上升与货币供给、需求压力和成本推动这三个因素都有关系，由此导致不同的解读。货币学派的观点强调货币供给的作用，认为2009年货币和信贷的过度扩张是导致本轮通胀的主要原因。另外一种观点强调成本推动型通货膨胀，尤其是劳动力供给因素导致的工资上涨，类似的观点认为农产品价格上涨背后的一个重要推动力量就是劳动力成本。

数据分析显示，通胀的波动与总需求压力是一致的，呈现周期性特征。从2010年开始的最近一轮通胀看，主要原因还是国内外非常宽松的货币环境刺激了总需求在全球金融危机后的低水平强劲反弹。从国内来讲，2009~2010年货币和信贷大幅扩张导致投资与消费需求从低位回升，

其中企业的库存调整（从强劲的去库存到再库存）放大了总需求增长从低位的反弹。 海外需求上升带来出口大幅回升，同时促进了全球大宗商品价格上升，造成输入型通胀压力。 我们估计的产出缺口显示，中国经济从 2010 年下半年开始出现过热压力，通胀开始上升。 其后随着货币政策紧缩、房地产调控加强，产出缺口收窄，引导通胀率从 2011 年中开始逐步下行（见图 6-2）。

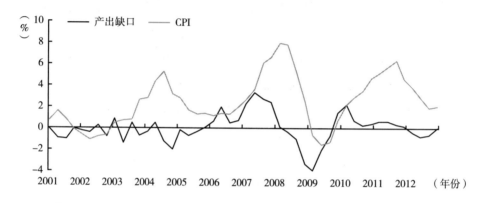

图 6-2 产出缺口领先通胀波动

资料来源：CEIC、中金公司研究部。

总需求驱动通胀的观点与货币增长超过需求导致通胀的观点并不矛盾，但有些差别。 产出缺口显示未来的通胀如果再次上升应该与增长加快、形成新的总需求压力有关。 如果按照朴素的货币数量论的逻辑，M2/GDP 的比例并没有因为过去的通胀上升而回落，相对于 GDP，货币"超发"仍然存在，导致未来通胀的货币源泉还在。

二 货币"超发"的影响：先通胀，后通缩

虽然 CPI 通胀率下降到 2012 年 12 月 2.5% 的低水平，但 M2/GDP 仍处在高位，甚至可以说是历史高位，达到 188%（见图 6-3）。 M2/GDP 的比例比 2008 年增加了 36 个百分点，货币供给（M2）对应需求（名义 GDP）仍然大幅超出，这是否会导致未来的高通胀呢？ 高水平的 M2/

GDP 可能通过通胀预期影响物价，如果大家都预期明天价格上涨，会提前兑现部分可选消费，并愿意在今天就接受较高的价格。 这种通胀预期与货币供给存量是否"太大"有关系，但除非民众普遍对货币体系的稳定丧失信心，一般不会是导致通胀上升的主要力量，货币影响物价的传导渠道主要还是总需求的扩张。

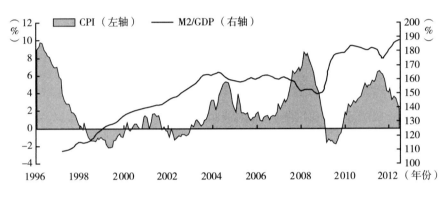

图 6 - 3　中国 M2 扩张与 CPI 关系不稳定

资料来源：CEIC、中金公司研究部。

那么高位的 M2/GDP 对总需求的含义是什么？ 通过什么渠道影响总需求？ 第五章解释了两个货币理论（货币数量论与流动性偏好理论）的差别，按照流动性偏好理论，货币既是支付手段，也是储值工具，M2 对GDP 的比例上升应该放在资产配置的大背景下理解。 一个可能是社会总财富的货币值的增长比 GDP 快，虽然 M2 对总资产的比例（流动性偏好）没有变，但对 GDP 的比例上升了。 也就是说，虽然流动性资产（货币）从 2008 年以来扩张的速度快，但风险资产的市值的扩张速度更快。

这对未来通胀的含义是什么？ 我们可以想象三种情况。 第一种可能是，货币政策放松，新增的流动性供给（相对于需求）增加，资产重新配置带来对风险资产需求的增加，融资条件改善，投资和消费增加，总需求压力加大，商品及服务价格上升。 另一种可能是，货币政策不变，但投资者风险偏好上升，流动性需求下降，风险资产配置增加，结果与货币政策放松类似，这也可以理解为过去货币超发对未来通胀影响的一个渠道。资产价格受投资者的过度乐观或悲观情绪的影响，出现羊群效应。 尤其

是投资者对房地产价格上升的惯性预期还没有改变，房地产价格的上升可能短期内加大投资扩张速度，导致总需求压力。

第三种可能是，过去的货币供给已经体现在整个社会的资产配置上，与资产负债表和社会信用的扩张以及资产价格的上升联系在一起，资产配置达到了一个新的平衡。 但这种平衡是脆弱的①。 如果政策过紧，或者因为某种原因人们的风险偏好大幅下降，可能导致资产负债表紧缩和去杠杆压力，带来经济增长下行，通胀下降。 在极端的情况下，如果房地产泡沫破灭，银行体系信贷扩张能力受损，甚至会有通缩的压力。 全球金融危机后，欧美就面临这样的情况。

从历史数据看，M2 增速与 CPI 通胀有一定的相关性，大约领先 CPI 12 个月。 然而这种关系并不稳定，例如 2007 ~ 2008 年通胀的前几年，M2/GDP 的比例没有上升。 导致这种不稳定关系的一个原因就是货币与 CPI 通胀之间的关系不像货币数量论描述的那么直接与简单。 另一个可能的原因是，M2 不能准确地衡量货币供给与流动性的变化，这涉及一个统计的问题，如上一章所述，近年来随着直接融资与银行表外业务的快速发展，M2 作为衡量广义流动性的指标的准确性在下降。

近几年我国金融市场扩张很快，金融创新也随之深化，广义流动性所涵盖的内容发生了较大变化。 银行理财业务迅速发展，在金融资产序列中创造出了一类新的流动性较高的准货币资产，但理财产品并没有被统计在 M2 的范围内，目前也没有公布这部分流动性较高的金融资产的完整数据。 具体来讲，居民从银行购买理财产品，其存款转化为另外一种流动性资产被记录在银行的资产负债表以外，没有统计在 M2 之内。

总结"货币超发"的影响，首先是推升通胀，通过总需求扩展与价格上升预期两个渠道，且主要是前者。 其次，影响总需求的一个重要渠道是资产价格，货币供大于求，推升资产价格，后者与银行信用联系在一

① 也就是说，货币信贷扩张把房地产价格推升到一个偏离基本面的水平，容易受内外部环境变化的冲击，下一章将具体分析房地产偏离基本面的情况。

起，有过度扩张的危险，一旦泡沫破裂，对总需求与物价可能产生加大的负面冲击。 从这个意义上讲，"货币超发"带来的是"先通胀，后通缩"的压力。

三 发展直接融资降低通胀吗？

近年来，还有一种观点认为发展直接融资、降低间接融资的比重有利于在满足合理融资需求、支持经济增长的同时，控制通货膨胀。 其理论依据是间接融资的银行贷款会派生货币（流动性），而相比之下，直接融资，如公司债券融资（假设购买方不是银行）则不会导致货币扩张，而通胀归根到底是货币供应量增长带来的。 有些分析甚至举出其他国家的经历，说明在间接融资比重下降、直接融资比重上升的时期，通胀率下降。

这种观点听起来似乎有点道理，但实际上是站不住脚的。 其逻辑上的错误在于机械地套用朴素的货币数量论，混淆了货币的交易和储值功能。 货币数量论（货币的供应超过货币需求导致物价上升）的一个基本假设是我们观察到的货币总量是外生的，M2 增速下降代表货币供给的变化，相对于一定的货币需求，带来通胀压力的下降。 但问题是，发展直接融资、银行信贷比重下降导致的 M2 增速放缓，反映的究竟是货币需求的变化还是货币供给的变化？

为了说明这个问题，我们可以假设一个简化的情形，100 元的银行存款对应 100 元的银行信贷，信贷体现了公司部门的融资需求，银行存款体现了住户部门的货币资产需求，同时确定一个利率水平和相应的经济增长率。 然后，假设公司部门发行 50 元的债券，由住户部门购买，公司部门用筹得的资金归还银行贷款，结果是银行的资产负债表规模收缩，公司部门的融资总量不变，但结构变为 50 元银行信贷加 50 元债券负债，住户部门的资产总量也不变，但结构变为 50 元的银行存款和 50 元的债券资产。这是一个简化的融资结构变化（金融脱媒）的例子：直接融资增加，间接融资降低。

在这个例子中，货币量下降了一半，但物价是否会降低一半呢？ 这要

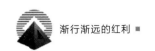

取决于住户部门货币需求的变化。我们可以假设两种情形。第一种情形，在初始状态下，住户部门在 100 元的总资产中本来就想持有 50 元的风险资产（非银行存款），只是因为资本市场不发达，没有机会持有债券资产。而在新的情况下，50 元转变为债券，银行存款的下降代表其需求的下降，假设利率水平不变、融资总量不变、经济增长不变，同时物价不变。

第二种情形，假设初始状态下住户持有的银行存款代表其实际的流动性需求，本来就不愿意持有风险资产，在这种情形下，公司部门要用债券来置换银行贷款，就需要吸引住户部门购买其不愿持有的债券，因而必须提高其回报率，也就是债券的利率，导致利率水平上升、公司部门的融资成本上升。这进一步导致融资总量下降、经济增长放缓、总需求压力下降，从而物价下降。但此时的物价下降是以经济增长放缓和总需求下降为前提的，所以，并不存在一个经济增长维持不变而物价下跌的情形。

以上是假设货币政策不变，单纯看融资结构变化的可能影响。最终，通胀还是取决于货币政策，且反映总需求的压力，与融资结构没有关系。这个观点混淆了货币的交易和储值功能，从而忽视了货币需求的变化。在金融脱媒的过程中，按现在定义的货币增速也许会下降，但其对应的是货币需求（作为储值的工具）的变化，对通胀没有影响。就像上一章解释的，不能简单地把朴素的货币数量论应用到现代的经济金融体系，现代的货币主义（弗里德曼的学说）则结合了凯恩斯的流动性偏好理论。

四 劳动力短缺推升通胀吗？

在 2010 年开始的这轮通胀周期的上行阶段，工资上涨较快。近几年我国劳动年龄人口的增长率显著放缓，同时农村富余劳动力大幅减少，劳动力供给趋紧，显然是工资上涨的一个重要推动因素。农产品价格上升也在相当程度上反映了农村劳动力紧张，是劳动力成本上升的一个体现。循此逻辑，有观点认为我国通胀中枢水平将显著上升，因为劳动力供应紧张是一个长期趋势，而且程度将越来越重。

这样的观点存在两个误区。 首先，工资上升不完全反映劳动力供给的紧张，劳动力需求随经济周期的波动也是一个因素[1]。 总需求旺盛时期，对劳动力的需求也比较强，而劳动力供给相对刚性，造成工资上涨。 在这轮通胀周期的下行阶段，城镇单位职工平均工资上涨的速度明显放慢，就是因为经济增长下滑，和总需求的周期波动相关。 过去几年的劳动力供求数据支持我们关于工资上涨部分是周期性的判断。 劳动力市场求人倍率用来衡量需求人数与求职人数之比，即劳动力市场中每个岗位需求所对应的求职人数。 该数字如果大于1，说明劳动力供不应求；反之，供大于求。 2008 年金融危机爆发以来，这个指标的变动显示我国劳动力市场经历了三个阶段：危机爆发后劳动力需求大幅下降导致供大于求；政府四万亿刺激计划出台后劳动力需求回升，劳动力供不应求；最近两年总体上求大于供，但供求之间的差距上下波动（见图 6 - 4）。

图 6 - 4 劳动力短缺既有周期性，也有结构性

资料来源：CEIC、中金公司研究部。

劳动力需求在 2008～2010 年的大幅波动反映全球金融危机的冲击及其后的经济复苏，与 CPI 通胀率一致，背后都是总需求压力先下后上的影响。 2011 年以来，两者出现明显的反差，通胀随经济增长放缓下行，但

---

[1] 另一种对工资上升的解释是，贸易品部门劳动生产率增长快，带来平均工资水平上涨。 参考孙国峰（2011）。

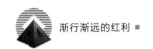

劳动力市场仍然求大于供，意味着近期劳动力市场的不平衡主要反映了供给面的紧张。 这体现在农民工工资上涨速度加快，且高于城镇职工平均工资增长速度（见图6－5）。 在劳动力供给紧张的背景下，为什么 CPI 通胀率反而下降呢？

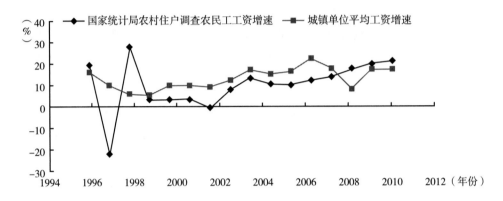

图6－5　农民工工资增长加快

资料来源：卢锋：《中国农民工工资定量估测（1979～2010）》，北京大学中国经济研究中心讨论稿，No. C2011020，2011，国家统计局、CEIC、中金公司研究部。

一般来说，工资上涨对 CPI 通胀率的影响，很大程度上取决于劳动生产率是否也同时上升。 过去的数据显示，工业劳动生产率的增长一直以来能够抵消实际工资的上涨，进而减轻了制造品的通胀压力。 但农业的劳动生产率增长相对较慢，农产品对劳动力成本上涨的敏感度较高。 另外，低收入/体力劳动者的工资上涨比平均工资快，而他们对食品需求的收入弹性较高。 一些消费调查显示低收入家庭将50%左右的收入用于食品开支，显著高于高收入家庭。 因此，低端劳动力工资上涨在成本和需求两个方面都对 CPI 通胀率特别是食品价格通胀率，存在一定的传导机制。

但这种影响最终是否导致总体通胀率持续处在一个高水平呢？ 对工资上升与 CPI 通胀关系的解读的第二个误区是混淆了一个商品的相对价格调整与物价总水平的变动。 劳动力供给短缺导致的工资上涨是劳动力价格相对于资本价格的上升，反映的是劳动力相对资本的稀缺性增加，因此，劳动力供给短缺导致的工资上升通常伴随着企业赢利的下降。 虽然工资上升刺激消费需求，对消费品价格有推升作用，但是企业赢利下降会压制资本品价格上涨，进而抑制物价总水平的上升压力。 中长期看，这反映收入分配朝着有利于劳动者的方向改善，消费品价格相对于投资品价格上升应该是一个趋势，但这具体体现为投资品价格下跌，还是消费品价格上升，还要看总需求的压力。 没有强劲的总需求和宽松货币环境的配合，企业把上游成本转嫁给消费者的空间有限。 总之，劳动供给造成的工资上升首先是相对价格的变化，而不是总价格水平的上升。

上面的讨论带来一个问题，货币政策对工资上升如何反应呢？ 如果工资上升是由总需求拉动的，一般会和通胀上升联系在一起，此时货币政策应该紧缩，以控制总需求与通胀压力。 如果工资上升主要是相对价格调整，没有和物价总水平的通胀联系在一起，那么货币政策则不应该对此有反应。 现实中的情形可能不是这么清晰。 因为价格有不对称黏性，上涨比下跌容易些，工资上升对企业利润的挤压传导到其他价格的下跌需要一些时间，在这个过程中，可能观察到总体 CPI 通胀率先上升后下跌。这种情形就给货币政策的应对带来挑战，因为区分 CPI 通胀上升是由总需求压力拉动的，还是相对价格调整过程中的一个短暂现象，有时候并不容易。 但总体来讲，即使货币政策判断有误，其影响也是短暂的，最终来讲，持续的物价总水平的上升还是与货币条件、总需求压力有关。

五 食品价格的特殊性

过去 10 多年，食品价格上涨解释了我国 CPI 通胀的大部分情况，2001～2011 年，CPI 通胀的 60% 左右来自食品价格上涨（见图 6－6）。可以不夸张地说，要理解和把握我国 CPI 的变动规律，离不开对食品价格波动的驱动因素及其规律的分析。

食品价格上涨的三类原因

基本上我们可以把导致食品价格上升的因素归结为三大类。 第一类

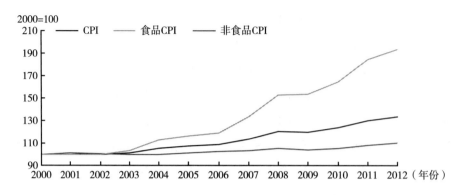

图 6 - 6　食品价格上升速度快过非食品价格

资料来源：CEIC、中金公司研究部。

是供给冲击，比如水灾、旱灾、2007 年蓝耳病对猪肉供应的影响等，这种供给冲击是暂时性的。 第二类是经济周期驱动的对食品需求的变动。这一因素在新兴市场和发展中国家比较显著，因为中低收入阶层对食品尤其肉类的需求受其收入变动影响大（食品需求对收入的弹性系数比发达国家高）。 也就是说，人们收入增长快的时候，对食品，尤其是高蛋白食品的需求增长快。 同时，因为生产周期的限制等，农产品的供给在短时间内难有改变，对需求变化的反应比工业产品慢。 所以总需求压力较早地反映为食品价格的上升，呈现周期性的特征，过去十年中三次比较大的食品价格上涨（2004 ~ 2005 年，2007 ~ 2008 年，2010 ~ 2011 年）都和经济增长加快有关。

　　第三类也和需求有关，但更多的是和趋势性的结构性因素相联系，而不是一种周期性的变化。 全球农产品价格在 2003 年后有明显的上升趋势（虽然这种上升趋势也伴随着较大的上下波动），体现在 2003 ~ 2010 年，IMF 农产品价格指数平均每年上升 8.1%，而在此之前的 10 年中平均升幅为 - 1.3%。 平均升幅的加快，反映了多重因素：一方面，发展中国家经济发展加快，收入水平提高，人们的饮食习惯和结构发生变化，从而消费更多的肉、蛋、奶等蛋白质食品，提高了对粮食的需求。 另一方面，城镇化、工业化使耕地面积减少，虽然农业生产率也在提高，但生产量跟不上需求的增长。 能源价格，尤其是油价的上升提高了农业的生产、运输成本等。 反过来，由于油价上升，一些发达国家，尤其是美国将部分玉米等作物用来生产醇以提供燃料。 在国内，过去 10 年，从 CPI 的组成部分来看，食品价格上升的速度也明显快过非食品价格，背后同样有上述结构性因素的影响。

值得一提的是，从农民的产出到最终居民消费的过程效率越高，农产品供求的变动对人们生活的影响就越小。 农民的产出到最终消费品需要经过仓储、加工、包装、运输、推销等多道环节，这对价格存在两方面的影响。 第一，这些中间环节能够调剂不同地区，甚至不同时间点的供需，对价格波动有抹平作用。 比如在印度，一方面食品价格上升快，另一方面有农产品因运输"瓶颈"而运不出来。 在我国，基础设施的改善对农产品跨地区运输有重大帮助。 第二，这些中间环节往往也能吸收部分价格波动，比如战略储备有利于减轻价格的大起大落。 中间的运输、加工、包装、推销费用可以部分吸收供求失衡对价格的影响。 很多发展中国家正因为欠缺这些中间环节，在受到供给或需求冲击时，食品价格的波动大。 随着市场经济的发展，尤其是运输、仓储条件的改善，我国在应对农产品供需冲击上的回旋余地在增加。

食品价格上涨对 CPI 的影响

食品价格占我国 CPI 权重 30%，其变动直接影响 CPI。 另外，食品价格也可能间接影响一些非食品价格。 例如，食品价格上升可能导致通胀预期加大，食品开支增加可能导致工人要求增加工资，形成更广泛的物价上升压力。

从直接影响看，发达国家与新兴市场国家有着显著差别。 同等的食品价格上升对新兴市场国家 CPI 的影响要比发达国家大。 食品占美国 CPI 的比重在 14%，而在很多亚洲新兴市场国家则接近 30%，甚至更高。正因为在较低收入国家中，食品支出占居民生活开支的比重大，食品价格上升不仅影响 CPI，往往构成社会不稳定因素。

从间接影响看，就复杂多了，取决于多重因素。 首先和食品价格上升的原因有关。 由于供给冲击（比如恶劣天气）造成的农产品价格上升

一般来讲是暂时性的，经过一个生产周期后，供给就会恢复，价格就会回落。 如果食品价格上升和整体经济增长加快、需求增加有关，对通胀预期的影响就大些，同等劳动力市场条件下，对工资的压力也大些。 实际上，在这种情况下，食品价格应该被看作一般价格水平的领先指标。 需求拉动对所有商品都有影响，但是由于农业的闲置产能比制造业小，受自然生产周期的限制，在价格反应上农产品更快、也更充分。

其次，由于城镇化的推进、农民工工资的提高等因素，一般都认为农产品价格未来会持续上升，而食品价格的持续性上涨可能对通胀预期和工资压力有影响，所以也有观点认为结构性因素导致食品价格持续上升，提高了通胀的中枢水平。 在讨论食品价格对 CPI 通胀的影响时，一般的分析往往强调农产品价格长期的增长趋势，而没有足够重视其波动性，所以往往高估了食品价格对 CPI 通胀持续性的影响。

农产品价格比其他商品，尤其是制造业产品的价格波动性要高很多。一方面，这主要是因为食品需求对价格有刚性（弹性系数低），也就是价格涨了，饭还是要吃的。 另一方面，食品的供给短期内对价格反应慢（如上述生产周期等自然限制）。 所以一个需求或供给方面的冲击往往造成食品价格很大的波动。 我们观察到的农产品价格应该是长期上升趋势和短期波动的结合。 在 2001～2010 年，我国 CPI 食品价格平均上升 5.3%，月度最高上升幅度是 23.3%，最低是 -3.3%。 所以，对食品价格而言，尤其不能仅仅依据近期的上升幅度向前类推。

再次，食品价格变动对通胀预期和工资压力的影响也取决于货币政策的信誉。 如果大众对货币政策控制通胀有信心，影响就会小些。 而这种信心和历史、货币政策的透明度、独立性、机制等因素都有关系。

货币政策的应对

货币政策对食品价格的应对基本分为两大类。 一类是以美联储为代表，关注所谓"核心"通胀率。 在计算核心通胀率时，除去了食品、能源价格。 核心通胀率的基本理念是食品、能源价格波动性大，价格变动往往是暂时的，所以货币政策对此不应做出反应。 另一类主要是新兴市场国家中央银行（也包括中国人民银行和欧洲中央银行），政策目标是控制以整体 CPI 衡量的通胀率。

在新兴市场国家，中央银行以总体 CPI 为调控目标反映了上述的一些独特因素，比如食品价格变动往往是顺经济周期的，食品价格是一般物价水平的领先指标。 当然，因为食品价格上升是多重因素作用的结果，有天气因素对某些农产品生产的影响，也有长期结构性因素，还有经济增长导致的总需求压力，货币政策在操作上呈现灵活性，针对不同的情形做出反应。

在一些新兴市场国家（包括中国），食品价格在短期内迅速上升时，除了货币政策的应对外，往往辅助以临时的价格管制（包括增加对生产者的补贴来限制价格的上升幅度）。 在一定程度上，这和美联储的核心通胀率的理念是一致的。 价格管制能否真正奏效，前提是食品价格上升在相当的程度是上暂时的。 如果是长期的结构性因素（比如耕地减少或农民工资上升），价格控制则起着相反的作用。 这是因为农产品价格上升有利于引导资源更多地投向农业部门，提高农业生产的效率，增加供给，而价格管制恰恰阻碍了供给面的改善。

另外，货币政策虽然对食品价格上升引起的 CPI 通胀有反应，但反应的速度和力度可能不如非食品价格上升的情况下那么快和强。 因为食品价格波动性大，较难准确判断其是暂时的、经济周期的现象，或是长期的结构性问题。 所以不仅要看 CPI 本身，还要依据其他价格和经济指标，包括货币、信贷、利率等判断现在和未来的总需求是否强劲。

食品价格对货币政策的挑战尤其体现在如何看待实际利率的问题上。从对宏观经济影响的角度看，实际利率是指名义利率和预期未来某一段时间的通胀率之差。 如果食品价格的上升是暂时的，由此导致的通胀上升则不会持续，所以"前瞻性"的实际利率就没有以当前 CPI 通胀率衡量得那么低。 但另外，食品价格上升往往反映多重因素，而消费者与投资者可能很难判断哪个因素更重要些，所以很多事后看来属于暂时性的价格上升，当时可能仍然提高了通胀预期。

最后，农产品价格的长期趋势性上升实际上代表着相对价格的调整。

这种相对价格的调整有利于引导资源更多地投向农业生产部门，引导供给调整，满足需求的增长。 货币政策的调控旨在控制物价总水平的上涨率，而不是限制相对价格的调整。 实际上，如果总需求不强劲或货币条件不宽松，某一类商品的价格上升会导致其他商品价格下跌或增长放缓（因为用于购买其他商品的可支配收入减少）。 在这种情况下，总体物价水平上涨率不变，但相对价格实现了调整。

六　过剩型经济难以逆转

从长周期的角度考虑物价上升压力，我们可以回到人口结构的主线，不仅看生产者的变化（劳动年龄人口减少），也看消费者的变化（年轻非劳动年龄人口减少）。 过去十多年，供给方（生产者）和需求方（消费者）的相对比例不断上升，社会总供给扩张快于消费需求，为控制通胀营造了一个宽松的宏观环境，通胀中枢水平和上世纪 90 年代相比显著下降。 展望未来，生产者/消费者比例即将见顶回落，农村剩余劳动力已经减少，从边际上看，供大于求的程度下降。 但在较长一段时间内，生产者仍然大幅超过消费者，我国经济仍属于过剩型经济。

当然，通胀水平最终还是与货币政策相关。 在一个逐渐老龄化的社会里，政策对通胀中枢水平快速上移的容忍度应该比较低，而在一个过剩型的经济里，抗通胀所需要的成本（为控制通胀所需要放弃的经济增速）也并非太高。 综合人口与政策的因素，未来我国的通胀中枢水平即使上移，也应该是缓慢的，不存在显著上升的基础。

人口结构限制通胀中枢水平

人口结构导致过剩型经济主要体现在两个方面。 按照我们的定义，一个经济体中生产者相对于消费者的比例很大程度上决定了这个经济体供给与需求的相对关系。 目前我国的生产者与消费者之比为 128% 左右。这一比例是在 1998 年前后超过 100% 的，而一般认为，我国经济正是在1990 年代中期由短缺转为过剩状态。 由于生产者超过消费者，供给相对于需求比较充足。 同时生产者超过消费者导致储蓄率上升，高储蓄支撑高投资，进而推动产能扩张。 由此带来的结果是通胀在过去 10 年显著下降（见图 6 - 7）。

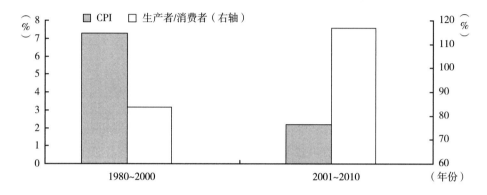

图 6 - 7　中国近十年生产者超过消费者，通胀率下移

资料来源：联合国数据库、CEIC、中金公司研究部。

国际经验显示，生产者多于消费者的经济体，平均通胀率较低。 比较亚洲主要经济体，我们发现在过去 30 年，生产者多于消费者的国家，通胀相对较低（见图 6 - 8）。 生产者少于消费者的国家平均通胀率为 7.2%，而生产者多于消费者的国家这一比率仅为 2.0%。

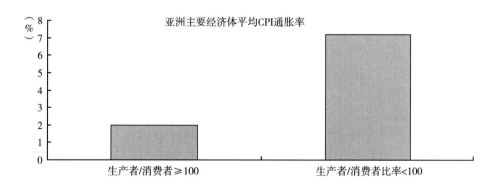

图 6 - 8　生产者多于消费者的经济体通胀较低（1980 ~ 2011 年）

注：亚洲国家和地区包括印度、印度尼西亚、日本、马来西亚、菲律宾、新加坡、泰国、台湾地区和韩国。

资料来源：联合国数据库、CEIC、中金公司研究部。

具体比较我国与其他新兴市场国家，2001～2010 年期间，我国平均通胀率约为 2.2%，而印度、巴西和越南的通胀中枢水平分别为 6.4%、6.7% 和 7.8%。造成这一差异的原因有多种，其中人口结构的差异是一个重要因素。2010 年印度的生产者与消费者比例约为 80%，表明每 100 个消费者仅对应着 80 个生产者，而 10 年前仅为 70%（见图 6-9）。巴西的生产者与消费者比例在 2010 年刚达到 100%，而 2000 年时仅为 80%（见图 6-10）。越南的生产者与消费者比例现在是 100% 左右，10 年前只有 75%。本质上讲，印度、巴西和越南是短缺型的经济，因此其通胀率较高。相对于印度和越南等新兴市场国家，我国人口中的生产者与消费者比例高，因此通胀的中长期平均水平较为温和。

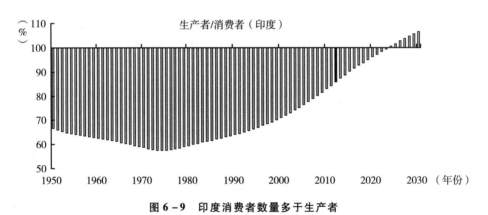

图 6-9 印度消费者数量多于生产者

资料来源：联合国数据库、中金公司研究部。

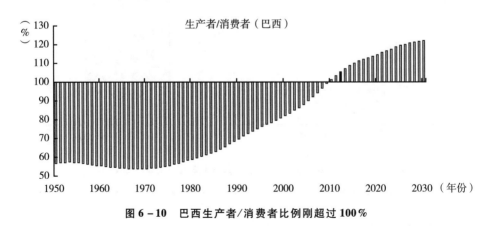

图 6-10 巴西生产者/消费者比例刚超过 100%

资料来源：联合国数据库、中金公司研究部。

相比新兴市场国家，我国过去十年的人口结构更接近于发达国家。过去 20 年美国和英国的生产者显著多于消费者，而日本和德国处于该阶段的时间则更长。如第二章所述，过去 20 年来这些发达国家通胀水平显著下降并非巧合。生产者与消费者之比有助于解释这些发达国家在 20 世纪 70 年代和 80 年代初的高通胀，虽然石油危机是供给面的一个重要冲击，但人口结构是更大的宏观背景。美国生产者与消费者之比在 1970 年代是 80%，与印度今天的水平差不多，反映了供给相对于消费不够充裕。到了 80 年代以后，发达国家的人口结构发生了很大的变化。美国的生产者人数超过消费者发生在 1985～1990 年，欧洲与美国几乎同时，比我国早 10 年。人口结构变化走在我们前面的国家的经验显示，在生产者/消费者比例见顶回落后，CPI 通胀中枢水平并没有明显上升。这里面可能有多重因素，包括人口红利阶段的产能扩张，资产泡沫破灭后对总需求的抑制，但一个重要原因是，生产者的人数仍然超过消费者（见图 6 - 11 和图 6 - 12）。

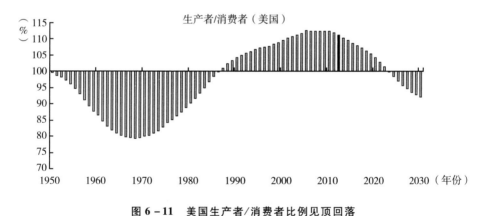

图 6 - 11　美国生产者/消费者比例见顶回落

资料来源：联合国数据库、中金公司研究部。

不应高估刘易斯拐点对通胀的影响

有些分析强调"刘易斯拐点"或劳动力转移放缓对通胀的影响。过去，农村富余劳动力多，农村边际劳动生产率相对城镇很低，造成低端劳动力工资低且增长慢。随着农村富余劳动力减少，近几年低端劳动力工

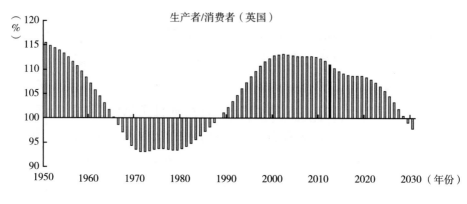

图 6 - 12　英国生产者/消费者比例见顶回落

资料来源：联合国数据库、中金公司研究部。

资上升加快，对企业成本压力增大。 这种观点认为"刘易斯拐点"造成的工资上升将推动我国通胀长时期处在较高水平，并列举日本 60 年代、韩国 70 年代的经历作为支持的例子。

对于这一点，我们认为，不宜照搬日本和韩国劳动力转移接近完成时通胀上升的经验。 首先，当时的经济环境与现在有差别，通胀的上升背后有多重因素，包括货币政策的操作①。 其次，就人口结构而言，日本和韩国的劳动力转移结束发生在人口红利释放之前，也就是处于生产者少于消费者的阶段，当时仍属于短缺型经济，通胀压力对需求和供给冲击的弹性系数较大。

人口结构等经济供给面的变化影响将主要体现为经济增长的趋势性下降，而不是通胀的趋势性上升。 不过在潜在增长率可能已经显著下滑的情况下，如果政策判断失误，试图以政策刺激来维持过去的高增长，就会造成较高的通胀率②。 但这只会是短期的现象，不大可能出现政策持续性

---

① 伍戈、李斌(2013)的分析显示，日本、韩国在所谓"刘易斯拐点"时期的通胀走势，主要还是反映了货币供给的变化，没有足够的证据显示日韩当时的通胀是劳动力转移完成后的结果。

② 姚余栋、谭海鸣（2011）区分潜在增长率与不导致通胀加快的经济增长率这两个不同的概念，认为由于中国二元经济和农村剩余劳动力的存在，在一定程度上吸收了经济增长超过潜在经济增长率对通胀的冲击，估计非加速通货膨胀经济增长率比潜在经济增长率高 1 个百分点左右。 未来潜在增长率的下降，相应的非加速通货膨胀经济增长率也将放缓，这一转变将使得货币政策面临更复杂的调整。

失误，导致通胀长期处在高水平的情况。 这样判断的一个假设是政策对通胀的容忍度不会明显上升。

七　政策的通胀容忍度难以上升

有观点认为，中国作为新兴市场国家，应该像印度、巴西、越南等国家一样，容忍较高的通胀率。 但印度、巴西和越南等国家属于短缺型经济，不得不容忍较高的平均通胀率。 还有一种观点认为，资源价格改革将导致相关成本上升，为了给资源价格改革提供一个比较宽松的宏观环境，政府应该容忍通胀暂时上升。 但放松管制带来的资源价格上升应该是一次性的或者短期的，不代表持续的通胀压力，更难想象由此将导致政策容忍长期通胀中枢水平的上移。

也有观点认为，农产品价格的上涨有利于增加农民收入，劳动力工资上涨有利于食力阶层，因此政府对通胀也应更为宽容。 但是高通胀有其自身的代价，对低收入群体的影响尤为严重。 通胀对债务人（主要是企业）有利而使储蓄者（主要是居民）受损。 在中国当前的利率管制下，高通胀的分配效应尤为显著。

我国政府在2011年和2012年的通胀目标均为4%，而2010年的目标为3%，有观点认为这意味着政府对通胀的容忍度发生了变化。 但2013年的政策目标定在3.5%，显然不支持容忍度上升的观点。 过往经验显示，决策层通常在上一年通胀超预期的情况下提高当年的通胀目标，而在上一年通胀低于预期的情况下降低当年的目标（见表6-1）。 这表明政府倾向于对通胀进行渐进式管理，而并非不计代价地平滑通胀率，后者的结果是加大经济增长的波动。

表6-1　经济增长、通胀和货币扩张目标和实际值

年度	GDP 增长率		GPI 增长率		M2 增长率	
	目标值	实际值	目标值	实际值	目标值	实际值
2003	7.0	10.0	1.0	1.2	16.0	19.8
2004	7.0	10.1	3.0	3.9	17.0	14.6
2005	8.0	11.3	4.0	1.8	15.0	17.6

续表

年度	GDP 增长率		GPI 增长率		M2 增长率	
	目标值	实际值	目标值	实际值	目标值	实际值
2006	8.0	12.7	3.0	1.5	16.0	16.9
2007	8.0	14.2	3.0	4.8	16.0	16.7
2008	8.0	9.6	4.8	5.9	16.0	17.8
2009	8.0	9.2	4.0	-0.7	17.0	27.7
2010	8.0	10.4	3.0	3.3	17.0	19.7
2011	8.0	9.2	4.0	5.4	16.0	13.6
2012	7.5	7.8	4.0	2.6	14.0	13.8
2013	7.5	8.1*	3.5	2.7*	13.0	14*

＊注：中金宏观组预测。
资料来源：国家统计局、历年《中国金融年鉴》《货币政策执行报告》、国务院政府工作报告、中金公司研究部。

　　一般来说，对通胀的容忍度与人口老龄化有关。一个老龄人口占比越来越大的社会，政策对通胀的容忍度难有显著的增加。老年人的收入相对稳定，同时其储蓄主要放在风险低的固定收益类工具上，通胀使老年人的利益受损。从日本和韩国人口老龄化后的进程来看，通胀往往随着增长放缓而下降。总之，通胀中枢水平上移弊大于利，政策容忍度会显著增加的可能性小。

　　政府对通胀的容忍度还与抗通胀的成本有关。当政府通过紧缩货币来控制通胀时，传导渠道是需求压力下降，而这往往需要把经济增长率在一段时期降到比潜在增长率还低的水平。经济学中经常用每降低一个百分点的 CPI 通胀率所减少的经济增速来衡量控制通胀的成本（Disinflation cost），称为"牺牲率"。一般来讲，在一个供给过剩的经济体中，控通胀的成本相对较低。

　　通过对过去十年三个大的通胀周期的分析，估算的牺牲率结果显示我国控通胀成本相对温和。2004～2006 年的通胀周期中，通胀从顶部到底部累计下降 4 个百分点，而期间产出缺口下降了 4.4 个百分点，相当于通胀每降低 1 个百分点，GDP 增速（相对潜在增长水平）减少 1.1 个百分点。2008～2009 年的通胀下行期，通胀累计下降 9.5 个百分点，而产出

缺口下降了 10.5 个百分点，相当于通胀每降低 1 个百分点，GDP 增速
（相对潜在增长）也减少了 1.1 个百分点，牺牲率与前一轮相似。 2010 ~
2011 年抗通胀的成本相对最小，通胀下降 4.4 个百分点而产出缺口累计
下降 1.8 个百分点，计算的牺牲率大概是 0.4 个百分点。 从这三轮通胀
周期的平均牺牲率来看，通胀下降 1 个百分点，相对潜在增速而言，GDP
增速平均减少 0.9 个百分点（见表 6 - 2）。

表 6 - 2　通胀率每降低 1 个百分点，经济增速回落 0.9 个百分点

通胀下行周期	季度长度	初始通胀率（当季同比，%）	趋势通胀变化（%）	产出缺口下降（%）	牺牲率	平均牺牲率
2004 年第 3 季度 ~ 2006 年第 3 季度	8	5.3	-4	4.4	1.1	0.9
2008 年第 1 季度 ~ 2009 年第 2 季度	6	8	-9.5	10.5	1.1	
2011 年第 3 季度 ~ 2012 年第 3 季度	5	6.3	-4.4	1.8	0.4	

资料来源：CEIC、中金公司研究部。

与其他国家相比，我国抗通胀的成本较小（见图 6 - 13）。 当然，其
他国家比较高的控通胀成本与样本涵盖的时间有关，有些是从 20 世纪 60
年代开始，涵盖了高通胀低增长的 70 年代。 当时的人口结构决定了其经
济是一个短缺型经济。 这种比较显示的结果与我们想阐述的观点最起码
是不矛盾的，也就是过剩型经济里控制通胀相对比较容易。

总结以上分析，基本结论是通胀主要反映总需求的周期波动，而总需
求压力的背后往往是货币信贷扩张的波动。 2010 ~ 2011 年的总需求强劲
反弹，一个重要的原因就是 2009 年的大规模信贷扩张，最近这一轮通胀
主要是货币增长太快的结果。

工资上升和食品价格上涨既有总需求压力的推动，也反映劳动力短缺
的影响。 有一种观点认为，随着劳动力成本、土地成本，以及与两者相
应的食品价格的持续上升，未来的通胀中枢水平也将上行（"劳动力成本

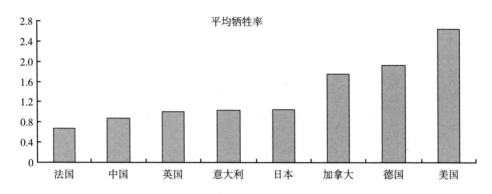

图 6 – 13　中国抗通胀成本较小

资料来源：Lawrence Zhang（2001）、CEIC、中金公司研究部。

故事"）。　与下行的潜在增长率相配合，我国将面临"滞胀"或者"类滞涨"的情形。　我们不认同这样的观点。　我国经济在较长一段时间内还属于过剩型经济，在生产者/消费者的比例开始下降后的相当长的时期内，生产者的人数仍然大幅超过消费者。　同时，过去的高投资累积了大量的产能。　那些以日本、韩国在完成了劳动力"城乡转移"后通胀中枢快速上移的类比，忽略了日韩当年的人口结构状况，与我国现在的情况有根本的不同。

具体到食品价格，其波动受总需求变动和劳动力成本上升的影响——前者是短周期现象，后者更多的是相对价格的变化（食品相对于非食品价格上升、消费品相对于投资品价格上升），没有货币条件与总需求压力的配合，相对价格调整不会造成总物价水平通胀率的持续上升。

未来通胀的走势最终还是要看货币政策的操作。　当经济增长超出其潜在水平，带来总需求压力时，就会推动总物价水平上行。　在一个逐步老龄化的社会里，政策制定者对通胀中枢水平上移的容忍度低；而在一个过剩型的经济里，抗通胀所付出的成本温和。　因此未来十年，我国人口结构的变动主要影响经济的增长，而不是通胀，经济不存在所谓"滞胀"的基础。

第七章

房地产泡沫

泡沫只有在破灭后才知道是泡沫

——艾伦·格林斯潘（2002）

过去 10 年我国城市的房地产价格大幅上升，尤其是住宅价格的高水平引起了很大的社会争议。 从宏观经济的层面看，房地产行业有超越其他行业的系统重要性。 一方面，房地产市场旺盛促进房地产建筑投资，拉动相关行业的需求。 另一方面，地价、地租的上升提高了其他行业的运营成本，其过快上涨影响经济总体供给能力的增长。 房地产和信用扩张往往联系在一起，是货币信用周期传导机制的重要部分，前面的章节讨论了经济增长的长周期与货币信用周期，在长周期的上行阶段，经济增长较快，货币条件宽松，房地产和信用扩张交织在一起，呈现明显的顺周期特征。

未来经济增长将呈现趋势性放缓的态势，储蓄率下降，货币信用条件趋紧，房地产的价格还能维持在高位，甚至像有些观点所说的，还有较大的上涨空间吗？ 高地价、高房价对经济的长期危害在什么地方？ 如果房地产价格有比较大的调整，对经济包括金融体系的影响又会如何？ 政策应该如何调控？ 对这些问题的看法是判断未来经济走势的重要方面。

一 泡沫的争议

在 2004 年的一个关于按揭市场和房地产的演讲中，美联储前主席格林斯潘说，虽然某些地区的房价有不平衡的问题，但美国幅员辽阔，地区差异大，不大可能出现全国性的房价严重扭曲。 到了 2007 年 9 月，格林

---

* 本章基于以下报告发展而成：彭文生、张智威：《房价下跌后宏观风险有多大？》，中金宏观专题报告，2011。

斯潘在接受媒体专访时承认，"我们经历了一个房地产泡沫"，那个时候，美国房价已经从 2006 年初的高峰时期显著下降，市场和政策当局开始担心房价下跌对美国经济的冲击，但大多数人还没有预期到 2008 年所呈现的大型金融机构倒闭、金融体系处于崩溃边缘的景象。

无论是学术界、金融市场，还是政策当局，对资产泡沫问题历来都有很大的争议，体现在三个方面。

首先，能否事先判断泡沫的存在？ "泡沫"（bubble）这个词本身意味着两点：第一，泡沫最终要破，不破就谈不上是泡沫；第二，泡沫吹起来是一个过程，经历的时间比较长，破裂却是一瞬间，很短的时间内大幅下跌。由此可以想象，在资产价格的泡沫破灭之前，要想说服那些不相信泡沫存在的人是很难的[①]。 换句话说，如果大多数人相信有泡沫存在，反而没有泡沫或者泡沫不会被吹大，因为人们会调整自己的投资行为。 只有在大部分人不相信泡沫存在的情况下，人们才会持续地过度乐观，投资者的羊群效应把资产价格最终推到一个不可持续的水平，然后是大幅下跌。

其次，泡沫的危害性有多大？ 有一些投资工具，比如艺术收藏品、文物等，涉及的面窄，主要是高收入群体，其价格的大起大落对整个经济影响有限。 股票市场的参与者相对来讲就广泛多了，其价格的波动对整个经济的影响也就大些。 但房地产价格波动对经济的影响，无论是深度还是广度都是最大的，因为住房有两重性，既是投资品又是消费品，涉及社会各个阶层的几乎所有人。 另外，与股票投资不同，房地产投资的杠杆率要高得多，一般情况下，购房时直接按揭贷款往往超过首付，更广层面来讲，房地产往往是工商贷款的抵押品。 正因为如此，对房价上涨/下跌的影响有很大的争议，不是一个单纯的投资回报的问题，涉及一般民众的生活水平、金融稳定等。

[①] 经济学文献一般把基于未来价格上涨预期的投资行为看作泡沫的迹象，但在资产买卖中，很多都是以价格预期为导向，很难判断哪些是过度的投机行为，泡沫几乎是资本市场的常态，轻微程度的泡沫对市场通常无害。 尽管如此，有一些分析工具，比如看资产的价格和其"内在价值"（股票的市盈率，住房的租金回报率）的差距，看驱动价格上涨的因素及其可持续性，还是有助于我们判断价格扭曲的程度的。

再次，政策能做什么？ 正因为泡沫难以事先达成共识，对经济的影响也有不同看法，所以对政策是否应该防止泡沫的产生，以及如何应对都有很大的争议。 全球金融危机之前，一个主流的观点是货币政策虽然应该关注资产价格，但主要是从其对增长和通胀（货币政策的两大目标）的影响的角度出发。 如果资产价格的上升没有导致经济过热和 CPI 通胀上升，货币政策能做的有限，货币政策不应该以控制资产价格的水平为目标，政策当局的主要任务是为泡沫破灭后维护金融体系的稳定做好准备①。

金融危机后，政策当局对过去的政策框架和思维都有检讨和重新的思考，很明显，控制泡沫破灭后的影响，收拾残局不是那么容易。 危机后主要发达国家中央银行的宽松货币政策刺激总需求的一个重要渠道还是资产价格。 一方面，大多数发达国家的房地产价格处在低位，所以疲弱的经济所需要的支持与资产价格上升不矛盾。 另一方面，一个共识是除了货币政策以外，结构性政策，包括宏观审慎管理应该在控制资产泡沫及相关的金融风险方面发挥重要作用。

二　房地产价格严重偏离基本面

如何看待我国当前房价的合理性和可持续性？ 我们从住房作为消费品和投资品两个角度，分析房价收入比（衡量人们的负担能力）、房价租金比（衡量住房作为投资的回报率）和住房空置率三个指标，基本结论是我国的房地产价格已经严重偏离基本面。

高房价收入比

住房作为一种消费品，其价格合理程度的一个重要指标是房价收入比，以此衡量一般民众的负担能力。 房价收入比指一个地区每套住宅平

---

① Bernanke, "Asset Price Bubbles and Monetary Policy", Remarks Made before the New York Chapter of the National Association for Business Economics, New York, October 15, 2002.

均价格和家庭平均年收入之比[①]。 依据可获得的数据，我们计算了我国城镇的房价收入比，并与国际水平进行对比。 结果显示，我国的房价收入比高于大部分国家和地区，中美两国之间的差距尤其大（见图7-1）。

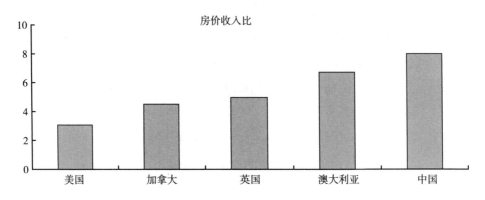

图7-1 中国大陆房价收入比(2012年)

资料来源：IMF, People's Republic of China Hong Kong Special Administrative Region 2012 Article IV Consultation Discussion, Jan 2013、CEIC、中金公司研究部。

同时我们用可获得房价和收入数据的96个城市，按照经济发展水平将这些城市分为一、二、三线[②]，可以看出城市房价收入比随经济发展程度呈梯级上行：一线城市最高，2011年超过16倍（超过香港32%左右），二线城市10倍左右，三线城市最低，约8倍左右。 过去几年，三组城市之间的梯度差异在逐年拉大（见图7-2）。 这意味着一线城市虽然经济相对发达，但是本地居民对住房的负担能力低于二、三线城市。图7-2还显示房价收入比的上升从一线城市向二、三线城市蔓延：一线城市房价收入比过去6年持续攀升，而二、三线城市前期较平稳，2005～2008年期间涨幅较小，但是在2009～2010年快速跟涨。

对房价收入比的高位，有两个争议，一是说有些灰色收入没有统计在可支配收入中，导致房价收入比被高估。 由于灰色收入没有统计，

---

① 我们利用城市的住房单价、人均年收入和人均住房面积来计算房价收入比，公式如下：房价收入比 = 住房总价/家庭可支配收入 = （住房单价 × 住房面积）/（人均可支配收入 × 家庭人口）= （住房单价/人均可支配收入）× 人均住房面积。

② 一线城市为北京、上海、广州和深圳；二线城市为其他直辖市、省会和经济特区；三线城市为除一线、二线城市外可获得数据的其他地级市。

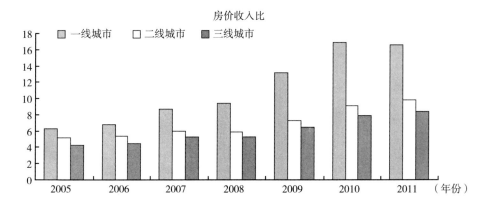

图 7-2 房价收入比逐年上升从一线向二、三线城市蔓延

资料来源：CEIC、中金公司研究部。

这个观点难以证伪。但起码有一点可以确认，不是所有人都有灰色收入，中低收入群体、工作时间不长的年青一代的住房负担能力很低。另一个争议是我国的储蓄率高，加上年青一代很多是独生子女，可以依靠父母的储蓄来支付较大比例的首付款，从而降低当期收入对购房能力的限制。根据中金公司地产小组的估算，全国平均的房产首付款已经上升至居民户均储蓄的约 1.5 倍，其中一、二线城市接近 2 倍，三线城市也在 1.5 倍左右（见图 7-3）①。如果说一、二线城市的购房首付，尚可依赖汇集国内外或省内外富有人群的储蓄来支撑，那么主要依靠本地需求的三线城市恐怕已经难以为继。换言之，目前的房价，尤其是三线及以下城市的房价，要回到与其收入匹配的水平上，只有两个可能：要么未来的居民收入增长显著快于其房价的增长；要么继续放大居民部门购房的金融杠杆。

增加按揭的比例，放大购房的金融杠杆，是用未来（按揭）的收入来支持住房消费。事实上，过去十年房价高速攀升，伴随的是我国居民部门的金融杠杆率上升。由于我国居民的储蓄率总体处于高位，居民部门的平均杠杆率还处在较低的水平。按揭贷款（居民部门对银行部门的

----

① 具体算法为户均首付除以储蓄存款，其中假设条件为：家庭人均购房 30 平方米，平均首付比例 40%，房价以相应城市均价计算。

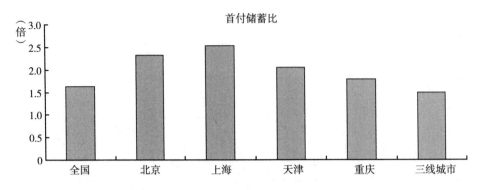

图 7-3　户均储蓄不足首付

资料来源：CEIC、中金公司研究部地产组估算。

负债）对居民存款（居民部门对银行部门的资产）的比重不足20%。 但整体的数据掩盖了储蓄分布不均的问题。 中低收入群体、年青一代的杠杆率要比平均水平高。 另外，居民部门杠杆率低部分是因为上一代人的储蓄对下一代年轻人（在城市往往是独生子女）的支持。 随着老龄化的进展， 进入退休阶段的老年人越来越多，对下一代的支持能力也将下降。

高房价租金比

房价收入比侧重于从消费的角度来看待房价是否偏离基本面，房价租金比则更多地从投资的角度分析房价的合理性[①]。 对于房产的投资者而言，投资收益可以来自租金收益或者资本利得（房价上升）。 近年来房价上升的幅度大幅超过房租，造成房价租金比不断上行。 我们采用房产中介公司所提供的9个城市代表性楼盘数据，计算了同一楼盘挂牌出售和出租的单价比，再按照各楼盘成交次数加权平均计算出其所在城市的房价租金比，以此得到9个主要城市2007年1月至2011年1月间的房价租金比数据（见图7-4）。 结果显示，主要城市的房价租金比在这期间快速上涨，达到30~50倍，相对应的租金收益率平均约为2%~3%。 从国际

———————

①　房价租金比等于房价除以租金得到的比值，其倒数为房产的租金收益率。

水平来看，我国城市的房价租金比显著高于世界上大多数国家和地区（见图 7 - 5）。

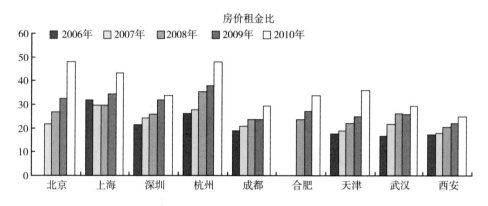

图 7 - 4　主要城市房价租金逐年上升

资料来源：CEIC、中金公司研究部。

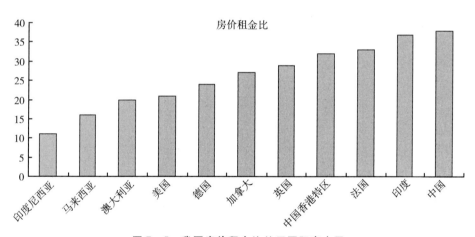

图 7 - 5　我国房价租金比处于国际高水平

注：该数据为 2012 年 2 季度。

资料来源：Global Property Guide（http://www.globalpropertyguide.com）、中金公司研究部。

　　租金收益率不能准确地衡量投资房地产的实际回报率，因为还有税收、资金成本、折旧等其他因素带来的住房持有成本。与较低的租金收益率相对照的，是我国居民较高的住房持有成本。住房的持有成本主要包括：买房资金的机会成本、税收、折旧和维护成本，以及不动产的流动性溢价。即便按照比较保守的估计（资金成本 5%、零税收、折旧 3%、流动性

溢价1%）①，我国居民持有房产的成本每年也高达9%左右。 随着房产税试点的扩大、房产销售所得税征管加强、政府对房地产市场的干预调控常态化，未来我国房地产持有成本还有可能进一步上升。

前面的计算显示，我国居民住房的租金收益率为2%~3%，而住房拥有成本约为9%，那为什么还有这么强的投资住房需求呢？ 原因是房价上升快，投资房产的收益主要来自价格上升，而不是租金。 按照我们的估算，房价每年的涨幅需要达到6%~7%，才能使房产投资的收益和成本持平，而这远低于过去几年房价的实际上涨速度（见表7-1）。 问题是这样的情况未来还能持续吗？ 正因为过去几年房价上升很快，可能透支了继续上涨的空间。 对于过去低位购房的人来讲，这不是问题，上述计算

表7-1 维持收支平衡的预期房价上涨和实际的房价上涨比较

单位：%

	2007年		2008年		2009年		2010年	
	预期增长	实际增长	预期增长	实际增长	预期增长	实际增长	预期增长	实际增长
北京	4.4	47.7	5.3	-6.0	5.9	33.6	6.9	24.8
上海	5.6	35.1	5.6	-3.5	6.1	44.2	6.7	14.1
深圳	4.9	50.0	5.1	-10.9	5.9	30.0	6.0	26.8
成都	4.2	39.4	4.8	-16.9	4.8	19.2	5.6	21.8
合肥		10.1	4.8	9.3	5.3	14.9	6.0	19.0
天津	3.7	43.6	4.5	-13.8	5.0	30.6	6.2	26.0
武汉	4.4	48.8	5.2	-3.1	5.1	17.4	5.6	15.4
西安	3.5	20.3	4.1	1.5	4.5	16.9	5.0	34.8
杭州	6.2	46.3	6.8	-7.0	6.4	61.7	6.9	1.5

资料来源：中金公司研究部

---

① 我们用长期存款利率来衡量购买住房的资金（机会）成本，目前我国5年期存款利率为4.75%。 目前投资房产的税收主要有契税、营业税、所得税和房产税。 契税在购房时一次性支付，占房价的1.5%，按拥有住房30年计，则每年税负相当于住房购置价格的0.05%；营业税在5年内转手征收住房销售额的5%，5年以上则免征；所得税按照住房买卖差价征收，税率为20%，但也存在征管不严、实际税率较低的现象；住宅房产税目前仅在上海和重庆试点，实行差别税率，上海0.4%~0.6%，重庆0.5%~1.2%。 全国范围来看，目前投资房产的税收基本为零。 折旧和维护费用大约3%。 我国住房的设计使用寿命一般为50年，但考虑到城镇有不少住房建于商品房改革以前，设计和品质相对落后，实际使用寿命不过30年左右，我们选取3%的折旧率。 相比证券市场，房地产市场交易费用高，成交手续复杂，存在着更大的流动性风险，因此需要考虑拥有房产的流动性风险溢价，一般采用1%的溢价水平。 上述合计，拥有住房的成本相当于每年支付购置时房价的约9%。

的住房保有成本是相对购房时的价格而言，如果房价上升，相对于新的房价保有成本就下降了。 但对于在现在的高位买房的投资者来讲，房产作为投资的实际收益率就大为缩小了。 整个住房投资的回报建立在未来房价快速上升的预期上，一旦这个预期改变，对住房需求将有重大影响。

高空置率

住房空置可分为售前的空置和售出以后的空置，一般所说的住房空置率主要指后者，即售出的住房每年有相当长时间无人居住。 住房空置，意味着购买住房不是为了满足购买者当前的居住需要，也不用来出租。不出租的情况有两种，一种是业主买房就没有以收取租金为目的，本身没有出租意愿；另一种是业主想出租，但是受到租房市场供过于求的限制，暂时不能顺利出租。 前者说明买房是为了等待房产升值后出售或在未来居住，由此而造成的空置反映房地产市场对未来价格上升的预期强；后者反映租房市场的供求关系。 无论哪种情况造成的空置，均是一种资源的浪费，当这种资源无效配置达到一定程度，市场力量便会予以纠正。 因此，空置率对于判断住房市场走向有一定的指标意义。

在住房投资回报主要依赖价格上升而不是租金的情况下，出租住房的动力不强，加上收入分配差距大，住房的拥有不平衡，导致住房空置率高。 由于缺乏统计数据，对住房空置率难以得出准确的量度。 表 7 – 2展示了我们根据甘犁等（2012）调查研究的结果，估算的城镇住房空置率。 结果显示我国城镇住房空置率大约 13%（假设出租率为 50%）。分区域看，东部最高，约 16%，中部和西部递减。 考虑到我国城市的住房自有率高达 89%[①]，上述估算大多指的是自有住房的空置率。 相比之下，美国 2010 年的自有住房空置率只有 2.6%，明显低于我国的水平；而日本东京的自有住房空置率也低于我们一线城市的水平[②]。 住房空置率

---

① 来自新浪网新闻《住建部：中国城市居民 89% 拥有住房》，2011 年 3 月 9 日。
② 日本东京的住房空置率为 10% 左右，考虑日本的住房自有率只有 60%，其住房空置主要是出租房的空置，因此自有住房的空置率也比我国一线城市低。

高有两层含义。 第一，一旦房价上升的预期逆转，需求可能大幅萎缩，导致严重的供大于求的局面。 第二，住房空置率高意味着社会资源的浪费，或者资源配置的低效率。 那些建成而被闲置的住房的资源本来可以投入其他行业，提高经济的供给能力。

表7-2 城镇住房空置率的估算

单位：%

	全国城镇	东部	中部	西部
拥有不同住房家庭比例（%）				
0 套	11.9	9.5	4.5	6.9
1 套	69.1	71.3	80.3	84.3
2 套	15.4	15.1	14.0	8.0
3 套及 3 套以上	3.6	4.1	1.2	0.8
第二套以上住房出租比例（%）	50	40	40	70
住房空置率（%）	12.7	15.5	9.8	3.2

注：第二套以上住房的出租比例是指拥有两套房子及以上的家庭除了自住外，将其他房子出租的比例。 根据该比例计算出来的出租房子满足没有房子家庭（0 套）的居住需求。
资料来源：CEIC、中金公司研究部。

三　泡沫的宏观驱动因素

判断房价未来的中长期走势是个复杂的问题，除了看房价收入比、房价租金比等基本面因素外，另一个视角是分析驱动房价上升的原因及其可持续性。 纵观全球，房地产泡沫形成大多发生在增长较快、通胀较低、货币信贷条件相对宽松、而对金融风险监管相对薄弱的时期与地区。 究其深层次的原因，仍然与人口结构有关。 出生率高的一代人到成家的时候，对住房的消费需求强。 同时，生产者超过消费者，储蓄投资的需求也大，而青壮年占多数的人口结构使得整个社会的风险偏好较高，刺激了对房地产的投资性需求。 与此同时，过剩型经济使得货币政策易松难紧，为房地产泡沫的出现提供了货币条件。 在这个时期，如果政策当局对房地产的金融风险控制不力，信贷与房地产市场相互促进，呈现很强的顺周期特征，就容易滋生房地产泡沫。

如第二章所显示，日本在 1970～1975 年生产者超过消费者，人口红利开始，其后 20 年内经历了房地产泡沫的形成和破灭。 美国在 1985～1990 年生产者超过消费者，其后差不多 20 年的时期内，经历了科技股和房地产两个泡沫的形成和破灭。 美国和日本的经历都说明人口结构的变动，尤其是生产者超过消费者之后，对房产的需求增加。 日本、美国，以及其他国家（如西班牙、爱尔兰）的房地产泡沫的形成阶段都与宽松的货币条件、和信用的大幅扩张联系在一起。 这有多方面的原因，包括事后看来政策的失误。 其中一个宏观经济背景是所谓的"大缓和"时代，通胀率低，货币政策保增长的空间增加，货币环境易松难紧，而通胀压力温和与人口红利带来的过剩型经济有关。

发达国家有一个例外，就是德国。 过去 30 年，德国人均收入增长高于房价的涨幅，房价涨了 60%，而人均收入增加了 3 倍。 德国在1980 年生产者/消费者比重就超过 100%，为什么同样的人口红利阶段没有出现房地产泡沫呢？ 有多方面的原因，德国与日本和美国的不同之处在于德国人倾向于租房而不是购房自住，德国人拥有自置居所的比例远低于美国和日本国民。 另外，1999 年欧元区成立以后，德国对其他成员的贸易顺差增加，高储蓄一部分通过私人部门对外投资分流到了这些国家。 统一的货币区导致边缘国家的风险溢价下降（事后看来是错误的），把德国的投资需求引导到边缘国家，降低了其国内资产泡沫的压力。

我国房地产价格过去十年快速上升，大幅超过收入增长率，也离不开上述的类似日本与美国当时经历的宏观大背景。 我国的生产者超过消费者发生在 1995～2000 年，在这之后的 15 年内，房价大幅上升（见图 7 -6）。 但是我国还有两个特殊因素值得一提：一个是房地产价格上升发生在人口红利与劳动力城乡转移相叠加的时期，增长尤其快，经济过剩的特征尤其明显，货币信贷条件尤其宽松；另一个是土地供给的垄断，进一步推升土地价格。

过去十几年，人口红利与劳动力城乡转移相叠加，我国的储蓄率上升

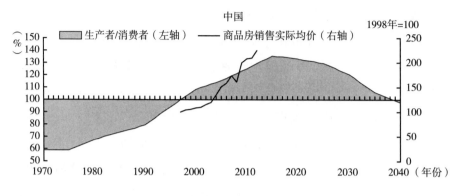

图 7 - 6　人口红利阶段房价快速上涨

资料来源：Haver Analytics、中金公司研究部。

很快，至少从三个方面刺激了房地产价格上升。 第一，60 ~ 70 年代高生育率时期出生的人群进入成家、生育的阶段，对住房刚性需求增长快，加上大量农村富余劳动力向城镇转移，城镇化的进程加大了对住房的消费需求。 第二，高储蓄率与资本账户管制相结合，由于私人部门对外投资的渠道受限，储蓄被困在国内，加剧了对国内资产的需求，这个时期房价的快速上升和股市的大幅扩容都受此支持。 第三，高储蓄率支持较高的投资与较快的产能扩张，不断增强的经济供给能力使得 CPI 通胀虽有周期性波动，但平均比较温和。 这使得货币政策相对于 CPI 通胀来说却可能比较合适，但对资产价格来说却可能过于宽松。

在这个过程中，信用的扩张起到了推动作用。 在 2008 年之前的时期，外汇占款不断上升，央行在被动投放货币的同时，大幅提升存准率、央票发行等回收流动性，导致商业银行资产负债表上无风险低回报的资产不断累积，为了平衡资产配置的风险收益，商业银行有较高的信贷冲动，来增加其风险资产，推动了地产信贷的增长。 2009 ~ 2010 年信贷大幅扩张，大幅增加了整个社会的流动性，刺激了对住房的投资性需求。 到了近几年，表内的信贷受到抑制，但房地产行业通过影子银行的融资仍在增加。

还有一个体制方面的原因，就是土地与财政体制的纠结，造成土地供给缺乏竞争，土地价格—地方财政—基建投资之间形成正向循环，推升了土地价格，而土地价格往往是房价的主要组成部分（见图7-7）。 我国目前的土地是垄断供给，城镇土地出让主要是地方政府通过招拍挂三种方式，其中拍卖占了绝大多数。 卖地收入支持了地方政府主导的基建投资和城镇建设，土地价格上升也增加了地方政府以地产做抵押的融资能力，放大了其支配资源的空间。 地方政府用卖地收入与土地融资改善基础设施，加速了城市化，促进了当地经济的繁荣，在一段时间掩盖了房地产价格快速上升的负面影响。 这个模式存在一个根本的问题：土地价格的形成并非完全是市场力量主导，由于地方政府是唯一的土地供应者，它在地价上涨期通过增加供应来平抑价格的动力不足。 这不是说地方政府不会在地价上涨期多卖地，而是说相对于有大量土地供应者互相竞争的市场而言，土地供应是不足的。

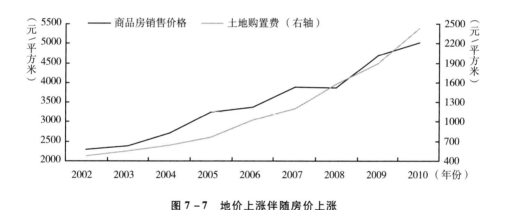

图7-7　地价上涨伴随房价上涨

资料来源：Wind、中金公司研究部。

除了基本面与政策因素，投资者的心理预期与羊群效应也有一定的影响。 大部分资产泡沫在价格上升的初期都有基本面的推动，比如收入快速增长、青壮年人口的增加等。 一旦价格上升持续一段时间，就开始对预期产生影响，价格上涨的预期自我强化，直到方向转变。

上述的这些推动因素，有些已经开始发生转变，比如人口结构、储蓄率等，但有些还在持续，比如土地的垄断供给、投资者的心理预期等。 我们认为人口老龄化带来的对住房消费需求的放缓，储蓄率下降对投资需求的抑制最终会使房地产价格的上升不可持续。当然，判断拐

点很难，这里面有复杂的政策因素、人们的心理预期等。 但抛开投资/消费需求的经济基本面，从更广意义的社会经济环境看，房价可以持续上升吗？

四　高房价的长期危害性

从房市的"三高"（高房价收入比、高房价租金比和高空置率）来看，我国城镇当前房价严重偏离基本面。 如果房地产价格继续上涨，对经济和社会结构的影响如何？ 上升的房地产市场带旺建筑等相关投资活动，刺激需求，这是一般理解的房地产对经济增长的拉动。 但高地价/房价降低资源配置效率、挤压实体经济的其他部门、拉大收入和财富的差距，从经济、社会的可持续发展来看是难以为继的。

高地价/房价中长期的负面影响体现在三个方面。

第一，房地产相对于其他商品和资产的价格扭曲，降低资源配置的效率。 在房地产投资回报率大幅高于其他行业的情况下，房地产对实业的挤出效应明显。 房价可以通过提高生活成本推高工资，加上租金的上升，挤压那些产出价格上升较慢的行业的投资回报率。 过去几年沿海地区制造业竞争力逐步下降，原因之一是地价的攀升。 虽然我国幅员辽阔，地区间差异大，工厂可以从沿海转向内地，但是由此产生的物流成本等还是会使得竞争力受到影响。 日本、韩国过去的经验都显示高房价会导致产业空洞化的问题。

过去一些国家因为发现自然资源而身陷"荷兰病"，整个经济失去竞争力，有两个方面的原因：一是资源被过度引导到有"竞争力"（比如石油）的行业，其他产业发展落后。 二是资源性产业是资本密集型行业，投入需要一定的规模，限制了竞争，同时，矿产资源往往是政府所有，其开发带有自然的垄断性；两者相加容易带来贪腐与寻租行为。 房地产开发也是资金密集型的行业，在我国，土地供给垄断，竞争受限制，其实有类似资源性产业的问题。 如果说发现石油还可以有一定持续性，大国依赖房地产发展经济最后恐怕都难以为继。

第二，房价造成整体社会财富的分化，尤其是城乡之间。我国的房地产市场与发达国家有一个显著的不同，那就是源自城乡二元结构的经济。我国还有近一半人口住在农村，城镇房价的上行，表面上对农村居民影响不大，但城乡之间的财富差距因此扩大了。即便是城镇内部，房价的增速超过收入的增速，城市居民中有房者和无（租）房者之间的贫富差距也在加大。财富代表永久性收入，其差距扩大的影响比收入分配不平衡更深远。一个社会的贫富差距不可能无限扩大，到了一定程度，便不是市场调节的问题了，而是变成一个社会可持续发展和政治问题，最终必然带来政策的调整与干预。

第三，高房价还影响代际财富差距。得益于过去 10 年房价上升的主要是处在人的生命周期中最有生产力和储蓄力的一代人，他们在人生鼎盛的时期，有机会在价格低位购买住房，而后来的年青一代，在他们要成家立业的时候，房价已经上升到高位。年轻人住房拥有率低于上一代人，房价上升对于年轻人来说是负的财富效应。所以高房价导致的一个结果是财富在上一代与下一代人之间的分配差距加大。这不仅影响社会的和谐，也不利于经济的可持续增长。资产代表的是对社会资源支配的能力，随着时间的推移，社会资源将越来越多地掌握在老一代人手里。老年人相对来说更为保守，资源集中在老年人手中将会妨碍社会的创新能力和生产效率的提高。

五　房价下跌对经济增长的影响

综合以上的讨论，从中长期看，我国的房地产价格无法回避调整的压力。未来几年，随着人口结构与政策的变化，驱动房价上升的宏观力量减弱。就房价调整的方式而言，大致有两种可能。一种是渐进式调整。这种模式下，通过政策调控，让房价增长落后于收入增长，逐步回归理性，这将意味着房地产市场较长一段时间的冷却降温。另一种是激进式调整。这种模式下，政府调控不到位，房价增长继续超过收入增长，私人部门的房屋金融杠杆率持续上升，最终要么市场供求力

量逆转，要么政策被迫大力度调整，导致以房价大幅急跌的方式实现回归基本面。

从政策的角度来看，渐进式调整显然是上策。但其他国家的经验显示大部分情形都是泡沫破灭式的调整，其中一个原因在于调控政策力度难以把握，大了容易马上触发泡沫的破灭，小了滋长房价进一步上升的预期。这使得政策制定者往往有一个倾向，把问题往后拖，尤其是当控制房地产价格与经济增长之间有冲突的时候，政策当局往往注重短期的增长而对长期的风险重视不够。美国房地产泡沫破灭之前就有所谓的格林斯潘期权（Greespan's put），意思是只要经济转弱了，货币政策就会放松，造成强大的政策托底预期。

我国的货币政策在逆周期操作上也有松紧度不好掌握的问题，政策平衡困难。在外需疲弱的情况下，需要加大货币调节的力度，刺激总需求，对实体经济而言"过紧"的政策，对房地产市场而言可能"合适"。也就是说一个政策工具难以服务多重政策目标，货币政策是总量政策，通过影响货币、信贷总量以及平均的资金成本来影响企业与居民部门的投资与消费行为，结构性政策操作的空间有限，所以一旦不同的政策目标（比如增长与通胀，或增长与房地产价格）有冲突的时候，政策就必须有取舍。一个含义就是，房地产调控不能只靠货币政策，要在逆周期的货币政策操作之外，加大对房地产的结构性调控措施，包括税收政策，以控制投资性住房需求。

政策在不同目标之间的取舍，与平衡房地产调控对经济的短期与中长期影响有关。有一种普遍的担心，房地产调控导致房价下跌，打压投资与消费需求，带来经济增长在短期内大幅下滑。正是因为这种担心，不少投资者不相信政策真的够"严厉"，造成房价只升不跌的预期。那么，房价下跌对经济增长的影响真的是不可控，从而被排除在政策选项之外吗？

房价下跌对投资的影响

那些持有房价下跌将深度打击房地产投资观点的人认为，而房地产投资占整个固定资产投资的四分之一左右，同时房地产对于上下游行业的连带影响大（上游行业如钢铁、水泥、工程机械等，下游行业如家电、家具、装修、汽车等），因此会造成短期内投资需求大幅萎缩，经济硬着陆。 这种观点的引申政策含义就是房地产调控政策不能严厉。从过去的情况看，房地产市场冷却期确实对相关投资有较大的负面影响，也影响上下游的投资信心。 问题在于这种影响是短期的还是持续的，是不是可控的？

为了回答这个问题，我们从以下几个方面分析房价下行对总体投资的影响。 第一，商品房的房价下行，对房地产行业投资的影响有多大？ 第二，城市化进程、保障房建设能起到多少缓冲作用？ 第三，房地产投资下行，会在多大程度上拖累相关行业的投资？ 第四，如果总投资萎缩比较明显，政府有没有相应的政策措施加以对冲？

我们认为房价下跌对经济增长有负面影响，但只要不发生金融危机，程度是可控的。 首先，我国城镇的经济发展水平不同，房地产泡沫程度也不同，房价回调的程度可能有差异，对房产投资的打击也因地而异，从而减小全国的共振程度。 一个例子是，2008 年的房地产调控使得一线城市的房价预期有明显回调，其房地产投资增速由正转负。 但是当时泡沫程度还比较小的二、三线城市的房地产投资并没有受到很大的影响，因此2008 年全国房地产投资尽管因为房价回调而下滑，但是依然保持了 26% 的增长。

其次是政府在控制房价上涨的同时，可以加快保障房建设，对商品房建设的放缓有一定的缓冲作用。 2010～2011 年就是明显的例子，"十二五"规划提出 5 年建设 3600 万套保障房，到 2015 年保障房覆盖率达到20%，我们估算 2010 年与 2011 年保障性住房分别完成投资大约 8200 亿和1.3 万亿元，分别拉动房地产投资增长率约 5 个百分点与 10 个百分点。

即便全国都出现房价较大幅度的回调，引起各地房地产投资的同时回落，而保障房建设也未能提供有效缓冲，我们也需要动态地看待房地产投资下滑对整体投资的影响。 从静态角度来看，每个单位产值的房屋建设下降，对金属冶炼加工业（包括钢铁业）、非金属矿物制品业、化学工业

等拖累都很明显（见图 7 - 8）。 然而这种静态分析并不全面，没有考虑到价格变化对与房地产是竞争关系的行业的影响。 举例来说，房地产需求下降导致钢铁价格下降，降低了需要钢铁投入的行业成本，比如一些装备制造业的成本，从而部分抵消房地产需求下降的影响①。

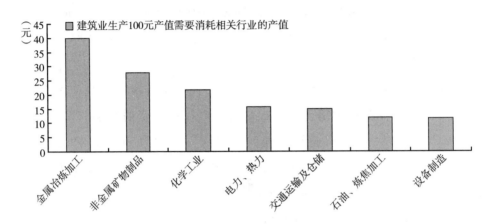

图 7 - 8　投入产出表显示房地产对相关行业影响较大

资料来源：2007 年中国投入产出表、中金公司研究部。

最后，在房地产（包括保障房）投资放缓的情况下，如果总需求疲弱，政府可以在短期内加大基建投资予以对冲。 比较明显的例子是 2012 年下半年房地产投资同比增速比 2011 全年下滑 11 个百分点至 17%，但基础设施投资增速却上升了 12 个百分点至 19%，对稳定 GDP 增长起了关键作用。

总之，房价下行抑制房地产投资，对总体固定资产投资在短期内有负面影响，但也有一些抵消因素，尤其基建投资的对冲作用。 过去的经验显示，房地产与基建投资有一定的相互替代性，其原因在于，在经济的总供给能力一定的情况下，房地产投资占用的资源多，就限制了其他行业投资增长的空间，体现为总体通胀率上升，而基建投资是我国宏观政策逆周

---

① 有一些数据分析显示，房地产投资与固定资产投资的相关性很高，从而得出房地产投资对整体投资影响大的结论。 这里面有一些统计上的扭曲因素，夸大了房地产对总体投资的影响。 固定资产投资概念下的房地产包括了土地等资产的交易，而 GDP 里的资本形成是增值的概念，不包括资产交易。 所以房地产投资对 GDP 统计的资本形成的影响，应该比其对固定资产投资的影响小。

期操作的重要载体。 在某种程度上讲，房地产投资的放缓为基建投资腾出了资源的空间，一般情况下总体投资增长下降的幅度应该是可控的。

房价下跌对消费的影响

房价变动对消费的影响也有派生与替代两个传导渠道。 建材、家具等产品的需求增长和房地产销售正相关，反映派生消费的影响（见图7－9），但从数据上看，社会消费品零售总额和商品房销售之间并不存在显著的关系（见图7－10），说明有些消费需求与房价变动是负相关、相互替代的。

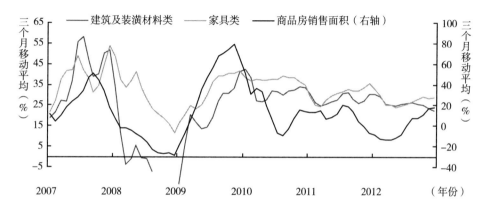

图 7－9　家具、建材等产品的销售和房地产销售正相关

资料来源：Wind、中金公司研究部。

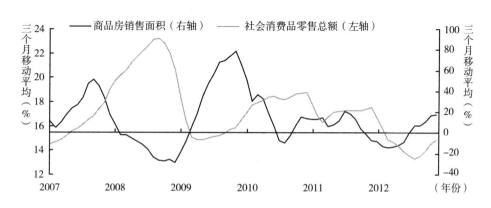

图 7－10　消费品零售总额和商品房销售之间关系不显著

资料来源：Wind、中金公司研究部。

从全国的角度来看，商品房销售面积的增长和社会消费品零售总额的实际增速之间的相关性是负的：2007～2008 年上一轮房地产调控时商品房销售下降，零售额增速不降反升，商品房销售大幅上升的 2009 年零售增长平稳，而 2010 上半年零售大幅上升但是商品房销售增速已经出现下降。

我们运用 35 个城市 2000～2010 年的面板数据，考察了房价水平和房价增长率对消费总水平、消费占 GDP 比重等指标的影响。 不同的模型回归结果显示房价对消费的影响或者显著为负，或者不显著，尤其是不同城市在不同时间点上的居民消费率（消费支出占居民可支配收入的比率）与同期房价上涨率负相关（见图 7－11）。 考察 2005～2010 年我国省份消费增长率，也得到类似的结论。 我们把全国省份按照房价增长率的中位数分为两组：高房价增长省份和低房价增长省份。 结果显示，低房价增长省份的消费增长反而略高于高房价增长省份（见图 7－12），这起码说明房价的快速上涨并没有促进总体消费增长。

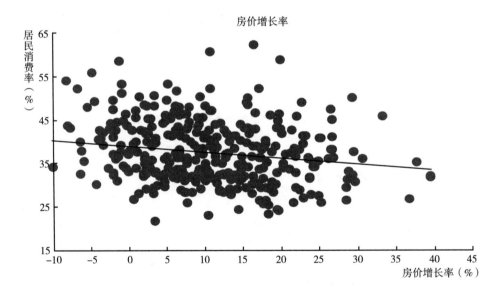

图 7－11　房价和居民消费率负相关

资料来源：Wind、中金公司研究部。

为什么房地产和一些具体产品的销售相关性高，但是对总体消费影响不明显？ 理论上，房价变动对消费的影响一般通过三个渠道：第一个渠

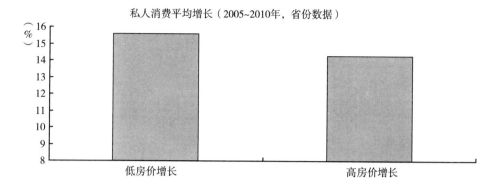

图7-12 地区比较：低房价增长对应较高的消费增长

注：该计算以每年房价增长率的中位数为界，高于或等于中位数的省份定义为高房价增长省份，低于中位数定义为低房价增长省份。

资料来源：Wind、中金公司研究部。

道是财富效应。 居民消费和居民的财富正相关。 对拥有住房的家庭而言，房产是一笔重要的财富，当房价下跌，这部分家庭财富价值下降，有可能导致其消费下降。 第二个渠道是收入效应。 当房价下降，对于计划买房的家庭来说（包括没有住房的和因改善需求而计划换房的），他们为买房而进行的储蓄（包括未来需要偿还的抵押贷款）下降，因此可用于消费的收入增加。 最后一个渠道是购买住房的派生性消费，当居民购买住房之后，会相应增加对装修器材和家电家具等产品的需求。

以上三种效应在现实中都存在，很明显，派生性消费是短期、暂时的，因为如果收入不增加，派生性消费会挤出其他可选的甚至日用品的消费支出。 而从我国的现实来看，收入效应大于财富效应。

首先，我国有超过一半的家庭居住在农村，城市房价下跌对他们的财富没有直接影响。 而对于仅拥有一套住房用于自住的城镇家庭来说，房价下降导致的财富损失较小。 对于财富效应较大的拥有两套以上房产的家庭来说，其数量大约占我国城镇居民的19%[①]，真正受影响的人群并不大。 更重要的是，由于这部分家庭收入一般较高，其边际消费倾向要低于中低收入家庭，他们因为财富效应而减少的消费相对有限。

---

① 其中拥有两套的城镇居民占比为15.4%，拥有3套及以上的为3.6%。 参见表7-2。

其次，房价变动带来的收入效应较大。 住房的刚性需求，包括年青一代与移民到城镇的新增住房需求以及城镇原有家庭改善居住环境的住房需求（我国城镇仍有近一半家庭居住在条件设施比较简陋的住房中）。对于这部分家庭来说，房价下跌产生的正面的收入效应较大。 有研究文献论证了房价上升挤压了总体消费，是导致我国居民储蓄率居高不下的原因之一①。 由此推论，房价下降，可以使居民为了购房而进行的储蓄下降，从而增加消费。 收入效应影响的这部分家庭不仅数量大，而且其收入相对较低，边际消费倾向高。

以上讨论的一个基本观点是房价下跌对投资有负面影响，但不是不可控的，同时对消费的影响有限，因而总体来讲，不能夸大房价下跌对经济增长的拖累。 但是，其他国家的经验显示，房地产价格下跌往往对实体经济冲击很大，我们中国难道特殊吗？ 我们的确有一些特殊的因素，比如城乡二元结构，使得房价变动对消费的财富效应总体上不显著，但是这不是问题的全部，那些房价下跌严重冲击实体经济的情况都伴随着金融危机，而金融危机必定严重影响正常的经济秩序。 所以，判断房价下跌对经济的冲击程度的关键是中国是否会因房价下跌而出现金融危机。

六 房价下跌会带来金融危机吗？

房地产在经济中的特殊地位，部分反映其与金融体系的紧密联系。一旦银行业由于房价下跌遭受重大损失，在一段时间内对经济的融资功能大幅下降，对总体经济将产生很大的冲击。 美国房地产泡沫破灭导致次贷危机爆发，对其本身和全球经济的冲击巨大。 其中最重要的传导渠道是金融体系遭受重大损失，风险偏好大幅下降，导致"突然停止式"（Sudden Stop）的信贷紧缩。 所以，在评估房地产调整的影响时，有一种担心是若房地产价格大幅回落，是否会导致银行坏账大幅攀升，进而使

① Marcos Chamon and Eswar Prasad，"Why are Saving Rates of Urban Households in China Rising"，NBER Working Paper 14546，2008.

信贷在短期内大幅下降。

房价大幅下跌会造成部分房地产企业破产，以地产为抵押品的贷款违约概率加大，银行坏账增加，这应该是大概率事件。 房地产公司的贷款相对风险较高，随着销售额下降，资金链变紧，那些杠杆率过高、对价格风险控制较弱、融资能力不强的公司可能会面临资金短缺、甚至破产问题。 相对而言，按揭贷款由于有首付作为缓冲，出现坏账比例小，一定程度上缓解了对银行的冲击。 我们认为在现阶段，房地产价格较大幅度回调，会影响银行资产质量，冲击资本充足率，但导致信心崩溃式的系统性银行危机的可能性不大。

首先，从银行对房地产行业的风险敞口来看，过去几年增长迅速，但和其他国家比较，尚处在较低水平。 2012 年前 3 季度银行业对房地产商的贷款和按揭贷款分别占整体银行贷款的 6.2% 和 12.9% （见表 7 - 3），与房地产相关的总体贷款比例接近 20%，大幅低于美国的水平（55%）。当然，对这个数字是有争议的，实际的风险敞口应该比这个高，因为其他贷款有不少也是以房地产做抵押的[①]。

表 7 - 3 房地产相关贷款占整体银行贷款比例较低

单位：%

年 份	房贷按揭		房地产开发	
	总量占比	新增占比	总量占比	新增占比
2006	10.1	13.0	6.3	15.6
2007	11.5	20.1	6.9	10.7
2008	11.0	7.1	6.4	2.6
2009	12.0	15.1	6.3	6.2
2010	13.0	17.9	6.5	7.4
2011	13.2	14.2	6.4	4.8
2012 年前三季度	12.9	10.3	6.2	4.7

资料来源：Wind、中金公司研究部。

---

① 如周其仁（2011）认为土地抵押贷款形成的"供地融资"是货币创造的中国特色所在；魏加宁（2010）认为地方融资平台常常依赖地方财政的担保，这种担保建立在土地价格上涨的预期上，如果土地价格下跌，必然使融资平台还款变得困难。

其次，银行体系面临的风险和地方政府的土地财政相关。 如果地价出现大幅下跌，是否会使得地方政府财政捉襟见肘，进而导致地方融资平台的问题恶化，银行坏账大幅上升？ 这个风险值得关注，但是在当前情况下，政府债务占 GDP 比重较低，政府所面临的并不是整体存量上资不抵债，而是如何防止地方政府融资平台在现金流上不出现大的流动性问题。

再次，也是最重要的，中国银行业的最大股东是政府，即使银行出现大量坏账，政府也不会坐视银行停止贷款。 在其他国家，房地产泡沫破裂之所以导致大规模经济危机，一个重要原因是银行遭受很大损失，被迫突然停止减少贷款，经济受到重大冲击，经济衰退反过来又影响银行体系，形成一个恶性循环。 在我国，目前银行有政府信用的担保，即使有较大的损失，出现大规模银行挤兑的可能性不大。 而对银行来讲，最大的风险是信心的问题。

当然，这不是说我国永远不可能发生金融危机。 实际上，我们回旋的余地在缩小，现在不忍受房地产调整的短期痛苦，累积的问题就会越来越大，系统性风险不断累积，到最后不可控制的时候，就有可能爆发金融危机。 目前的稳定性（政府信用、政府对银行体系的控制）是以效率损失为代价的，随着利率市场化的推进，资本账户开放，在促进效率提高的同时，金融体系受市场机制约束的程度将越来越高。 在这个过程中，如果房地产风险继续积累，最终的结果可能非常严重，房价泡沫破灭如果和金融体系的融资功能丧失联系在一起，将对实体经济带来持续的、深度的冲击。

美国的例子有参考意义。 美国在相当长的时间里，房价上涨与经济增长基本同步，直到 21 世纪初的几年，这种同步关系被打破（见图 7 - 13）。 在 21 世纪的前几年里，美国的房价收入比、房价租金比显著上升，出现明显的房价泡沫迹象。 同时，伴随着各种金融创新，这种泡沫风险快速传播到社会的各个阶层和领域，诱发了 2007～2008 年以次贷危机为肇始的金融危机[①]。 金融危机期间，房价大幅缩水，房贷家庭的按

---

① 与中国不同，美国发达的金融衍生品市场使家庭可以将地产增值部分套现出来销售，推动财富效应，增加家庭消费和负债（林毅夫，2012）。

揭/房价比骤然上升，很多家庭沦为负资产。 资产负债表受损，造成家庭减少消费、银行减少信贷、全社会风险偏好显著下降。 相应地，企业部门收缩投资、减少雇员，又反过来推高了失业率、强化了对家庭与银行部门的去杠杆压力。 不仅是美国，日本与欧洲边缘国家房价泡沫破裂时，对银行、居民和企业部门产生冲击的过程和机制也都大同小异。

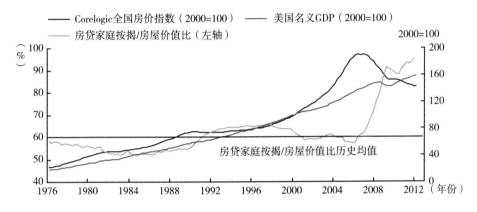

图 7 – 13　美国房价涨幅超过基本面支持，导致泡沫破裂

资料来源：CEIC、中金公司研究部。

从表面看，我国居民部门的杠杆率不高，受房价下跌的冲击应该没有美国大，但我国企业部门对房地产的风险敞口较大，其中部分也间接反映了居民的行为，比如信贷扩张带来的企业融资条件与赢利改善，增加了相关居民的住房购买能力。 总体来讲，我国信贷总量对 GDP 的比例处在高位，显示总体经济的杠杆率比较高，是未来系统性风险的来源。

第八章

人民币的
再平衡之路

　　如果试图根据国际贸易收支是顺差还是赤字来判断一个国家是富有或是贫困，那他就没有掌握政治经济学的第一基本原理。

——恩斯特·恩格尔（1899）

　　过去十几年，中国经济的一个重要特征是国际收支大额顺差，人民币面临较大升值压力，外汇储备大幅增加，总体来讲，是强势的国际收支状况。 国际收支持续地大额顺差被认为是中国经济不平衡的一个重要方面，带来有关汇率、资本账户管制、国内经济结构等一系列问题的争议。近几年，贸易顺差和资本账户顺差都显著减少，这是全球金融危机的影响还是国内经济基本因素已经发生变化的结果？ 2005 年汇改以来的人民币汇率升值趋势还会持续吗？

　　理解汇率和贸易差额的关系是分析国际收支和汇率走势的关键。 是汇率水平决定贸易差额的大小，还是贸易差额决定汇率水平，抑或两者都是其他更深层次的基本因素变动的结果？过去十年的主流观点是人民币汇率被低估，主要证据就是中国的贸易（经常）项目顺差大。 背后的逻辑是：汇率水平决定贸易差额的大小，而大额的贸易顺差代表经济的失衡，所以人民币汇率比均衡水平低，要解决失衡需要人民币汇率升值。 本章将解释这样的观点在什么地方存在着偏差，在此基础上我们可以更客观地理解过去的经历，以及更准确地把握未来的演变。

一　不平衡的体现

　　截至 2011 年，我国国际收支连续 13 年出现经常项目和资本（及金

---

*　本章基于以下报告发展而成：彭文生、林暾、赵扬：《人民币的再平衡之路》，中金宏观专题报告，2011；彭文生、林暾、赵扬：《对外资产配置与人民币汇率——长期怎样再平衡》，中金宏观专题报告，2012；彭文生：《审视资本账户开放》，《财经》（增）2012 年 1 期。

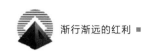

融）项目双顺差的局面，经常项目顺差对 GDP 的比例在 2007 年达到 10%
的顶点，其中货物和服务贸易顺差为 9%。 历史上的大型经济体中很少
有国家出现过这么大的贸易顺差。 资本项目的顺差主要来自外商在华的
直接投资，政策层面尤其是地方政府对外商的投资提供了包括税收在内的
多方面的优惠条件。 同时，资本账户管制限制了中国企业和居民部门对
外投资的渠道，使得非政府部门的跨境资本流动不平衡，流入持续大于
流出。

经常项目和资本项目双顺差意味着外汇市场供求严重失衡，外汇的供
给大于需求，形成了人民币升值的市场压力。 持续的大规模贸易顺差也
带来贸易伙伴要求人民币汇率升值的政治压力。 为了防止人民币过快升
值，央行在市场上购买外汇，卖出人民币，导致外汇储备大幅上升，从
2000 年的不到 1700 亿美元增加到 2012 年的 3.3 万亿美元。 在这个过程
中，人民币汇率制度经历重大调整，2005 年 7 月与美元脱钩，随后，相对
于美元来讲，灵活性逐渐增加。 从 2005 年到 2012 年底，人民币对美元
累计已升值 32%。

全球金融危机后，我国的国际收支情况出现了一些变化，出口增长放
缓，进口在国内政策刺激内部需求的拉动下快速扩张，贸易顺差减少，对
GDP 的比例大幅下降，2012 年为 2.8%，比 2007 年的高位低了 6 个百分
点。 资本项目在 2012 年也出现了亚洲金融危机以来的第一次逆差，一方
面，过去几年政策的调整支持了国内企业对外投资，另一方面，虽然外商
在华直接投资持续，但贸易融资与通过银行交易的短期资本流动出现了流
出大于流入的情况。 随着国际收支情况的逆转，人民币升值压力显著下
降，在一些时间点甚至出现贬值的压力。

过去几年的国际收支和人民币汇率升值/贬值压力的变化是短周期的
现象，还是结构性的、代表方向性的转变？ 从表面看，出口放缓与欧美
发达国家低迷的经济有关，而进口增长较快反映了我国政府为应对全球
金融危机采取的刺激内需的政策。 按照这种解释，一旦欧美经济复苏，
我国的出口将重现快速增长的情形，为维持总体经济增长所需要的刺激
内需的政策力度可以降低，届时贸易顺差将会回升，人民币重回升值的

轨道。 未来的发展会是过去历史的简单重复吗？ 人民币升值的空间还有多大？

二　汇率的三个形式

谈到人民币汇率，人们首先会想到人民币对美元的汇率，但还有很多其他贸易伙伴的汇率，比如欧元、日元等，为什么对美元的汇率最受关注呢？ 这应该和美元的国际储备货币地位有关，美元有点类似金本位下的黄金，其他货币都以它作为计量的单位。 美元作为储备货币的影响主要在两个方面。 一是美联储的货币政策是决定全球流动性的最主要因素，当美联储放松货币政策时，其他货币要么对美元升值，要么资本流入增加（影响国内货币条件），要么通过资本账户管制既不让货币对美元升值，又限制资金流入的量。 不管是哪一种反应，根本的体现还是本币对美元的升值压力。二是美元在国际贸易和金融交易中经常被用来作为记账单位和交易手段，尤其是大宗商品交易和国际金融市场的融资、投资活动很多是以美元为基准的。 所以，从汇率的金融属性，或者将汇率作为一种资产价格来看，对大多数国家来讲，对美元的双边汇率是最重要的。

但就贸易而言，只看对美元的双边汇率是不够的。 假设中国对日本的出口是以美元计价的，如果人民币对美元升值，对于已经签订出口合同的商家而言，出口的收入换成的人民币少了，相关的出口竞争力下降了，似乎和日元没有关系。 但长时间来看，新签订的出口合同价格是可以变化的，这时候，人民币对日元汇率的变化就重要了。 假设美元对人民币的贬值和对日元的贬值幅度是一样的，人民币对日元汇率则没有变化，对日本出口的美元价格可以按照美元对日元（人民币）贬值的相同幅度提高，相关的日元计价和人民币计价都不变（对中国的出口商家和日本的消费者都没有影响）。 由这个例子我们可以看到，美元只是一个计价单位，除了一些短期的影响外，中日之间的贸易竞争力的变化还是要看人民币和日元汇率的变动。

所以，衡量一个国家国际贸易的竞争力，要看其货币对主要贸易伙伴

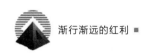

的平均汇率水平，一般以双边贸易在总的对外贸易中的重要性为权重，计算一个加权平均的汇率，这就是所谓的名义有效汇率。图 8 – 1 显示，人民币名义有效汇率 2005 年以来大幅升值，累计达到 26% ，在其他条件不变的情况下，这意味着以外币计价的中国的出口平均价格大幅上升，以人民币计价的从国外进口的商品价格显著下降，从成本竞争的角度看，显然有利于进口，不利于出口。 2005 年以来，人民币对美元升值 32% ，说明人民币有效汇率的变动主要反映其对美元升值的幅度。 但二者并不总是一致的，一个突出的例子是全球金融危机后近两年的时间内（2008 年 7 月到 2010 年 6 月），人民币对美元汇率基本稳定，但有效汇率经历了先升后贬的大幅波动，主要反映了美元对其他主要货币的变化。

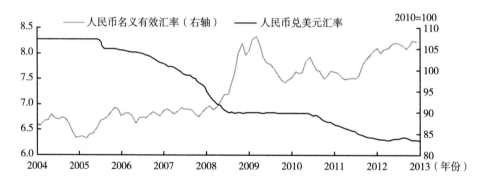

图 8 – 1 人民币名义有效汇率变动主要反映对美元的升值

资料来源：Haver Analytics、中金公司研究部。

从成本的角度看，中国的出口竞争力不仅和名义汇率的变动有关，还受国内价格变化的影响。 即使名义汇率不变，如果工资和其他投入的价格上升，也会增加出口商品的成本，降低利润率。 同理，从国外进口商品的价格也取决于对方成本的变动。 所以，汇率的第三种形式是所谓的实际有效汇率，是在名义有效汇率的基础上，把中国和主要贸易伙伴的国内价格变动考虑进去，一般是国内 CPI 和贸易伙伴 CPI 的相对变化。 图 8 – 2 显示人民币的实际有效汇率从 2005 年的低点以来大幅升值，但上升的幅度和名义有效汇率差不多，反映这个时期中国的 CPI 通胀率接近主要贸易伙伴 CPI 通胀率的加权平均水平。

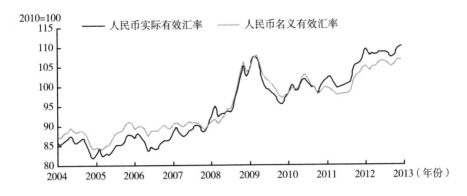

图 8 - 2　人民币名义有效汇率驱动实际有效汇率变动

资料来源：Haver Analytics、中金公司研究部。

上述的汇率的三种形式，哪个更重要呢？ 这取决于我们要分析的问题。 一般来讲，看资本流动、金融市场的变化，对美元的双边汇率更重要些。 尤其在短期内，国际资本流动受美国的货币政策和美元汇率的变动影响大。 但如果看贸易和国际收支经常项目的变化，则有效汇率更重要些。 短期内，由于价格有黏性，调整不是那么及时，名义有效汇率的变动对贸易的影响较大，但如果假以时日，随着价格的调整，最终起作用的还是实际有效汇率。

假设国内生产要素已经实现充分利用，经济增长处在潜在水平，美元对其他货币贬值导致人民币的名义有效汇率贬值，短期内国内价格不变，由此带来出口增加，总需求增长加快，但一旦总需求超过经济的潜在供给能力，经济出现过热，国内价格就会上升，使得实际有效汇率升值，最终出口增长回落。 这个例子暗含着一层意思，那就是贸易和国际收支的平衡实际上是和国内的经济增长以及相关的结构性因素相关联的，不能孤立地从贸易差额或者国际收支差额的大小来看汇率的均衡水平。

三　准确理解汇率和贸易差额的关系

汇率与贸易收支、总体国际收支的关系可以从短期、中期、长期三个

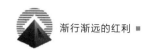

角度看。 冒着过度简化的风险，我们总结如下：短期内，外汇的供给与需求（其中贸易差额是重要因素）决定汇率水平；中期来看，汇率水平反过来影响贸易差额；长期看，汇率与贸易差额共同由经济的基本面因素决定。

汇率是本币对外币（美元）的价格，很显然，汇率的水平由外汇的供给与需求决定。 贸易差额的变动是外汇供需的重要部分，从而是汇率的决定因素之一，但资本和金融项目下的资金流动波动大。 在资本账户开放的经济体，资本流动往往是短期汇率变动的主要影响因素，跨境的资金套利使得汇率变动与国内外利率之差紧密相连。 当本国利率相对美元利率增加时，套利活动导致本国货币对美元升值，直到达到一个足够强的水平，使得未来的贬值预期与利差一致。 以日元/美元汇率为例，远期汇率的升水与利差之和总是贴近零，反映了资本自由流动和相关的套利活动，人民币的情况则很不一样（见图8-3）。

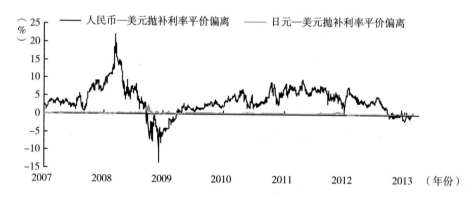

图8-3 日元兑美元抛补利率平价偏离贴近零，而人民币对美元抛补利率平价显著偏离零

资料来源：Bloomberg、中金公司研究部。

在我国，因为资本账户管制，跨境资本流动受到限制，这体现在人民币兑美元远期汇率升水与利差之和显著偏离零（见图8-3）。 贸易差额是外汇供求的一个主要决定因素。 这就是为什么，过去贸易顺差很大的时候，人民币汇率升值的压力也较大。 近几年，贸易顺差减少，不仅直接改变外汇供求，也通过影响预期带来资本流动的变化，使得人民币汇率升值的压力降低，甚至在一些时段出现贬值的压力。 由此，有一种流行的观点认为，随着我国贸易顺差的减少，甚至出现贸易逆差，人民币长期将呈现贬值的趋势。 这种观点是把外汇供求决定中的短期关系过度延伸了。

从中期看，汇率变动反过来影响贸易差额。 举个例子，假设石油价格因为地缘政治而波动上升，进口需要的外汇增加，贸易顺差减少，外汇出现求大于供的情况，汇率贬值。 但汇率变动反过来也可以影响贸易，乃至影响整个国际收支，虽然传导过程需要一定的时间。 在石油价格上升的例子中，汇率贬值增加了出口的竞争力，降低了进口商品在国内市场的竞争力，进出口商调整价格，一段时间以后，贸易顺差将回升。 最后的结果是贸易顺差没有变化，但汇率贬值了。 所以从中期看，汇率的变动影响贸易差额，贸易差额和汇率的关系是双向影响的。

以上的例子显示，同一水平的贸易差额可以对应不同的汇率水平，超越短期来看，不存在贸易顺差减少、汇率贬值，贸易顺差增加、汇率升值的简单的线性关系，关键还要看背后的驱动因素。 长期来看，贸易差额和汇率都受更深层次的经济的基本面因素驱动，可以说是同一个现象的不同侧面而已。 也就是说，如果存在一个长期的均衡汇率水平的话，它应该对应经济的基本面的结构性因素，这些因素决定了一个经济在某一个时间的均衡的贸易差额和相应的汇率水平。

那么，如何理解贸易差额、汇率，及其背后的驱动因素的关系呢？ 在国际收支平衡表上，一国的贸易顺差不过是该国对外净投资的反映。 一国积累对外净资产（资产超过负债）的唯一方式是贸易顺差。 假设私人部门对外投资增加，对外汇的需求增加，可以想象两个情形：一种情形是没有对应的资金流入抵消，外汇求大于供，汇率贬值，一段时间后，贸易顺差增加，从一个国家的整体来讲，只有贸易顺差增加了，才能有更多的外汇购买外部资产；另一种情形是正好有资金流入（意味我们的对外负债增加），和我国私人部门的资金流出（意味对外资产增加）相互抵消，外汇的供求平衡不变，汇率不变，贸易差额不变，对外净资产也不变。

从长期的角度看，一国贸易差额的水平反映了其累积对外资产的需

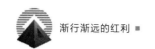

要。 全球来看，贸易是平衡的，一些国家的顺差意味着另一些国家的逆差，说明在一个时间点，有些国家在累积对外资产，有些国家在累积对外负债。 某一个时间点的贸易差额的均衡值对应一个国家的理想的对外净资产（负债）的值。 标准的宏观经济理论模型说明，一个国家的对外净资产（负债）的理想水平或者均衡值取决于其人口结构、生产效率、发展阶段和资源禀赋等因素，净资产（负债）的累积通过贸易顺差（逆差）来实现，汇率只是传导机制的一部分①。

当一国处于积累对外资产的时期，国内储蓄超过投资，对外投资的需求大，反映为对外汇的需求上升，因此外币相对本币走强，呈现本币汇率弱、贸易顺差的态势。 而当一国积累的对外净资产达到理想水平之后，对外汇的需求减弱，本币汇率转强，贸易顺差自然会收窄。 这就是为什么国际经验显示，长期较高的贸易顺差往往和弱势汇率联系在一起，贸易赤字则往往和较强的汇率联系在一起。 弱势汇率并不代表汇率被低估，只是经济的基本面要求在这个阶段有贸易顺差，累积对外资产，较低的汇率水平是经济的均衡要求，代表汇率的均衡水平比较低。 同理，较强的汇率也不一定代表汇率被高估。

如何理解汇率的长期均衡水平和市场供求所决定的水平之间的关系呢？ 从理论上讲，在有效市场的假设下，市场汇率不应该偏离经济基本面决定的均衡水平太远、太久。 但现实中，外汇的供求尤其是资本流动受预期的影响很大，而预期不一定是理性的，可能导致汇率出现先大升后大贬（或者反之）的状况，并且国内价格的调整需要时间，名义汇率的大幅波动可以通过贸易渠道对实体经济产生很大的冲击。 对于小型经济体，或者外汇市场的深度和广度有限的经济体，过度乐观/过度悲观的市场行为尤其有害，这就是为什么很多新兴市场国家通过市场干预来控制汇率的波动幅度，在全球金融市场动荡的情况下，甚至通过资本账户管制措施来限制资本的单向流动量。

---

① Lane and Milesi-Ferretti, "External Wealth, the Trade Balance and the Real Exchange Rate", *European Economic Review*, 46, 2002: 1049 −1071.

四　人民币汇率均衡水平之辩

上述的分析框架有助于我们理解人民币的低估/高估之辨。　过去10年，主流的观点认为人民币的汇率被低估了，理由是中国存在长期的贸易顺差。　这种观点意含的是一国如果出现了较持久的贸易顺差，必然是落伍的或者居心叵测的政策制定者通过价格扭曲以及名义汇率低估来保持竞争优势。　按照这种观点，2005年汇改以来人民币的持续升值是对之前低估汇率的修正，而随着近几年我国贸易顺差对GDP的比例明显降低，人民币汇率已经接近均衡水平，未来如果出现逆差，则意味着人民币可能被高估，人民币将踏上贬值的道路。

上述观点首先是高估了名义汇率对贸易的影响。　如上所述，中长期来看，影响贸易差额的是实际有效汇率，而不是名义有效汇率，更不是对美元的双边汇率。　事实上，一国是难以通过操纵名义汇率来实现持续的贸易顺差的，尤其是像中国这样长达十几年的贸易顺差。　如果央行通过操纵汇率导致本国企业"过多"出口而"过少"进口，则势必导致国内市场的供不应求，从而带来国内物价水平的上涨；而随着国内物价的上涨，企业会发现向国内市场提供商品更为有利可图，因此将减少出口增加进口，导致贸易顺差减少。　虽然过去十年中国的贸易顺差很大，但是国内CPI年均只有2.5%左右，与美国和欧洲等中国主要贸易伙伴相比并不算高。　这说明中国的贸易顺差并非由于汇率被低估，而是另有原因。

那么，是什么决定了中国的贸易顺差以及人民币的汇率走势呢？　过去十年中国持续的贸易顺差不过是对外投资的内在要求的体现。　我国积累大量的对外净资产的背后推动力，与国内投资高速增长积累内部资产的驱动力是相同的，都是人口结构变化和其他政策扭曲因素引起的储蓄率上升所致。

正如我们在本书中反复提及的一个重要事实，中国的生产者（年龄在25~64岁的人口）在20世纪90年代后半期超过了消费者（25岁以下和

64 岁以上的人口），两者的比例逐渐上升到目前的 130% 左右。 同时，加入 WTO 后对外贸易大幅扩张，过去没有就业或没有充分就业的农村富余劳动力大量转移到城镇，导致劳动生产率上升。 两者共同作用的结果是国内生产大于消费，储蓄率大幅提高。

一国的储蓄只有两种方式：形成国内投资或者对外投资，而后者就是贸易顺差。 因此，人口结构变动（传统的人口红利和农村富余劳动力向城镇转移）带来的高储蓄率，必然体现为高投资率和贸易顺差的扩张，这是中国人口结构变化和制度变迁所释放出来的巨大生产力的要求，是我国婴儿潮一代在壮年时期累积资产、为老龄退休做安排的一部分。 因此，我国巨额的贸易顺差，不过是高储蓄背景下投资多元化的一种体现，即把储蓄在国内投资和对外投资中进行一定比例的分配。 考虑到人口红利结束后国内经济增长将放缓，加上分散风险的需要，把一部分资产放在境外是合理、均衡的现象。

在此过程中，并不是由于名义汇率决定了贸易顺差，而是由储蓄、国内投资决定了对外净投资（贸易差额）的均衡值和相应的实际有效汇率的均衡水平。 换句话说，由于人口结构和制度因素导致的中国储蓄率大幅上升，推升了对外净投资，从而导致均衡的实际汇率贬值，这与储蓄率大幅上升导致国内通胀率显著下降是一个道理。 生产者超过消费者，以及生产效率的提升，导致经济的供给能力超过内部需求，对外体现为实际汇率下降，贸易顺差扩大；对内体现为通胀相对于经济增长较低。

当然，正如我们在第四章讨论的，过去 10 年我国储蓄率大幅上升，背后的推动因素除了人口结构变动、生产效率提高以外，还有政策和体制的扭曲带来的收入分配差距的扩大。 后者不应该被看作均衡或者合理的现象，但这种失衡不是汇率导致的。 纠正这种失衡要靠内部的结构改革和政策调整，而不是汇率的变化。 相反，汇率升值可能加大收入分配的差距，汇率升值对持有资产（高收入群体）的人更有利，其资产相对于进口商品来讲升值了。

与此同时，尽管对中国来讲，高储蓄率推动的持续、大量的贸易顺差可能是合理的，符合经济结构的变化，但从美国或者其他贸易伙伴的角度看，短期内受到的冲击可能很大，尤其考虑到中国庞大的经济规模和劳动力数量。 中国过去 15 年增加的劳动力数量和日本、美国、欧元区在人口红利时期增加的劳动力总量相当。 由此可以想象中国加入全球贸易，为大量新增加的劳动力提供就业机会，一方面提高了全球经济的供给能力，提高了平均生活水平，另一方面对发达国家的低端劳动岗位也会产生冲击，有一些抱怨是可以理解的。 但这种情况不能简单地归结为中国操纵汇率，只能说中国作为一个大国，其经济结构的变化对其他国家的冲击较大。

近几年，我国贸易顺差显著减少，这同样符合人口结构的变化尤其是农村富余劳动力减少的基本面。 我国的储蓄年龄人口（生产者）与纯消费年龄人口的比例已经接近拐点，2005 年以来，尤其是近几年，农村富余劳动力大幅减少，劳动力成本快速上升，潜在增长率下降。 与人口结构的变动相对应，储蓄率上升态势在过去几年放缓，并在 2011 年首次出现了下降。 与之相应，贸易顺差对 GDP 的比例在 2007 年达到顶点后持续下滑，对外净资产的累积速度显著放缓。 累积对外资产的需求下降，必然在降低贸易顺差对 GDP 比例的同时，导致人民币的均衡实际汇率上升。按照我们的观点，近几年人民币实际有效汇率显著升值，即反映了人民币对美元名义汇率的升值，是和均衡汇率升值的要求一致的，并非对过去人民币汇率低估的一种纠正。

向前看，随着人口结构的变动（劳动年龄人口占总人口的比重逐渐下降），同时收入分配改革有利于消费的增长，我国对外净投资的需求将下降，与之相适应的是贸易顺差的进一步减少，以及实际有效汇率的升值。当然，人口结构的变化是渐进的，拐点出现以后，虽然生产者/消费者的比例开始下降，但该比例水平将长期处在 100% 以上，也就是生产者人数仍超过消费者，经济结构特征仍然是过剩型，并不支持长期的贸易逆差和相对应的汇率大幅升值。 实际上，还有一个特殊的结构性因素可能造成人民币未来面临贬值压力，这就是外汇资产在政府和非政府部门之间分布的失衡。

五　外汇资产的再平衡之路

把私人部门和政府放在一起看，我国已经积累了相当规模的对外净资产，图 8-4 显示，我国整个国家的对外净资产约为 2 万亿美元（相当于 33% 的 GDP），政府部门的外汇储备为 3.3 万亿美元，非政府部门对外净负债为 1.5 万亿美元（相当于 GDP 的近 26%）。　私人部门的对外净负债主要是改革开放以来外国对我国的直接投资累积而成的。

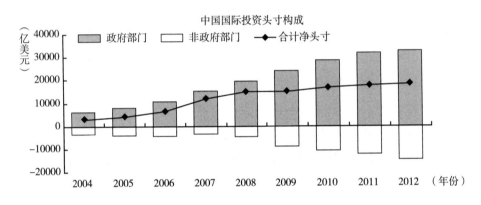

图 8-4　中国非政府部门对外净负债近 1.5 万亿美元

资料来源：Haver Analytics、中金公司研究部。

中国对外资产在公共部门和私人部门之间的配置失衡，在国际上是一个较为特殊的现象。　大多数国家私人部门的对外净资产或者净负债状况基本代表了整个国家的状况。　如日本、德国两个持有大量对外净资产的国家，它们的净资产头寸分别是 3.2 万亿美元和 1.4 万亿美元，主要反映在两国的私人部门持有大量的外币净资产，分别是 2.7 万亿美元和 1.7 万亿美元（见图 8-5）。　虽然中国也是一个对外净资产国，它的独特性在于私人部门和整个国家的对外资产负债情况是反向的，而且差别很大：政府部门持有大量的外汇储备，而私人部门对外负债则大幅超过对外资产。大多数拥有大量外汇储备的新兴市场国家，如巴西、印度、印度尼西亚、韩国等，私人部门普遍对外净负债，规模在 3000 亿~8000 亿美元，而这

些国家总体上也是对外净负债。 美国对外净负债 2.5 万亿美元，体现为
美国政府和私人部门对外都有负债，反映美元作为国际货币的背景下全球
持有的大量对美债权。

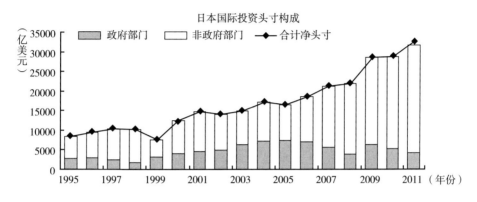

图 8-5 日本非政府部门对外净资产近 3 万亿美元

资料来源：Haver Analytics、中金公司研究部。

为什么我国的对外资产集中在政府手里，而非政府部门是对外净负
债？ 这和资本账户管制、人民币汇率升值预期有关。 在资本账户管制
下，2007 年之前执行的强制结售汇制度在早期限制了私人部门持有外汇
资产。 2007 年之后，虽然央行放开了强制结售汇，开始藏汇于民，但是
由于人民币汇率的升值预期强，私人部门不愿意持有外汇，主动选择卖出外
汇，买入人民币，持有人民币资产。 为了控制人民币升值的幅度，央行在
市场上大量购汇，结果是，大量的贸易顺差带来的外汇转移到央行手里，体
现为外汇储备的增加，并没有形成私人部门的对外资产。

同时，国内宽松的货币环境导致包括房地产在内的风险资产价格上
升，加剧了私人部门持有人民币资产的意愿，也吸引了国际资本涌入中
国，构成我国私人部门的对外负债。 值得注意的是，对外资产在公共部
门和私人部门之间的配置失衡有自我强化的作用。 外汇从私人部门向公
共部门转移，集中体现为外汇储备的上升，对应的是央行人民币投放的增
加，带来银行体系的信贷冲动。 低风险的货币资产的快速增长促使私人
部门资产重新配置，增加了居民和企业对风险资产的需求，推升风险资产

价格，进一步强化境外资本流入以及私人部门持有人民币资产的动机。

整个国家的对外净资产理论上可以带来相对稳定的投资收益，形成经常账户项下的收益顺差。 从长期均衡的角度看，有了经常性的投资收益的顺差，即使有贸易逆差，也能保持当前对外净资产的总体规模，从而支持较强的汇率。 所以一般来讲，过去累积的对外净资产是对未来国际收支和汇率的一个支撑。 但是由于我国对外资产主要由政府持有，在两个方面可能带来人民币贬值的压力。 一是外汇储备的配置集中在货币和国债投资，收益较低；而外国对中国的投资则以直接投资为主，收益较高，因此过去很多年中国对外投资收益账户呈现连续逆差，只有 2007~2008 年是例外（见图 8-6）。 更为重要的是，如果剔除政府持有的外汇储备收益，私人部门（企业和家庭部门）经常项目下的投资收益逆差很大。 过去，外国投资者获得的投资收益多被用来在华再投资，但一旦预期发生变化，投资收益被汇出，将影响市场的外汇供求，这是人民币贬值压力的一个来源。

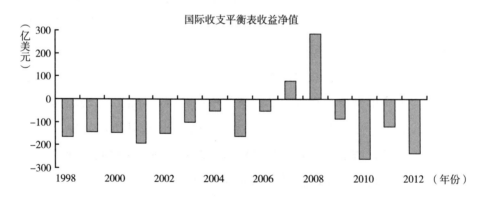

图 8-6　多数年份我国对外投资收益呈现逆差

资料来源：Haver Analytics、中金公司研究部。

二是从人口结构来看，我国私人部门累积的资产应该有一部分是对外资产，以平衡未来的收益和分散风险①，但现状是私人部门对外净负债。

---

① 夏斌（2011）从另一个角度分析，认为我国政府持有大量的净资产头寸加剧国家持有巨额外汇的风险，必须转向"藏汇于民""由民用汇"。

一旦私人部门的预期发生变化，增加对外资产的需求，意味着对外汇的需求增加，将带来对外资产在政府和私人部门之间配置的再平衡压力。 这一点在金融危机期间表现得非常明显。 由于我国私人部门对外负债大于对外资产，国际金融市场动荡、风险偏好降低时，往往导致资本流出，因此危机期间人民币有贬值压力。

日本则相反，其私人部门对外资产大于对外负债，国际金融市场出现大幅波动时，虽然有资本流出日本避险，但更多的是日本居民在海外的资产回流避险，资本有净流入，因此危机期间日元通常有升值压力。 图 8 - 7 显示，在 1997 ~ 1998 年亚洲金融危机、2007 ~ 2008 年全球金融危机期间以及过去两年的欧债危机期间，全球避险情绪上涨，日元都出现了先小幅贬值、然后大幅升值的情况。 而我国则恰恰相反，在全球金融危机期间以及欧债危机期间，都出现了资本外流、人民币有贬值压力的情况。

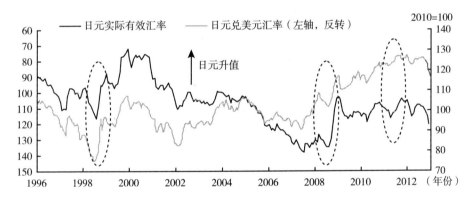

图 8 - 7　日元在危机期间通常表现为升值

资料来源：Haver Analytics、中金公司研究部。

未来如何实现私人部门对外资产的配置要求？ 理论上，有两种方式可以实现这种再平衡。 其一，通过人民币实际有效汇率贬值来维持贸易顺差，满足私人部门对外投资的需求，这意味着整个国家将继续积累对外净资产；其二，央行将外汇资产卖给私人部门，整个国家的对外净资产不变。 在可预见的将来，第二种方式的可能性更大些。 第一种方式与中国

人口结构等基本面变化决定的汇率走势相违背。 第二种方式则是在政府和居民部门之间进行外汇资产的再分配，是在国内部门之间实现既有外汇资产存量的结构优化，不需要继续增加中国已经十分庞大的对外净资产存量，可以维持实际汇率的基本稳定，更符合经济基本面的要求，因此是更合适的调整方式。

大量的外汇储备为央行干预外汇市场、防止人民币贬值提供了基础。央行有能力像其在积累外汇储备时那样保持汇率的稳定。 从这个意义上说，外汇储备类似中国人民银行行长周小川所说的资金的池子①。 资本流入时，央行购汇，外储池水上涨，但汇率保持稳定；当资本流出时，央行售汇，外储池水回落，一样可以维持汇率稳定。 但央行在外汇市场上的行为和私人部门有本质不同。 央行的外汇买卖受到汇率政策以及货币政策的制约。 如果央行需要长期在市场较大规模地和私人部门反方向操作，将影响市场发展和货币政策的执行效率，这在过去 10 年人民币面临升值压力的经历中已有充分体现。

值得一提的是，上述两种实现政府和居民部门外汇资产再平衡的方式虽然对汇率的含义不一样，但都要求放松对资本账户的管制，也就是放松乃至消除政策对私人部门对外投资的限制。 而资本账户开放问题涉及经济的多个方面，相对比较复杂，同时也是人民币国际化等一系列重大改革进程的重要环节，对此问题存在较大争议。 下一节对这一问题做进一步探讨。

六 资本账户开放和汇率灵活性

对资本账户开放的利和弊有很多讨论，也有较大的争议。 一个考虑的角度是对经济增长的影响。 理论上讲，在有效市场的假设下，资本的自由流动有利于资源的优化配置和经济效益的提高。 微观行为有时候存在负外部性，也就是说一些在个体来看是理性的行为，加在一起可能有系统性的负面影响。 比如大量的资本流入可能在一段时间内造成汇率高

---

① 参考和讯网 2010 年 12 月 16 日报道《周小川：池子是指外汇储备 中国货币并未超发》。

估，投资者过度风险偏好，资产价格泡沫，但内外部条件变化后，资本流入变为流出，泡沫破灭甚至出现金融危机，对经济增长有较大的负面冲击。 过去拉丁美洲和亚洲金融危机，以及近期的欧洲债务危机国家都在危机前有较大的资本流入。 微观效率的提高是否能实现还要看资本账户的开放或管制对宏观稳定的影响。

所以，另一个角度是在宏观经济稳定的大框架内看待资本账户开放的得与失。 按照著名的"三元悖论"，政策当局必须在资本自由流动、固定汇率制和独立的货币政策三者之间放弃一项。 大多数国家需要独立的货币政策应对内外部环境的变化，真正的选择是在汇率和资本账户管理的制度之间：为了控制跨境资本流动对经济的冲击，汇率浮动（价格的调整）可以减轻资金流入或流出的量；如果汇率不能变动，就需要对流动的量进行直接管制。

资本账户管制难以为继

现实中没有绝对的资本自由流动和固定汇率制，政策可以在不同程度的资本账户管制和汇率灵活性之间取得一定的平衡，但还是需要有侧重点。 过去十几年，我国在放松资本账户管制和增加汇率灵活性方面取得了显著的进展，但总体来讲，目前资本账户管制程度仍然较高，汇率灵活性不够。 未来政策放松的力度和节奏取决于内外多重因素，其中两个根本因素使得资本账户在未来几年进一步开放的趋势不可避免，关键是早规划、早准备，以求有序的开放，而不是在压力下被迫放松管制，后者对宏观经济和金融稳定的冲击可能更大些。

首先，现有机制的可持续性在降低。重要的一点是，即使资本账户管制是有效的，其限制的是双向的资本流动的量和流动的形式，不能限制资本的净流出或净流入的量。 当一个国家有经常项目顺差时，意味着其对外资产增加、资本流出，反之，经常项目逆差代表资本流入、对外负债增加。 资本账户管制只能限制这种净流出或净流入的方式是通过私人部门投资还是政府部门外汇储备的升降来实现。 在资本账户管制尤其是早期强制结售汇的情况下，我国贸易顺差导致的资本流出通过政府部门对外投

资完成，体现为外汇储备的增加。

那么，通过政府部门的跨境资本流动是不是比私人部门的资本流动更有利于维持宏观经济和金融稳定呢？ 如果导致资本流出或流入的因素是短期的、周期性的，资本账户管制和由此导致的外汇储备的升降就可以起到减震器的作用。 但如果因为经济的基本面因素导致持续的净流出（经常项目顺差）或净流入（经常项目逆差），限制私人部门资本流动就会带来较大的扭曲，长期来看，反而可能加大宏观经济和金融环境大幅波动的风险。

在 20 世纪 90 年代，我国经常项目顺差小，甚至存在逆差，资本项目有流出压力，外汇储备规模小，对资本流出的控制有助于宏观稳定。 但进入 20 世纪以来，经常项目持续大幅顺差，外汇储备快速上升，对资本流出的控制的必要性下降。 如果比较早地放松对资本流出的管制，尤其是鼓励企业对外直接投资，贸易顺差就不会全部转化为外汇储备，后期的汇率升值预期和资本流入压力就不会那么大，相应的对国内货币扩张和风险资产估值的冲击也会小些。

其次，另一个要求资本账户进一步开放的压力来自全球化环境下中国经济的崛起。 中国已经是全球第二大经济体，和其他经济体建立了全方位、紧密的贸易联系，但金融的联系相当有限，主要体现为外商在华直接投资和我国政府部门通过外汇储备的对外投资。 预计未来 10 年内我国将成为世界第一大经济体，如果资本管制维持目前的状况，这种贸易和金融关系的不平衡将愈加突出。

在我国成为越来越多的国家的第一、第二大贸易伙伴的时候，对方持有人民币资产或负债以满足其跨期平滑消费的需求也会很大。 这种需求是合理的，也是我国作为一个大国必须面对的问题。 过去外商在华直接投资多，追求的是中国经济高速增长带来的高回报。 未来，中国经济增长放缓，但经济和市场规模已经很大，其他国家对人民币固定收益投资工具的需求将增加，其中包括外国政府外汇储备投资的需求。

利率市场化和汇率灵活性

在讨论资本账户开放的时候，汇率灵活性、利率市场化往往被看作前提条件，其现状被认为是放松资本账户管制的障碍。 确实，从长远来看，有了这些条件，将有助于趋资本账户开放之利而避其害。 但资本账户开放是一个过程，与经济其他方面的改革和发展相辅相成，是我国经济和金融市场发展和走向成熟的一部分。 利率市场化已经取得较大的进展，体现为资本市场的快速发展使得直接融资的比重近几年增加较快，银行贷款利率也已经有了较大的浮动空间，主要的限制是存款利率。 目前的状况是否是进一步推动资本账户开放的重要障碍？从理论和其他经济体的经验看，答案应该是否定的。

就利率市场化和资本账户管制的关系来讲，有两个层面。 一是效率层面，利率市场化有利于提高储蓄转化为投资的效率，本身是经济结构改革、增长方式转变的重要部分。 从一定意义上讲，正因为利率还没有完全市场化，加大了收入分配的差距，导致国内储蓄率过高。 放松资本账户管制应该是促进利率市场化、提高资源配置效率的一部分。

另一个是宏观稳定的层面，回到前面提到的"三元悖论"，假设在开放的资本账户的条件下，利率没有完全市场化将对货币政策独立和汇率灵活性的要求产生什么影响？ 首先，受管制的利率并不意味着其不能变动，也不意味着其变动对经济活动没有影响。 利率调整包括存款利率的调整，在我国货币政策的执行中一直发挥着作用。

当然利率的作用还不够大，受到多方面因素的限制，但就与资本流动的关系而言，主要是汇率不够灵活。 国内外利差如果没有汇率的变动来抵消就会形成套利的机会，加剧资金流入或流出的波动，影响货币政策执行的效率。 没有汇率灵活性，即使在市场化利率条件下，如果因国内政策的需要把利率水平调整到与美元利率有较大的差距，仍然会导致套利空间。

其他经济体的经验也显示了利率市场化不一定发生在资本账户开放之前。 日本从20世纪70年代开始推动更为灵活的利率制度，到1994年实现完全市场化，花了近20年时间，在此期间伴随着资本账户的逐步开放。 日本放松利率管制的过程也是非常谨慎的，最后才涉及存款利率，并且遵循先大额存款后小额存款，先定期存款，后活期存款的路径。 印

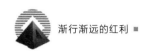

度的利率市场化花了十几年，存款利率刚刚放开，而它的资本账户早就开放了，且后者普遍被认为是促进前几年经济增长的因素之一。 我国香港特区长期以来以资本的自由流动而闻名，但直到1994年才开启存款利率的市场化，先后分两个阶段放开存款利率的上限，整个过程到2000年才完成。 有意思的是取消存款利率上限最先是由香港的消费者委员会在1994年的一份专门报告里提出来的，其出发点是保护存款者利益，然后香港金管局和政府跟进，提出了放松管制的具体步骤。

就汇率灵活性而言，也有两个层面，一个层面是机制上的，最突出的是目前的人民币对美元汇率的交易区间的限制。 扩大人民币汇率的交易区间是增加汇率灵活性的一个重要路径。 另一个层面是市场参与者的多样化。 目前人民币交易市场的参与者相对有限，主要与贸易结算有关，流动性较小，汇率市场的广度和深度远远不够。 资本账户的逐步开放将增加与投资相关的外汇交易，拓展人民币外汇市场的供需，增强人民币汇率形成的有效性，减少央行干预外汇市场的力度和频率——一个在央行大力干预的市场里形成的汇率，往往灵活性有限而且低效。

总之，在经济基本面因素发生趋势性变化的大背景下，加上中国对外贸易、对外金融联系日益紧密，客观上要求进一步放开对资本账户的管制。 一个具体表现是，对外资产在私人部门和政府部门之间的配置严重失衡，在未来一定时期将带来再平衡压力，而实现这种再平衡的基本条件就是资本账户放松管制。 在这个过程中，增加汇率灵活性是关键的配套措施，而资本账户开放、利率市场化、汇率灵活性相互促进，相辅相成。

七 再平衡的影响

外汇资产从政府部门向私人部门转移将给我国的货币金融格局、货币政策实施以及其他改革带来重要的影响。 伴随私人部门和政府部门间对外资产的再平衡过程，资本账户将逐步放开，一个重要特征可能是私人部门的资本流出将成为常态。 如果管理得不好，这一趋势有可能演变为资本的无序流出，对实体经济造成冲击。

一般而言，汇率下跌预期具有自证性的反向泡沫效应，一旦预期形成，将导致资本流出，而资本流出又将助推汇率下跌，导致预期的自我实现，并带来进一步的贬值和资本外逃，整个过程呈现螺旋式发展。 而且，资本外逃往往与非政府部门风险偏好降低、变卖资产相联系，所以，短期内大规模的资本外逃对实体经济冲击大，甚至会影响金融稳定。

在主要发达国家的央行，尤其是美联储维持极度宽松货币政策的情况下，外围宽松的流动性限制了中国资本流出的压力，甚至带来流入压力。但一旦外围流动性环境紧缩，可能导致较大的资金流出压力，为了防止、应对汇率预期的反向泡沫效应，汇率政策需要注意防止人民币大幅地单方向变动，尤其是贬值。 如果形成长期的单向贬值预期，可能导致资本无序流出，私人部门风险规避偏好大幅上升。 综合来看，人民币实行与一篮子货币挂钩有利于防止单方向升值或贬值预期，同时增加汇率灵活性。

从货币政策来看，资本外流、外汇占款增长放缓甚至下降将紧缩国内流动性条件。 首先，资本外流在短期内影响货币需求。 资本流出往往和私人部门风险偏好降低、变卖风险资产相联系，在国内资产配置上则表现为增加货币资产，流动性需求上升，在相同的货币供给下货币条件显得更紧。 如果这种情况发生，央行需要注入充足的人民币流动性以应对资本流出对实体经济的影响。

其次，在渐进的大框架下，依据国内外经济环境的变化，资本账户开放的侧重点和节奏可以做灵活调整。 其他国家的经验显示，开放的过程不一定是直线式的，如果单方向的资本流动在一段时间大幅增加，一些短期的、暂时性的控制措施，包括数量和价格工具，应该是应对政策的一部分。 更重要的是保持国内宏观经济政策的稳健和加强对金融机构的宏观审慎监管。 过去几十年其他国家经验显示金融不稳定的根源还是内部经济的不平衡，资本流动的大幅波动最多起了加速器的作用。 最近的全球金融危机显示对金融体系（尤其是影子银行体系）监管的缺失是全社会信用在危机前过度扩张和政策当局对风险累积失察的重要原因。 资本账户管制限制的是居民和非居民之间的交易，宏观审慎监管既涉及居民和非居

民，更关系居民之间的借贷行为，是维护金融稳定的更有效手段。

总结本章的讨论，主要结论有以下几点。 第一，长期来看包括人口结构在内的经济结构特征决定了一国所积累的对外净资产的理想值。 实现对外净资产累积的唯一来源是对外贸易顺差，实际汇率的变动不过顺势而为，以保证与该国经济结构相适应的贸易顺差得以实现。 按照这一基本思路，过去十几年人民币汇率的变化与中国经济和人口结构变动的趋势相符合，由于生产者超过消费者以及劳动力城乡转移使得中国的劳动生产率上升，国内生产大于消费，储蓄率大幅提高，带来贸易顺差和对外资产的累积，表现为人民币实际有效汇率处于较"弱"的水平，但这主要是均衡汇率的要求，并非人民币汇率被大幅低估。 随着人口和经济结构发生变化，人民币的实际有效汇率的均衡水平近几年开始升值。

第二，我国对外投资的一个重要特征，是对外资产在私人部门和政府部门之间分布失衡，这是过去十几年人口结构特征与资本账户管制的共同产物。 随着人口结构的变动，这种失衡将难以持续，对外资产分布面临着再平衡的压力。 可行的再平衡的方式，是将外汇资产从政府部门转移给私人部门，这样不会对人民币汇率和贸易差额产生重大影响，但这要求放松资本账户管制。

第三，在再平衡的过程中，资本流出将成为常态，并对中国的货币金融格局、货币政策实施以及其他改革产生重要影响。 央行基础货币投放方式、货币增长来源以及贷存比等涉及货币创造的机制将发生变化。 从根本上说，应对人民币再平衡的挑战，需要依靠深化改革，转变经济结构，防止经济增长大幅下降。

第九章

城镇化新机遇与新挑战

城镇化不是简单的人口比例增加和城市面积扩张，更重要的是实现产业结构、就业方式、人居环境、社会保障等一系列由"乡"到"城"的重要转变。

——李克强

我国过去三十年的经济高速增长，伴随着急剧的城镇化过程。按照统计局公布的数据，城镇化率从 1978 年的 18% 上升到 2012 年的近 53%。尤其是过去 20 年，大量的农村劳动力转移到城镇，城市和乡村的经济、社会结构发生了深刻的变化。我国的城镇化率还显著低于经济发达的国家和地区，包括东亚的日本、韩国、中国台湾。一般来讲，发达经济体的城镇化率在 70% 以上。在讨论中国经济的中长期走势时，城镇化的进一步发展往往被视为推动未来经济增长的一个重要力量。

与其他国家的发展历程相比，中国的城镇化有三个独特之处。第一，正如前面章节多次提到的，我国农村富余劳动力大量向城镇转移发生在人口红利期，而其他国家的城镇化在人口红利出现之前已经基本完成。我国将是人类历史上第一个在逐渐老龄化的社会里完成城镇化的国家，意味着我们可能面临其他国家没有经历过的问题和挑战。第二，我国的户籍制度造成了移居城镇却又尚未市民化的农民工这一特殊群体，在传统城乡二元经济结构的基础上造成了城镇内部的二元结构。第三，我国的土地制度以及过去 10 年房地产价格的快速上升，导致地方政府在城镇化过程中收入快速增长，投资冲动旺盛，城镇化进程伴随着投资的大幅扩张。

后面的两点实际上是我国经济结构失衡的制度因素，城镇内部的二元结构加大了居民之间收入分配的差距，也是企业和政府部门在收入分配中挤压居民部门的一个渠道。城镇化过程中地方政府主导的投资和房地产价格的快速上升联系在一起，加大了城乡之间、城镇居民内部的财富差

距。 这些因素降低了社会的平均消费率，提高了投资率。 因此，城镇化模式的变化必然是我国经济结构改革和调整的一部分。 新型城镇化作为推进经济结构改革的一个突破口，值得期待。

但是，什么是新型城镇化，和过去有什么差别？ 对经济的影响有哪些不同？ 似乎还有很多争议。 谈到城镇化，大多数讨论仍然着重于其可能带来的消费和投资等需求面扩张的影响。 本章试图在一个比较完整的理论框架下，分析城镇化与经济的供给和需求两方面的关系。 相比现有的研究，我们更关注劳动力增长放缓、房地产泡沫对供给面的影响，未来城镇化对经济供给面的推动作用将显著减小。 通过对新型城镇化的政策解读，我们认为相关政策将更多指向分配领域，有利于解决当前收入分配不均、投资占比过高等结构性矛盾。 要在分配调整的过程中保证经济效率的提高，新型城镇化还需要更广义的经济结构改革来配合。

一 城镇化是经济发展的结果

城镇化率，在统计上体现为城镇常住人口占总人口的比例。 由于城镇常住人口主要从事非农产业，所以城镇化率主要取决于非农产业的发展程度。 经济学中一个普遍成立的定律是恩格尔定律：随着收入的增长，食品消费在全部消费中占比下降。 因此，收入增长将自然推动对于非农产业的需求，引导资源包括劳动力向非农产业部门转移，导致城镇化率上升。 从理论上说，虽然城镇化所产生的规模效应和集聚效应起到了促进经济增长的作用，但是城镇化首先是经济增长的结果。

纵观世界各国经济发展水平与城镇化率的关系，一个典型事实是：人均收入水平高的国家无一例外地城镇化率高。 2011 年高收入国家的平均城镇化率（80%）显著超过中等收入国家（50%）。 我国城镇化率在过去 30 年提升的速度很快，从 1980 年代初低于印度的水平，到今天显著超过印度，与我国的经济增长超过印度的趋势是一致的（见图 9 – 1）。 1978 ~ 2011 年，我国城镇化率上升了 18 个百分点，年均 GDP 增长 10%，印度的城镇化率上升了 9 个百分点，年均 GDP 增长 6%。 我国目前的城镇化率处于世界的平均水平，基本符合我国现在的经济发展阶段，那些人均 GDP 比我们高的国家的城镇化率一般也比我们高，反之亦然（见图 9 - 2）。

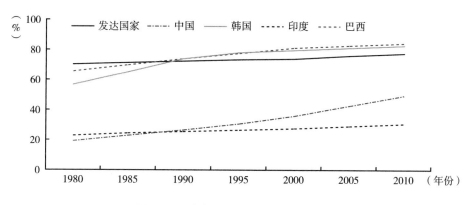

图 9 - 1　过去 30 年中国城镇化速度快

资料来源：Haver Analytics、中金公司研究部。

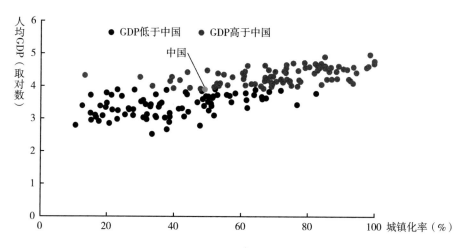

图 9 - 2　中国城镇化率位于世界平均水平

资料来源：Haver Analytics、中金公司研究部。

从我国自身的情况看，经济发展水平与城镇化率也是正相关的。 从省级的数据看，东部地区、经济较发达的省份的城镇化率一般比中部和西部高（见图 9 - 3）。 北京、上海、天津的城镇化率已经达到 80% 左右，类似发达国家的水平，而另一个直辖市重庆的城镇化率只有 50% 多。 沿海省份包括广东、辽宁、浙江、江苏已经达到 60%，而西部的甘肃、云

南、贵州只有 30% 多。 但是城镇化率提高的速度是反过来的，2005 ~
2011 年，西部省份上升的幅度最大，其次是中部地区，最后是东部地区，
与经济增长西部、中部比东部快是一致的。

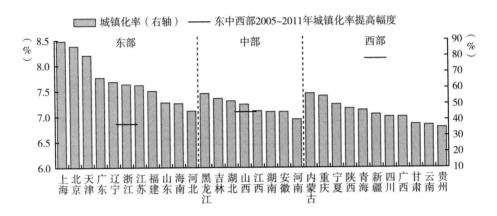

图 9 - 3 城镇化率有地区差异

资料来源：CEIC、中金公司研究部。

但其他国家的经验显示城镇化率的提高并非总是伴随较高的经济增长
率。 非洲和拉丁美洲偏向于坏的例子，农村贫困化把失地农民推向城
市，或者民粹主义驱动的福利陷阱把贫民拉向城市，一段时期城镇化率有
较大的提升，但没有伴随生产效率和人均收入的快速增长，城镇基建落
后，凸显为城镇化超越经济发展水平（参见专栏 9 - 1：城镇化的"推"动
力与"拉"动力）。 从发达国家的经验看，城镇化之所以与经济增长同
步提升，主要在于城镇化过程伴随着经济效率的提高。 从这个意义上
讲，到目前为止，我国符合大多数国家的发展经历，城镇化和经济发展同
步，相辅相成。 这就是为什么城镇化的进一步提高往往被认为是经济保
持较快增长速度的重要因素。

专栏 9 - 1 城镇化的"推"动力与"拉"动力

对于什么力量导致城镇化率的提高，学术界有两派观点。 一派主要
是以人口为出发点，基本概念是马尔萨斯主义。 他们认为农村人口快速
增长导致可耕农地出现短缺，"推"动劳动力从农村迁移到城镇。 换言

之，这派思想主张的因果关系是从农村人口激增开始，通过可耕土地供不应求，最后将民工推向城镇，导致快速城镇化。 刘易斯（Lewis，1954）的"剩余劳动力"模型和托达罗（Todaro，1969）模型都建立在这个学派基础之上。 值得一提的是，联合国 2007 年《世界人口政策》（UN，2008）发现，1960～2003 年，在全球 109 个国家之中，仅有 25 个国家（大部分是非洲国家）的城市化进程和收入增长是负相关的。 而这些国家主要是在环境及人口因素下，"推"动城镇化。

另一学派则认为是经济因素将农民工"拉"到城市里生活的。 这一派的支持者提出的经济因素可分为：工业和服务业发展带来的效率提升和政府政策"偏袒"城镇发展。 一方面，生产率上升推高了非农就业者的工资收入；另一方面，工业多元化有助于提升消费品的品质与数量。 早期城镇发展，在一定程度上是考虑以城镇的地理优势，来降低工业品的运输成本，例如纽约、伦敦和东京等都是位于接近河口或港口的大城市。随着城镇化的起步，很多企业也受到规模经济效应吸引迁移到城镇，从而降低生产成本。 在新兴市场国家，城镇交通发展有利于吸引外国直接投资，使城镇成为出口制造商的首选之地，而新增的外国投资反过来又增强了城镇的基础设施（如住房、电力和交通运输），提升城镇的吸引力。此外，城市密集的人口有利于知识共享和技术扩散，为整个经济体的生产率提供一股内生的增长动能。

图 9-4 描述了一个理解城镇化过程的总框架。 城镇化伴随和影响经济的需求与供给两个方面的变化：需求面源自消费的多样性和差异性，供给面是生产效率的提高。 城镇化过程能够得以推进，一般有三个环节：①供给扩张，一般伴随社会分工深入、工业化、生产效率提高，社会生产的供给能力扩张，带来收入增长；②需求在农业和非农部门之间的不平衡扩张，因为人们对食品的需求相对有限，收入增加带来的对非农产品和服务的需求增长超过了对农产品的需求；③需求结构的变化，导致产品与资源的相对价格变化，引导人力与物力资源在城市与农村空间上再配置。 一个典型的现象是非农部门的劳动报

酬的增速超过农业部门，吸引劳动力从农村向城镇转移，城镇人口的增长快过农村。

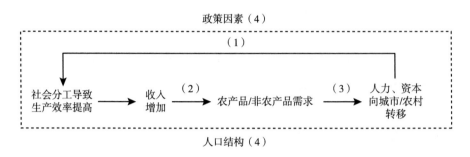

图 9 - 4 城镇化的理论框架

资料来源：中金公司研究部。

　　在这个过程中，人口结构与政策的变化可能起到推动或者限制的作用。 在政策方面，有些国家通过税收优惠和其他补贴，偏袒工业，轻视农业，投资和公共服务向城市倾斜，人为地增加了城市相对于农村的比较优势。

　　上述的框架显示了城镇化首先是供给面改善的一个结果，但城镇化本身也会反过来促进生产效率的提高，这是一个相辅相成的关系。 一般而言，城镇化有两个渠道提升劳动生产率、增加经济的潜在增长水平：一个渠道是城乡效率差别，由于城镇人均所拥有的资本和技术比农村高，城镇生产效率一般比农村高，人口从生产效率低的农村地区转入生产效率高的城镇，拉升社会总体的劳动生产率；另一个渠道是，当人口聚集在城市后，产生企业规模效应、知识与技能传播效应、信息传播效应，都可能从动态上提高城镇内部的劳动生产率。

　　就中国而言，过去20年，大量农村富余劳动力向城镇转移，从两个方面提高了潜在增长率：第一，进城农民工从原来的农村失业或者不充分就业的农民转换为充分就业的产业工人，提高了劳动生产率；第二，大量的劳动力供应压低了工资（此时工资体现为维持生活所需的生活资料价值），收入分配上造成企业和政府部门对居民部门的挤压，由此带来消费率下降，储蓄率和投资率上升，资本存量和产能的扩张增加了经济供给的能力。

二　旧模式难以持续

我国城镇化发展过程中的一个突出问题是逐渐加剧的城镇内部的二元结构。按照统计局的定义，城镇常住人口（超过 6 个月）占总人口的比例，也就是城镇化率已经超过 50％，但是，城镇户籍人口占总人口的比例只有35％左右，有15％的人口（大约 2 亿人）常住城镇，但没有城镇户籍（见图 9 - 5）。没有城镇户籍意味着在就业的准入、子女教育、医疗、社会保障等公共服务方面与城镇户籍人口有较大的差别。这就是为什么有观点认为真正的城镇化率没有官方的统计数字显示得那么高。

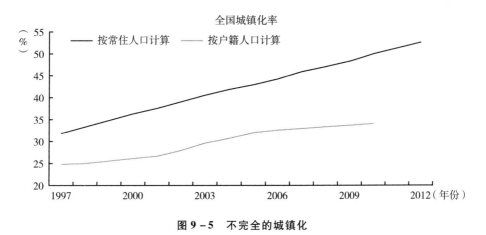

图 9 - 5　不完全的城镇化

资料来源：CEIC、中金公司研究部。

城镇内部的二元结构实际上源自新中国成立以来长期存在的政策扭曲带来的城乡差别。传统上，我国的城乡公共服务极其不均等。改革开放前，为了支持工业化，政策利用工农业产品价格剪刀差，以农村补贴城市；改革开放以后，价格逐渐由市场形成，但国家在基建、住房、教育、医疗等各个方面的投入仍然向城市倾斜。造成的后果就是城乡差别加大，强化了农村劳动力向城镇转移的动力。政府相应的对策是，一方面延续户籍制度控制城乡流动，另一方面在社保医疗、培训就业、子女教育上，并不给予进城农民工同等的市民待遇，造成农民工城镇化不充分（自

身是二类市民、家属滞留农村）的情况（见图9－6）。 图9－7显示，我国越富裕的城市、人口越多的城市，落户的门槛就越高，反映了发达大城市户籍的吸引力。

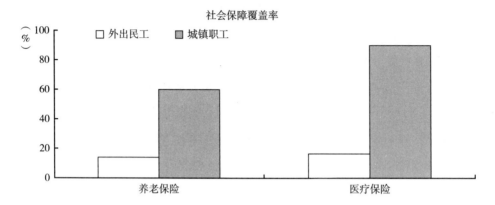

图9－6 外出民工享有的社会保障低

资料来源：国家统计局、中金公司研究部。

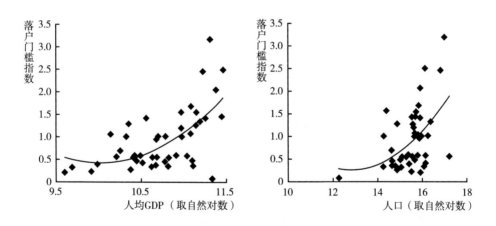

图9－7 城乡人口转移伴随落户限制

注：图表样本为41个城市，落户门槛指数由投资落户门槛指数、就业落户门槛指数综合而成，具体包括金融、职业、资历、住房和投资等方面。 门槛越高，落户越难。

资料来源：吴开、张亚力和陈筱(2010)、世界银行(2012)、中金公司研究部。

城镇内部的二元结构加大了居民内部的收入分配差距，降低了平均的消费率，提高了储蓄率和投资率。 事实上，尽管过去十几年我国投资率很高，但还是赶不上储蓄率的提升，带来持续的贸易顺差。 也就是说，国外消费需求是我国非农产品需求的重要部分，部分弥补了国内消费需求的不足，出口帮助我国消化了劳动力从农业向非农部门转移带来的供给的扩张。 可以说，不平衡的城镇化进程是我国经济结构失衡的原因之一。 但是，高投资、偏重工业化的发展路径所带来的问题越来越突出，包括环境污染。 同时，靠出口大幅扩张推动城镇化也是不可持续的，外部环境发生了重大变化，发达国家将面临长期的低增长。

城镇化进程中的另一个突出问题是房地产价格的大幅上涨。 如第七章所述，房地产价格上升的背后有多重原因，其中之一是收入分配差距扩大，提升了社会的平均储蓄率与相关的投资需求。 在这个过程中，地方政府的土地财政、高投资的发展模式和房地产价格的上升紧密相连。 房价的大幅上升反过来又加大了城乡之间、城镇内部有房和无房者的财富差别，进一步压制了平均消费率，提高了投资率。 但与此同时，随着城市房价和租金的上涨，农民从农村向城镇转移的成本越来越高，反过来加大了城镇化的难度。

总之，我国过去的城镇化，是在国民经济蛋糕快速做大的背景下实现的，供给面的限制不显著。 但是我国的"人口红利"期已经步入尾声，农村富余劳动力大幅减少，劳动力市场变紧，工资上升加快，意味着我国经济供给面改善的特殊的历史时期已经终结。 经济的供给将成为未来城镇化的新"瓶颈"。 同时需求端也面临改善结构的挑战，在出口疲弱、高投资弊端日益彰显的情况下，改善收入分配、扶持消费对国内总需求增长的可持续性尤其重要。 目前农村居民、农民工与城镇居民之间存在巨大的收入与消费差距，消费需求增加的空间十分广阔，因而关键是消除相关的政策障碍（见图9－8）。

因此，判断未来城镇化发展对经济的影响重在如何看待两个方面的因素。 一方面是怎样理解劳动力转移的空间，以及对经济供给面的影响。 另一方面是制度变革（新型城镇化）将如何影响经济的需求和供给面。 成功的新型城镇化政策，必然建立在如下的基础之上：通过促

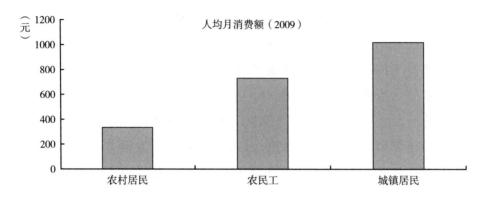

图 9 - 8 农民工消费额比城镇居民低

资料来源：国家统计局、CEIC、中金公司研究部。

进效率使总供给能力保持一定的增速，同时通过改善分配来促进需求的平衡增长。

三　农村劳动力转移的空间下降

在前述的框架下，首先要讨论我国未来农村劳动力转移的空间与影响。 一方面目前我国城镇化水平较低，经济发展水平不高，城市人口增速并未超过可比新兴市场国家，城乡劳动生产率差别较大，城镇化还可以继续推进；但是另一方面，我国农业人口老龄化、城市房地产价格高企又在侵蚀、限制劳动力城乡转移的空间。 这两个互相矛盾的力量，造成现在研究者对农村劳动力可转移空间的数量估算上存在较大分歧。

蔡昉和王美艳（2007）基于农业劳动力总量、已经转移的量和估算的农业劳动力需求，估算 2005 年我国农业剩余劳动力为 2500 万至 1 亿人。 都阳和王美艳（2010）基于影响农村劳动力外出决策的因素，估算 2005 年我国农村剩余劳动力为 4357 万人。 按照这样的估算，在 2012 年我国农村剩余劳动力已所剩无几。 但也有不少研究认为，中国农村剩余劳动力数量还很大。 例如，王国霞（2007）测算 2004 年剩余劳动力为 1.8 亿～2.1 亿。 马晓河、马建蕾（2007）推算 2006 年农业剩余劳动力人数为 1.14 亿。 涂圣伟、何安华 (2011) 估计 2008 年农业剩余劳动力为 1.2 亿人，并预计 2015 年仍将有 1 亿人。

我们也做了一些估算，根据农产品的播种面积/产量、单位播种面积或产量所需要的用工天数，计算出每种产品需要的劳动力人数，再把所有农产品所需要的劳动人口汇总，得到生产农产品所需的劳动人口。 最后根据农村从事农业的劳动者人数（包括富余劳动力），推算出剩余劳动力的人数。 按照这样的推算，至 2010 年，我国农村剩余劳动力还有约 1.2 亿人，如果其年龄结构与农业人口年龄结构类似，意味着农村剩余劳动力中 16～34 岁的年轻人不足 3500 万，剩余劳动力年龄明显偏大。

虽然对目前剩余劳动力存量众说纷纭，但是有两点应该没有大的争议。 第一，农村剩余劳动力的数量在下降。 事实上，从对经济的影响看，重要的是边际变化，而不是绝对量的多少。 按照上述的剩余劳动力推算，我们对比了 2000 年和 2010 年两个时点农村剩余劳动力的情况，结果是 2000 年农村剩余劳动力约 1.9 亿人，2010 年约为 1.2 亿人。 剩余劳动力的存量在 2000～2010 年的十年间减少了 7000 万，下降了 37%。

除了上述剩余劳动力数量的减少限制了可转移的空间，人口老龄化也加大了人口转移的难度。 人口老龄化导致我国就业人口的平均年龄上升，农业就业的老龄化尤其严重。 2000 年，我国农业就业平均年龄为 39 岁，2010 年上升至 43 岁，预计到 2020 年将达到 50 岁左右（见图 9－9）。 国家统计局住户调查办公室 2011 年所做的调查显示，农业劳动力向城镇转移的倾向随着年龄的提高而下降（见图 9－10）。 40 岁以后到外地从业的比例不到 12%，67% 倾向于在本地务农。 这是未来城镇化发展在供给面的重要限制。 随着农业就业人口老龄化加剧，劳动力从农业向非农业转移、人口从农村向城镇转移的难度无疑将加大。

农村剩余劳动力存量的减少和老龄化带来的转移难度加大，势必导致非农产业劳动力供给的增长放缓。 我们估算，2010～2020 年我国非农就业将增加约 9000 万人，低于 2000～2010 年 1.2 亿的增量。 假设我们所估算的非农就业增量在未来几年能够较为均匀地实现，则从目前到

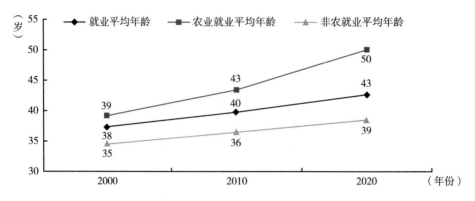

图9-9 就业人员平均年龄呈上升趋势

资料来源：《中国 2000 年人口普查资料》《中国 2010 年人口普查资料》、中金公司研究部。

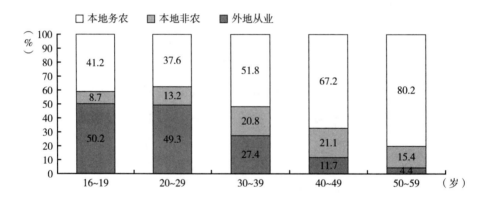

图9-10 人口转移倾向随年龄增加而减少

资料来源：国家统计局、中金公司研究部。

2020 年我国非农产业劳动力供给的增速将呈现明显的下降趋势（见图 9-11）。

　　农民工工资相对上升，已经说明人口转移的经济空间在萎缩。 一个商品的稀缺性往往更准确地反映在其价格的变化上。 在需求不变的情况下，如果劳动力供给放缓，将带来工资上涨。 回顾过去十年的情况，2003～2008 年农民工工资和城镇单位工资的增速都呈现上升态势，但后者的增速超过前者，因此总需求的强劲扩张可能是导致这一时期工资上涨的主要原因。 2008 年以后农民工工资增速连续超过城镇单位工资增速，农民工与城镇职工平均工资比值从 2008 年的 51% 的低点，上升到 2011 年

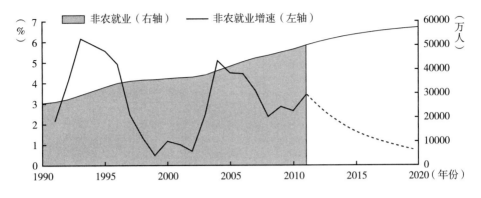

图 9 – 11　未来非农就业增速放缓

资料来源：CEIC、中金公司研究部。

的 58%。农民工工资在 2008 年后总需求增长显著放缓的情况下仍然快速上升，反映了农民工供给趋紧。

　　和其他国家的经验比较，我国城镇化的特殊挑战在于，必须在老龄化阶段完成城镇化。日本、韩国以及其他发达国家的城镇化均在人口红利发生之前已完成（见图 9 – 12 和图 9 – 13）。我国的人口红利或将消失于城镇化尚未完成之际。我国人口中的生产者（25 ~ 64 岁人口）与消费者（25 岁以下和 64 岁以上的人口）人数比例将在 2015 年前后见顶回落，在城镇化完成之前，人口红利无疑将经历从上升到下降的拐点，同时伴随快速的老龄化（见图 9 – 14）。

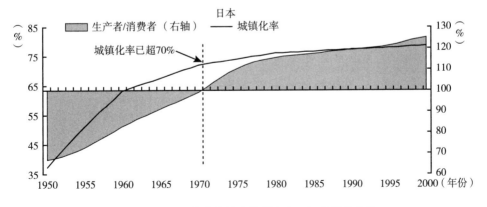

图 9 – 12　日本劳动力转移放缓在人口红利释放之前

资料来源：CEIC、中金公司研究部。

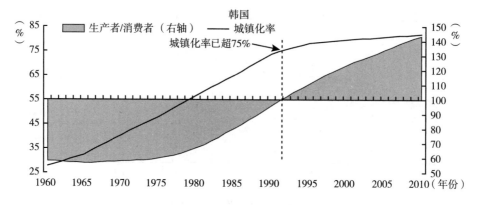

图 9 – 13　韩国劳动力转移放缓在人口红利释放之前

资料来源：CEIC、中金公司研究部。

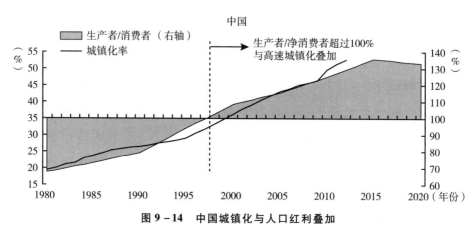

图 9 – 14　中国城镇化与人口红利叠加

资料来源：CEIC、中金公司研究部。

　　尽管如此这并不意味着我国城镇化水平无法达到发达国家已经达到的70%左右的水平。 城镇常住人口已经超过农村，而且城镇人口中的年轻人占比更高些，2010 年 0 ~ 34 岁人口占总人口的比例，城镇是 49.6%，农村是 47.4%。 未来的小孩将越来越多地出生在城镇，加上城镇的人均寿命超过农村，随着时间的推移，城镇化率本身会继续提高。 劳动年龄人口总量下降和老龄化的限制，主要体现在两个方面。 一是对经济增长的影响，也就是说，城镇化率每增加一个百分点，对经济增长拉动的弹性系数会降低。 二是养老保障、医疗保障等公共服务的负担将不断加重。

四 新型城镇化需要多方面改革

针对城镇化进程中累积的问题（主要是城乡二元结构和房地产泡沫）以及未来面临的挑战（主要是人口老龄化，农村富余劳动力减少），对城镇化模式需要改变的共识在增加。中共十八大报告提出："坚持走中国特色新型工业化、信息化、城镇化、农业现代化道路，推动信息化和工业化深度融合、工业化和城镇化良性互动、城镇化和农业现代化相互协调，促进工业化、信息化、城镇化、农业现代化同步发展。"可见推进城镇化是未来一段时间转变我国经济增长方式的一条主线，同时强调了城镇化和农业现代化的协调发展。

基于现有的政策描述，我们总结出新型城镇化所指向的四大政策领域：①户籍制度改革；②公共服务均等化；③土地制度改革；④农业现代化。前两者侧重于城市的社会管理、资源配置，后两者更多地涉及农村的社会结构和管理的变革与发展。

公共服务均等化

要改变城镇内部的二元经济结构，需要实现公共服务均等化。现行的城乡二元户籍制度阻碍了农民工成为正常的城镇居民或者市民化的进程，这是因为城镇户籍附带各种福利制度和公共服务的安排。现阶段，放松中小城市和小城镇的落户条件成为相关改革的着力点。国务院2012年颁布了《关于积极稳妥推进户籍管理制度改革的通知》，在总结近年来各地城镇化经验的基础上，提出户籍制度改革应以"落实放宽中小城市和小城镇落户条件"为核心，遵循城市越小放松程度越大的原则。目前的标准是：在县级市有合法职业和住所，即可落户；在设区的市有合法职业满三年可落户。随着城镇化的推进，此标准可能继续放松。在放松中小城市落户条件的同时，继续合理控制直辖市、副省级市和其他大城市的人口规模。

近几年，也有一个新的现象，户籍制度改革与获取的就业、社会保

障等社会福利不匹配。 在一些城市，农民工落户的条件放松了，由此城镇户籍人口增长加快，但获得城镇户口的农民工并没有取得与城镇居民相同的权利和待遇，其身份实际上还是与市民有较大的区别。 另外，农民工的社会保障问题突出，农民工的社会保障项目少、水平低，而且地区差异大、地区间转移困难，造成的结果是实际参保率低、退保率高。随着时间的推移，农民工的平均年龄增加，社会保障缺失的问题将越来越突出。

所以，根本的改革还是要促进公共服务的均等化，真正破除城镇内部的二元结构。 大量在城镇常住的农村户籍人口，虽然为城镇的财政贡献了收入，但是享受不到均等的公共服务。 破除城镇内部二元结构，不仅需要推进城镇居民保障性安居工程，解决城镇常住人口的住房问题，更需要全面促进城镇公共服务均等化，包括教育、医疗、交通等各个方面公共资源的平等分配。 一个改革的方向是破除公共服务和户籍挂钩的制度安排，户籍应该是社会管理的一个机制，公共服务的提供应该和居住地点联系。 按照相关政策，现在出台的教育、培训、就业等政策均不得再与户口挂钩，未来这方面应该还会推出更多的具体措施。

从长远来看，不仅要实现城镇内部公共服务均等化，还要构建全民共享的基本公共服务体系，重点是保障城乡居民具有相同的基本生存权和基本发展权。 根据现在的政策讨论，这可能包括三个方面的内容①：①普惠，即公共服务体系覆盖城乡全体居民；②均等，即全国范围内基本公共服务的标准均等，与经济发展水平相适应；③一体，即逐步改变城乡分治的制度安排，形成统一的制度框架。 公共服务均等化将增加政府的相关支出，一个直接的影响是财税制度的安排尤其在政府支出方面，意味着减少投资支出、增加公共服务类支出，使更多资源向民生领域和农村转移。

农业现代化

其他国家的经验显示，城镇化的进程和农村发展、农业现代化是联系

---

① 韩俊：《十二五时期推进城乡基本公共服务均等化的政策要点》，《理论学刊》2011 年 7 月。

在一起的，可持续的城镇化必然伴随城乡差距的缩小。 日本在城镇化的前期，城乡收入差距扩大，显示当时城市的劳动生产率超过农村，到了后期，城镇化的提高伴随城乡收入差距缩小，最终，乡村的家庭收入超过城市，城乡收入倒挂，而这正是城镇化基本完成的时期（见图9－15）。 在我国沿海的一些发达地区，城镇化率接近发达国家水平，已经有迹象显示，城乡的收入差距比过去大幅缩小甚至倒挂，农村居民进城的意愿不高。 但平均来讲，我国的城乡收入差距仍然大，这和偏袒城市的政策有一定关系，但主要还是反映在现有的制度安排下，二、三产业劳动生产率超过农业劳动生产率的现状（见图9－16）。

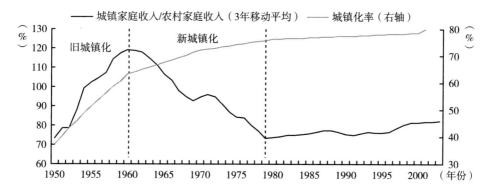

图9－15 日本城镇化停止于城乡收入差距稳定时期

资料来源：日本统计局、中金公司研究部。

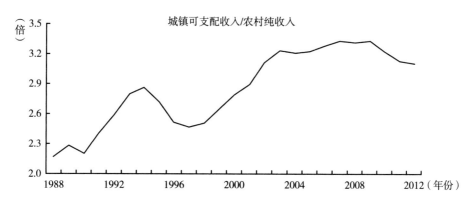

图9－16 90年代末开始城乡收入差距扩大

资料来源：CEIC、中金公司研究部。

推动农业现代化，统筹城乡发展是未来城镇化发展的重要方面，最终的结果应该是城乡之间的劳动生产率和收入差距减少。 农业劳动生产率的提高，能够降低农业所需要的劳动人口，对农村剩余劳动力的减少起到缓解作用，有助于城镇化进程。 从政策层面来讲，需要加大对农业的扶持和投入。 长期以来，政策向工业和城市倾斜，农业和农村为城镇发展做出了牺牲。 在城镇化的过程中，要降低、消除政策因素造成的城乡差别，加大政府的投入，提高农业生产技术、提升农民技能。

促进农业产业化是提高农业劳动生产率、加快农业现代化进程的一个重要方面。 近几年，一些农村地区出现农忙季节缺人手、务农劳动力老龄化的现象，以致带来以后"谁来种地"的担忧。 改进农业生产经营体制、增加规模效应有助于提高农业的劳动生产率、降低相关的劳动力投入。 中共十八大报告提出，坚持和完善农村的基本经营制度，发展农民专业合作和股份合作，发展多种形式规模经营，构建集约化、专业化、组织化、社会化相结合的新型农业经营体系。 其中一个关键问题是如何在保护农民利益的前提下增加土地的流转。 现有的土地承包制在一定程度上制约了农村的土地流转和农业的集约化经营，但同时也是农民权益一个最终保障。

2013年中央一号文件的关注焦点在农村经营体制改革，提出全面开展农村土地确权登记颁证工作。 按照农业部的预计，争取在5年内基本完成农村土地承包经营权确权登记工作。 这将有利于按照自愿有偿原则，引导农村土地承包经营权有序流转，可以说为我国土地制度改革提供了一个基础。 从更广意义上讲，土地制度改革还涉及提高农民在土地增值收益中的分配比例。 对农民集体所有土地征收补偿制度做出修改的呼声越来越大，预计提高征地补偿标准势在必行。 这不仅有利于增加农民收入、缩小城乡差距，还能通过市场化的成本促进集约用地。 土地制度改革还牵涉如何建立完善、统一的城乡土地流转市场，从而降低地方政府在土地供给上的垄断地位，这将有利于控制城镇地价和房价的上升。

新型城镇化的这些改革领域，更多涉及收入和资源的分配，对改善需求结构的意义要大于对改善供给的意义。 这主要是因为，对现有的城镇常住但没有城镇户籍的人口来讲，劳动力转移已经发生，其对供给面效率的贡献也已释放，继续提升的空间不大。 新型城镇化的相关政策将提高这部分已转移人口的收入，使其真正融入所在城镇。 当然也有两个因素会帮助供给面的改善。 第一，农民工市民化、公共服务均等化有利于其下一代的教育，改善未来的劳动力素质。 第二，对于目前仍然留在农村的剩余劳动力，新型城镇化的政策提高了向城镇转移后的福利水平，有利于吸引农村劳动力进城，从而提高非农产业的劳动力供给。

新型城镇化强调分配领域的调整，体现了政策的"顺势而为"：在容易实现快速增长的旧城镇化时代，强调效率增长与供给扩张；在社会日益呼吁公平分配的新城镇化时代，强调资源分配和需求结构调整。然而经济的基本规律是，供给扩张与需求调整必须是相辅相成的，不能顾此失彼，因此在注重完善分配制度的同时，需要更广泛的经济结构与体制改革，来缓解新城镇化时代可能面临的经济供给能力的"瓶颈"问题。 从政策层面来讲，新型城镇化还需要把控制房地产泡沫放在更突出的位置，城镇房地产价格上升带来的城乡差距并没有与劳动生产率的差距联系在一起，这不仅不会增加农村居民向城镇转移的意愿，反而加大了转移的障碍。

五　新型城镇化促进经济转型

总体来看，新型城镇化的改革，将促进我国经济结构的改善。 新型城镇化的政策主线在于改善资源在部门间、地区间、人群间的配置效率，释放国内总需求，改善需求结构。 需求上的转型特征体现在投资、消费和出口三个方面。

在消费上，更公平的收入分配将加速中国消费时代的来临，引导消费结构变化。 对照邻国的经验，日本在 20 世纪 50 年代的"旧城镇化"时代，非农产业生产率提升很快，城乡家庭收入差距扩大；到了 60、70 年代的"新城镇化"时代，城乡收入差距缩小，而这个时期也正是日本消费

增长起飞的阶段。

与新型城镇化相关的消费结构变化，主要来自收入上升以及城乡消费习惯转化两个方面。农民工收入提升以及城市新移民，会导致服务消费的占比上升，商品消费占比相对下降，图9－17显示了未来十年，文化、教育和娱乐、金融保险、医疗保健等服务性行业增长较快。另外，城镇居民的大众消费（如快餐店、中低端品牌服饰）将获得支撑，通过对比农村居民与农民工的消费结构差异，以及农民工与城镇中等偏下收入家庭的消费结构差异，新型城镇化带来的城市中等收入以下群体的人数扩张，将明显拉动食品衣着、文化教育与娱乐、交通和通信等消费（见图9－18）。

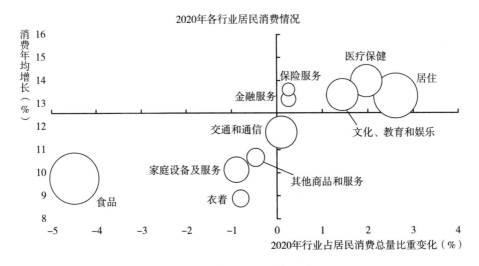

图9－17 2011～2020年各行业居民消费增长预测

资料来源：CEIC、中金公司研究部注：气泡大小表示该行业消费量大小。

消费率上升，意味着储蓄率下降，投资率也将相应地下降。但城镇化还将继续推动市政、民生相关的各类基建投资。在我国目前城镇基建许多方面还相对落后的情况下，新型城镇化在公路地铁、公共交通、绿化安防、供气供水、污水处理、垃圾填埋、医疗保健、教育文化等领域还需要大量投资。图9－19～图9－22显示了我国在公路、绿化、供气和医疗方面，与发达国家相比还有很大的发展空间。日本、德国、法国等国家的经验显示即使在城镇化率高于60％时，城

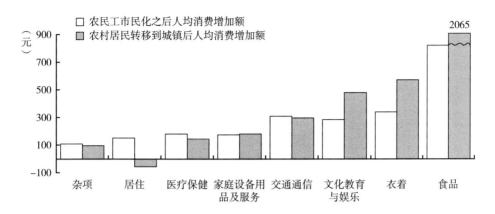

图 9 – 18　新城镇化将推动消费需求

注：农民工转为市民后消费增加以城镇低收入家庭与城镇中等偏下收入家庭的消费差异为代表，农村居民转移到城镇后消费增加以城镇低收入家庭与农村家庭平均消费差异为代表。

资料来源：CEIC、中金公司研究部。

市轨道交通仍可以得到较快发展。随着新型城镇化的推进，不仅城镇人口增加会提升对上述行业的需求，国家相关环卫标准的提高——我国城市污水处理率（目前不足83％）、处理标准、生活垃圾无害化处理率（目前不及80％）都有待进一步提高——也会促进对现有设施的扩展和升级。

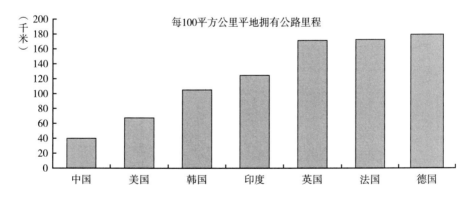

图 9 – 19　中国公路里程还有提高空间（2010 年）

资料来源：Haver Analytics、中金公司研究部。

新型城镇化难以支持再一轮的商品房地产大幅扩张。经济潜在增速放缓、储蓄率下降，意味着我国总体投资难以维持过去那样的快速扩张。

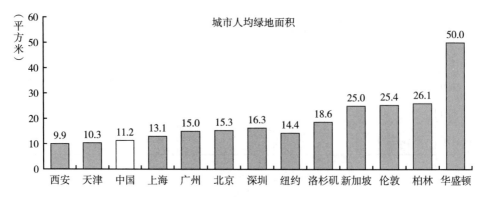

图 9 - 20　中国城市平均绿地面积小

注：中国数据为 2011 年，其他国家为 2001 年。

资料来源：国家统计局、中金公司研究部。

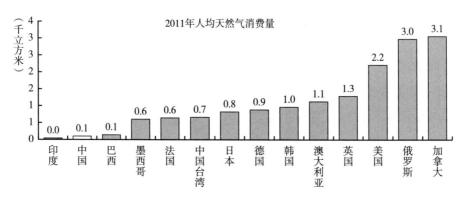

图 9 - 21　中国人均天然气消费量低

资料来源：Haver Analytics、中金公司研究部。

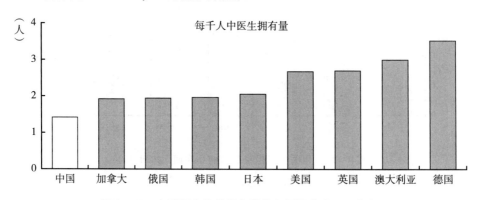

图 9 - 22　中国医疗公共服务供给仍需提高（2010 年）

资料来源：Haver Analytics、中金公司研究部。

在这个前提下，要给予市政民生投资较大的空间，其他的投资增长需要放缓，这可能包括低端的制造业，但重要来源之一是未来房地产投资的放缓。事实上，一、二线城市人口趋于饱和，而三、四线城市房屋供过于求。以城镇新移民目前的收入，即便考虑未来收入增加，也无力支撑目前的城镇房价。目前农民工在务工地购房比例低（不到1%），即使转为市民后，由于收入水平在城镇中仍然处于低位，对房屋的需求相对有限。保障房将在满足城镇新移民住房需求方面发挥更大作用。

那么储蓄率和投资率哪个下降幅度会更大呢？我国储蓄率在2009年达到52%的峰值后，2011年已下降1个百分点，拐点已经发生，未来还将持续下降。城镇化继续推进城市基建，我国人均资本存量仍然不高，总投资需求受到一定的支持，而且政府主导的投资冲动还存在一定的制度惯性，预计未来投资率下降的幅度将小于储蓄率下降的幅度。储蓄与投资的相对变化，意味着我国经常账户顺差在未来还会继续缩小。

第十章

"新中间路线"
— 转型的政策路径

上胡不法先王之法？非不贤也，为其不可得而法。先王之法，经乎上世而来者也，人或益之，人或损之，胡可得而法？虽人弗捐益，犹若不可得而法。世易时移，变法宜矣。

——[战国]吕不韦《吕氏春秋·察今》

前九章回顾了改革开放以来尤其是过去十几年的经济增长和结构变化，并在此基础上探讨我国经济未来的发展趋势和面临的挑战，对相关领域的改革和政策也做了些讨论。本章试图做一个总结，我们用"新中间路线"来形容促进经济发展方式转型的政策路径。在西方，"新中间路线"是一种走在资本主义和社会主义中间的政治经济理念的概称，中心思维是不走左和右两个极端，既不主张纯粹的自由市场，亦不主张过度的福利社会。但这个词的引用并没有严格的标准和共识，很多人认为北欧的经济模式是新中间路线的典型，也有人把美国前总统克林顿、英国前首相布莱尔维护自由市场价值和保守的财政政策，甚至中国的改革开放、脱离计划经济模式归结为中间路线。

我们用"新中间路线"这个词，主要是想描述在经济转型和结构调整的过程中，政策如何在不同的目标或利益格局下有所取舍、取得平衡，从而促进经济的可持续发展。这样的政策框架没有特定的意识形态，但也不是中庸之道，需要结合短期和长期、局部和整体的利益，而要做到这一点并不容易，需要在一系列领域进行深度的改革和政策调整。要突破经济发展的制度约束，防止经济增长大幅下滑，改善经济结构，控制和管理金融风险，需要结构改革和公共政策在公平与效率、政府与市场、上一代与下一代、金融与实体，供给与需求等方面取得平衡。我们的主要观点可以概括为以下几点：

公平与效率 经济社会环境和改革开放早期相比已经发生了很大变化，应该把降低贫富差距放在相对突出的地位，尤其是既能增加效率又能

促进公平的改革措施，包括降低行业垄断、增加竞争以改善要素分配，公共服务均等化，改革财税制度以调节禀赋差异。

政府与市场　纠正公共部门的"越位"和"缺位"，政府主体应该退出竞争性经济活动，加快要素价格改革，放松管制以及推动利率市场化，但在市场失效的领域应加大公共产品的提供，尤其是环境保护，并营造促进公平竞争的法规环境。

上一代与下一代　人口的不均衡发展带来广泛而深远的社会经济影响，应尽快放松计划生育政策，促进生育率提高；在改善同一代人之间的收入差距的同时，公共政策应关注代际的收入转移问题，包括退休安排机制。

金融与实体　在进一步市场化、促进融资效率的同时，控制房地产泡沫、管理信用（银行与非银行）扩张带来的风险应是平衡实体经济发展和金融稳定的着力点。

需求与供给　以总需求管理为导向的宏观经济政策应顾及中长期对供给面的影响，改进财政政策逆周期操作的方式与载体；货币政策在平衡增长和通胀目标时，需要关注实体经济周期和货币信用周期的差异。

一　经济发展面临的挑战

依据前面章节的分析，我国未来经济发展面临的主要挑战可以总结为以下几点。

第一，人口结构的方向性转变。 我国 15～64 岁劳动年龄人口预计在 2015 年之前就会达到顶点，而 15～59 岁劳动年龄人口在 2012 年就已经开始下降，不仅劳动力供给数量下降，劳动力的平均年龄也在增加，同时，农村的富余劳动力向城镇及二、三产业转移的空间大幅减小，影响经济供给能力的扩张。 更重要的是，人口红利上升阶段累积的不平衡需要在人口红利下降阶段消化，中间可能伴随宏观经济的大幅波动和金融稳定的风险。 养老问题，如何平衡老一代和年青一代的利益问题都将日益突出。

第二，经济潜在增长率进入下降通道。 除了人口结构因素，从制度安排来看，随着总需求增长从外部转向内部，加入 WTO 对整体经济效率的促进作用在逐渐消退，结构和政策扭曲的负面影响更加突出，包括国内市场行业垄断、缺少竞争，房地产价格上升对实体经济的挤压等。 随着人均收入水平的提高，人们对休闲时间的需求也在上升，一定程度的增长放缓是合理的，但问题是会不会出现较快的下降。 如果经济供给能力的扩张速度大幅下降，将加剧已经累积的结构性问题和矛盾。

第三，结构失衡突出，最根本的是贫富差距大。 经济发展不平衡体现在多个方面，最重要的还是收入差距的扩大导致居民消费率低、储蓄率/投资率高，进而产业结构中工业占比大、服务业发展滞后，后者又是环境污染和资源制约的原因之一。 在人口结构出现拐点后，收入分配差距的一部分有自我纠正的过程，但也有政策因素如财税体制安排带来的企业和政府部门对居民部门的挤压，以及居民部门内部分配差距的扩大。 后者包括城镇化过程所形成的城镇内部的二元结构，有城镇户籍和没有城镇户籍的常住人口在享受公共服务方面差距很大。 随着总供给增长的速度放缓，分配领域和相关的结构失衡将更加突出，难以持续。

第四，房地产与货币信贷隐含金融风险。 结构失衡（高储蓄率）在金融领域的一个重要体现是货币信贷的大幅扩张，加上制度性因素如资本账户管制，带来很强的投资性住房需求和房地产价格的大幅上升。 房地产泡沫和信贷扩张的结合带来金融稳定的风险，后者还体现在外汇资产在政府部门和私人部门之间的分布不平衡，以及近几年影子银行业务的大幅扩张。 如何控制房地产泡沫继续膨胀，如何在放松管制、提高金融体系配置资源效率的同时维护金融稳定是未来的挑战之一。

第五，从外围环境看，全球经济进入了一个拥有巨大不确定性的时代，为国内政策的应对带来挑战。 西方发达国家大都进入人口红利消退的时期，其对经济社会环境的影响没有历史上的可比经验参照，但日本的经历显示前景难以乐观。 金融危机冲击后，西方主要央行的货币政策框架和执行机制出现与过去断裂式的变化，对其本身和全球经济金融环境的

影响难以估量。 我们可能面临一个需求长期疲弱、但货币金融持续波动的外部环境。

二　公平和效率

应对经济潜在增长率下降的压力，需要体制改革以提高效率，同时调整经济结构失衡需要缩减收入分配的差距、改善公平。 但这两者会不会有冲突呢？ 效率的概念比较清楚，一般指投入与产出或者成本与收益的对比关系，从经济增长来讲，全要素生产率衡量劳动力和资本的利用效率，背后的含义是这些资源在生产和经济活动中是否达到有效的配置。公平问题要复杂些，涉及社会的道德判断，一般来讲，有两个层面的公平。 一是看收入分配的最终结果即收入的差距是否太大，基尼系数往往被看作衡量收入差距的指标，我国的基尼系数比其他大多数国家高，是收入分配差距大的一个体现。 另一个层面是分配的过程，比如机会是否均等，分配的机制、规则是否透明、合理等。

公平与效率有时候是统一的，有时候则有矛盾，一般认为不可能完全做到公平和效率的兼顾，所以存在着效率优先还是公平优先的争议。 中共十四届三中全会通过的关于建立社会主义市场经济体制若干问题的决议提出"效率优先、兼顾公平"的原则。 二十年过去了，经济结构和收入分配的格局都发生了很大的变化，在新的形势下，如何认识公平和效率的关系？ 我们讲的新中间路线在这个问题上的体现，就是在维持效率优先、兼顾公平的大原则的前提下，提高公平的相对重要性，切实采取措施缩减收入分配和贫富的差距。 在当前的条件下，公平与效率在一些领域是统一的，有些改革的措施既能促进效率又有助于降低收入分配的差距。

分配的两个阶段

我们从古典的福利经济学关于效率与公平的理论出发来分析当前的一些重大改革问题。 按照福利经济学第一定理，在充分竞争的条件下，各种生产要素获得的报酬率等于其边际产品的价值，资源的配置是有效的，由此推论出，在市场竞争条件下形成的收入分配是帕累托最优的（Pareto efficiency）。 按照第二定理，市场竞争条件下形成的帕累托最优的结果在规范的意义上不一定是最"合理"的或者最公平的，这是因为市场竞争形成的收入分配在回报率上等于边际产出，但一个人总的收入取决于其禀赋，人与人之间财富的差别可能导致收入的差距很大，财富越多的人分配获得的产出越多，而这不一定是社会伦理所能接受的。要达到合理的福利分配，需要人与人之间禀赋的转移，所以有时候需要公共政策的干预。

按照福利经济学的这两个定理，分配有两个阶段：第一阶段的分配是要素回报带来的分配，以效率为优先；第二阶段调节禀赋差异带来的收入差距，解决公平问题。 我国目前在这两个阶段都存在问题，有三个方面尤其突出，应是调节收入分配、降低贫富差距的突破口。

打破行业垄断

在不少国家，尤其是新兴市场国家，市场竞争不充分，第一阶段的效率问题就解决不好，同时导致这一阶段（要素的报酬）的分配不公平。我国国有企业的行业垄断是近年受到普遍关注的问题。 行业垄断意味着不完全竞争，由此带来的资源配置和收入都不是最有效的（帕累托最优），也就是效率低、分配也不公平。 垄断意味着其产品的价格可以定在超出实际的边际成本的水平上，带来超额利润。 这使得垄断行业的员工的工资报酬高于同等条件（性别、知识和技能等）在竞争行业就业的人员，也意味着垄断行业的企业有较大的累积利润扩大投资，但这种投资的回报建立在垄断带来的超额利润的基础上，挤压消费者和其他行业，从全社会的角度看不是资源的最有效使用。

解决这个问题有两个方式，一个途径是打破垄断，增加竞争，比如破除相关行业准入的限制，分拆现有的超大规模的企业等，竞争程度的增加既促进效率的提高，又改善收入分配。 对于那些业务有自然垄断性质的，比如一些公用事业，另一个途径是加大政策对其定价、利润率以及员工报酬的干预和限制，把利润率和员工报酬控制在接近社会的平均水平上。

调整政府收支结构

通过调整政府的税收和支出结构，加大财政调节收入分配的功能。总体来讲，如第四章所提，我国政府的支出结构重投资、轻公共服务和转移支付。 在有限的公共服务方面，又存在城乡二元结构、城镇内部二元结构，是造成城乡居民之间、城镇内部居民之间可支配收入差距的一个重要原因。 我们讲的新中间路线，是指在政府支出结构上增加公共服务支出、降低投资支出的比重，除了私人部门不愿或无力承担的基础设施以外，政府应该退出一般的投资领域（基础设施带来的效用可以算作公共服务的一部分）。 应该通过新型城镇化提供的契机，加大政府对医疗、教育、环保等领域的投入，构建城乡一体的公共服务体系。

政府调节由市场竞争带来收入分配格局的另一手段是税收。 我国的税收过多地依赖增值税等流转税，是累退性质的，低收入群体的有效税率比高收入群体高。 改革方向应该是降低增值税等流转税率。 那如何弥补对总体财政收入的影响呢？ 增加财产类的税是一个合理的选择。 过去30 年，居民财产的差距大幅扩大，已经成为收入分配差距的一个重要来源。 向成熟的市场经济体系看齐，应该提高财产税在财政收入中的比重。 过去十几年房价/地价的大幅上升，使得房地产成为居民财富的重要载体，房地产相关的税收应是财产税的重要方面。

重视土地、房产带来的禀赋差异

改革开放初期的农村土地承包责任制是一个同时促进效率和公平的例子。 土地承包到农村居民家庭，增加了农民的生产积极性和农业生产的竞争程度，提高了效率，同时，每个家庭得到的禀赋（土地）是按家庭的人口数来定的，比较均匀，从而农业增收的分配也比较平衡，大家的生活水平都有较大的提高。 从公平的角度看，这有点类似解放初期的土地制度改革与国民党政府在台湾地区的土改，政府把土地集中起来重新分配，通过人与人之间禀赋的转移改善了收入分配。 后来，随着工业化和城镇化的发展，对土地的非农业用途的需求大幅增加，在土地转换用途的过程中，一个普遍的问题是农民没有得到合理的补偿，等于剥夺了一些农民的禀赋，在后来的收入分配中处于不利的地位，没有享受到地租上升带来的收益。

推动新型城镇化、农业现代化，还要涉及土地问题。 提高农村土地的流转率、增加农业生产的规模，有利于提高效率，促进农业的现代化，同时释放更多的劳动力到第二、三产业就业。 但由此提高的效益将如何分配呢？ 如何保护农民的利益，使其从中得到合理的份额呢？ 最重要的是明确农民的土地承包权，虽然不是真正意义上的所有权，但确实是一种"产权"形式。 推动农村承包土地的确权登记是土地改革的重要一环，确权登记完成后，农民就有了保护自己利益的法律基础。 在没有完成确权登记的地方，应谨慎推动农村承包土地的流转。 农村土地"产权"的明确，不仅有利于保护农民的利益，也有利于打破地方政府在土地供应上的垄断地位，有利于提高效率，控制地价、房价的上涨。

从城镇来看，房地产价格过去十几年的大幅上升，扩大了城乡居民之间、城镇内部有房与无房之间的财富差距。 如果说买房子的钱来自过去的收入，和个人的付出有关，那么房价的上升或者住房的增值部分与个人的努力实际上没有多大关系。 即使房价上升是合理的，也是反映总体的经济增长带来的地租的上升，这和所有人的努力以及效率的提高有关，有时候也和政府的开发和城市规划有关，比如运气好，购买房屋的所在地正好是政府后来投入公共资源比较多的区域，房价上升就会较快。 也就是说，住房的增值主要是一种公共产出，但是现有的体制安排把这种公共产出完全私有化了。 所以，不少国家/城市通过房地产的所得税、持有税来调节房价带来的财富的差距。

从更广意义上讲，在改革开放的前半期，人与人之间的禀赋（财富）差距不大，财富参与产出分配的比例也较小。 那个时候，提高效率和维护公平没有太大的矛盾，强调效率优先也并不怎么影响公平。 随着市场经济的发展，尤其是过去10年的高储蓄率，导致财富的快速累积，人与人之间的禀赋差距大幅扩大，福利经济学第二定理所包含的公平就比过去重要了。 今天所讲的收入差距，越来越多的是和财富的拥有相关，带来

需要平衡效率和公平的新问题。 在新的形势下，如果不能改变效率优
先、兼顾公平的大原则，起码对公平的重视度应该比过去有所提高。

三　政府与市场

政府和市场的关系与上述的公平和效率的关系有一定的联系，但也有
不同，前者在一定意义上讲是平衡公平与效率的机制的一部分。 政府在
一个市场经济中的角色和作用，基本上可以归结为两点：一是政府（公
共部门）的大小，取决于在经济的总供给中哪些产品和服务应该由政府
直接来生产，哪些应该由私人部门提供；二是政府制定的规范私人部门
在市场竞争中行为的法律、规则、政策，也就是说政府在哪些情况下应
该让市场的供求力量完全自由地发挥配置资源的作用，哪些情况下需要
通过一些规则限制经济活动参与者的行为。 从大的原则来讲，只有在市
场失效的领域和失效的时候，政府才应该干预，干预的结果应该是社会
总体福利水平的改善。 但判断市场在什么地方、什么时候失效往往没有
绝对的标准。

政府角色的轮回

政府在经济活动中应该发挥什么样的角色一直是经济学和公共政策争
议的焦点。 本书第一章简略地回顾了经济学两大流派的争议及其对政策
的影响。 在西方 20 世纪 30 年代的大萧条之前，主流的观点是市场竞争
有效配置资源，经济周期的波动、失业率上升是均衡的现象，政府不应该
干预。 大萧条后，凯恩斯主义对西方国家和全球的公共政策产生了极大
的影响，政府提供的公共产品和服务大幅增加，福利社会兴起，政府约束
市场参与主体行为的法规也大幅增加，著名的例子包括美国的格拉斯－斯
蒂格尔（Glass-Steagall）法案，导致商业银行和投资银行分业经营。 随着
时间的推移，政府干预的弊端逐渐显现，到 20 世纪 70 年代的滞胀时期，
主流的思维发生大的转折，欧美政府推动经济自由化、全球化。 这个过
程一直持续到全球金融危机前，可以说自由化的思潮所占的主导地位在金

融危机前达到顶峰。 但受金融危机冲击后，政府的干预显著增加，人们也开始反思极端的经济自由化的弊端。

为什么会有这样的似乎是每几十年一次的周期波动？ 两大流派到底谁对谁错？ 其实没有绝对的对和错、成功或失败，因为判断的标准和当时的社会环境、主要矛盾有关。 也就是说，一个制度/机制是否有效工作，并得到大部分人的支持取决于初始条件。 大萧条之前，市场竞争在资源配置中的比重大，所以市场失效是主要矛盾，这个时候，增加政府的干预，纠正市场失灵的地方，能显著提高社会福利水平，人们也容易感受到。 但随着政府干预的增加，限制市场发挥作用的力量上升到了一定程度，对效率的影响便凸显出来。 到了这个时间点，减少政府干预对提高效率的作用就很明显。 西方国家从 20 世纪 70 年代末开始的经济自由化、市场化改革纠正了政府过度干预的问题，效率得到提高，加上人口红利，从 20 世纪 80 年代中期开始了持续 20 年时间的"大缓和"时期，增长的波动降低、通胀温和、资产价格上升，似乎一切情况都好。直到美国的房地产泡沫破裂，金融体系到了崩溃的边缘，迫使政府干预。 可以说主要发达国家政府最近几年的作为在危机之前是不可想象的，现在却被主流民意接受了，为什么？ 时空环境变了，人们关注的主要矛盾不同了。

我国在改革开放之前是计划经济体系，政府和国有企业在商品市场和服务的提供中起到主导性的作用，市场竞争的作用很小，其主要的问题是缺少竞争，导致效率低下。 改革开放以后，管制放松，市场供求和竞争在资源配置中的作用提高，对效率的促进作用马上显现出来。 过去 30 年经济的快速增长，人民生活水平的大幅提高，主要是市场经济体系建立和发展的结果。 但是这个过程也累积了一些新的问题和矛盾，到了今天，经济结构的失衡，尤其是收入分配差距的扩大成为社会的焦点，有些人甚至开始怀念过去的平均主义时代。 新形势下，如何看待政府在市场经济中的角色？ 我们应该向西方国家一样，在政府与市场的关系上向左回归、增加政府的干预吗？ 恐怕不能这样简单类比。

我国与成熟市场经济国家的重要差别是我们还处于建立、完善市场体

系的进程中。 政府在商品生产和提供公平竞争的法规环境两方面都存在"越位"和"缺位"的问题。 在竞争性（市场能够有效配置资源）领域，公共部门（政府和国有企业）直接参与生产和经营活动的比重过高；在市场失效的领域，比如公共产品和公共服务的提供上，却又做得不够。 在规范经营环境上，一方面政府行政许可和审批事项过多，另一方面，在市场个体行为带有明显的外部性、需要外力干预来纠正的领域，又缺少相关的法规或者法规执行力度不够。

政府职能转换

政府职能转换是纠正其"越位"和"缺位"的关键。 一个重要方面是公共部门退出竞争性经济活动。 从政府或公共部门的规模来看，国有经济占总体经济的比重在过去 30 年大幅下降。 但如上所述，与国有企业相关的一些行业垄断问题，需要通过增加竞争来解决。 另外，政府部门对实体经济还有一些间接的参与。 最近几年，地方政府融资平台公司的大幅扩张值得关注。 融资平台公司是指由地方政府及其部门等通过财政拨款或注入土地、股权等资产设立，承担政府投资项目的融资功能，并拥有独立法人资格的经济实体。 这些融资平台所支持的经济活动有些是基础设施的投资，其投入大、回报期长，公共部门的参与有其合理性，但有些涉及竞争性领域，私人部门是可以做的。 融资平台到底是企业还是政府，其负债受地方政府的财政可持续性的约束还是企业的偿债能力的约束，存在一些模糊的区域。 结合财税体制的改革，需要降低地方政府对经济活动的直接或间接参与，扩大私人部门的发展空间，在资源配置中让市场力量发挥更大的作用。

减少行政审批是转变政府职能的另一个重要方面。 各级政府大大小小的行政审批增加了企业经营的不确定性和交易成本，阻碍了竞争并导致各类寻租腐败行为，尤其不利于中小企业的发展。 应该清理和减少行政审批项目，实质性地减少政府行政干预特别是改进行政许可的制度，加强对私人产权的依法保护，营造良好的企业经营环境，降低交易成本，促进中小企业的创业和创新。

要素价格改革

随着市场经济的发展，我国绝大部分商品和服务的价格已由市场形成，但资源要素价格的市场化程度偏低，不能真实反映资源市场的供求关系和产品的稀缺程度。 资源要素价格市场化滞后、价格偏低造成的一个结果是增长依赖于消耗大量自然资源来实现，高能耗行业和高能耗设备的替代改进缺乏经济压力，企业生产经营缺乏降低能耗的激励，社会整体付出的成本和代价很大。

要素价格的改革首先需要放松管制、放宽市场准入、鼓励竞争。 有竞争，资源要素价格才会真实地反映市场供求确定的稀缺度，促进资源使用的效率。 而有效竞争需要市场上有数量足够、利益不同的竞争主体，对于国有资本占绝对优势地位的资源要素领域，应降低准入限制，鼓励民间资本进入以增加竞争。 涉及国家资源使用权的出售、转让，应该通过公开市场拍卖、竞标的方法进行，资源使用权最后应该由具备资格、出价最高者获得。 但是，资源价格市场化并不能保证生产过程中资源破坏和环境污染的治理成本体现在资源性产品的价格中，在这一市场失效的领域则需要政府的干预，让外部成本内部化。

加大环境保护力度

在纠正市场失效方面，环境保护已经到了刻不容缓的地步，必须切实加大政策干预力度。 2013 年初我国北方出现了大面积的雾霾天气，引起了社会对空气污染的强烈关注①。 导致我国空气污染的直接原因在于工业废气和汽车尾气的排放，但深层次原因则在于治理污染的问题上的市场失灵和政策缺位。 环境污染是一个公共经济学的经典问题，通常被视为市场失灵的典型案例。 过度的空气污染，源于企业排污和汽车使用的负

---

① 我国的空气质量已经处于全球最糟糕的水平。 亚洲开发银行（2011）研究指出，中国最大的 500 个城市中，只有不到 1% 达到世界卫生组织推荐的空气质量标准，世界上空气污染最严重的 10 个城市中，中国占了 7 个。 根据美国宇航局（NASA）探测并绘制的全球 PM2.5 污染分布图，我国华北、长三角以及珠三角等地的 PM2.5 浓度位于全球最高水平，超过北非撒哈拉沙漠地区。

外部性。 由于权利界定不清晰或者对于权利的实施不力，空气污染的成本由全社会均摊，而排污行为的收益（企业利润和出行便利）却是个体独享，所以导致过度排污。 市场失灵导致企业和个人无须为排污行为承担足够的成本，这个时候需要政府的干预。 政府可以通过税收、限额或者其他手段对污染行为加以规范，限制排放量。

政策缺位则主要体现在我国的空气环保标准显著低于国际水平，同时地方政府在环保政策的执行上也存在不力的问题。 空气是流动的，所以一个地方治理空气污染的成本由该地区承担，而治理空气污染的好处则由该地区以外的居民共同分享。 这就造成地方政府在治理当地空气污染（纠正市场失灵）方面动力不足。 更有甚者，为了短期的 GDP 增长，地方政府之间竞相降低环境执法的标准，鼓励污染企业在当地创造就业和税收，但把废气留给毗邻地区。

经济增长和空气质量并非一对不可调和的矛盾。 发达国家的经验显示，人均收入上升到一定程度，空气质量等环境指标会持续改善（环境库兹涅茨曲线）。 这一方面反映了经济结构的改善，服务业占比上升而工业占比下降，另一方面的关键是政府的介入。 具体措施包括通过立法提高环保标准，加大环保政策执行力度，推行清洁能源，促进能源消费结构转变等。我们需要借鉴发达国家的治理经验，在节能减排、控制工业排放和汽车尾气排放等方面提高标准，加大立法和执法力度，增加对清洁能源的投入。

政府干预房地产供求应常态化

房地产的发展是另一个如何处理政府与市场关系的重要领域。 在房地产价格持续上升的背景下，政府加大了保障性住房的建设和供应的力度，同时，在一些城市通过限购、限贷来控制投资性住房需求。 这带来了一些争议：提高首付款的比例（限贷）增加了第一次购房者的当前负担，降低了年轻人的购买能力；另外，限购更被认为是对市场活动进行不合理的行政性干预。 但如果考察其他国家的情况，几乎所有的政府都对住房供求实施了不同程度的干预。 因为住房是差异性很大的商品，可交易性低，很难形成完全竞争的市场。 干预的主要目的是为低收入群体提供基本的住房条件，类似我国保障性住房的措施在其他很多国家也是政府住房政策的重要部分。

在有保障性住房的前提下，政府对商品房市场该不该干预呢？那要看所谓的商品房市场的竞争程度。在我国，商品房开发的土地供给是地方政府垄断，一个商品的供给方是垄断的，怎么谈得上是竞争的市场呢？而且地方政府出售土地往往以获得最大货币收益为目标，必然带来超额的垄断利润，挤压了住房的需求方。不打破土地供应的垄断，政府对商品房市场的干预必不可少。限购、限贷的措施确实对一些刚性需求、合理的需求有影响。更市场化的措施应该是税收手段，通过增加利得税限制房地产投资的获利空间，或者通过房地产税来增加住房的持有成本，都有助于控制投资性住房需求，降低住房资源在人与人之间的不平衡分布。

四　上一代与下一代

本书的一条主线是我国人口结构的变动，计划生育政策尤其是在城市实行的独生子女政策，造成了我国人口的不均衡发展，对经济增长、经济结构和货币信用周期都产生了深远的影响，这种影响的上半场是红利，是经济繁荣的两大重要因素之一（另一个是经济体制改革）。但是，随着时间的推移，在少儿比重下降的同时，我国的老龄人口比重上升，社会老龄化进程加速。这一问题将随着新中国成立后的婴儿潮一代逐渐进入老龄而日益突出。老龄化意味着未来年青一代的抚养负担将增加，问题的核心是越来越少的年轻人生产的产品和服务要供越来越多不劳动的人消费（老年人不断增加）。平衡代际分配将是公共政策的一个重要方面。

平衡代际收入转移

平衡代际收入的转移首先体现在退休制度的安排上，欧洲因为老龄化问题，已经提高了退休年龄，延迟退休的目的是增加总供给，降低年青一

代的负担。 其次，退休保障的安排也需要改革，过去的现收现付制度在本质上是用现在处于生产年龄阶段的一代的纳税抚养老年一代，而老一代人的相关福利往往是在他们年轻的时候已经确定的。 这种在人口红利期、经济繁荣时期定下来的保障条件较好，到了老龄化阶段，要维持现收现付的安排，年青一代的负担就太重了。

近几年，我国在逐步建立覆盖城乡的社会保障安排，包括退休、医疗等，更广意义的目标是要建立城乡一体的公共服务体系。 这有利于缩小城乡差距、促进经济的平衡发展，但同时，在相关的制度安排上，应该考虑长期的可持续性，避免给未来的年青一代造成太大的负担。 一方面，退休年龄的增加不可避免，同时要促进劳动参与率。 另一方面，在退休安排上，可以借鉴欧洲一些国家包括意大利的一些创新做法，增加灵活性，弱化其代际收入转移的力度。

在欧洲国家中，意大利政府养老开支的负担一直以来比较重，主要是该国生育率低，抚养比高于欧盟平均水平。 在此背景下，意大利政府早在 20 世纪 90 年代初期就已开始推行多项养老金改革，重点放在把界定福利养老金计划改为名义账户计划。 界定福利养老金计划和名义账户计划的主要区别在于年金的计算方法：前者的年金支出是根据退休者的工作年期和最终工资计算，与寿命预期无关，结果是随着人们寿命的延长，政府养老开支的负担越来越重；但名义账户计划的年金计算则考虑了退休者在职时期的总贡献和寿命预期。 近期，受欧债危机影响，政府希望通过提升工人的工作寿命时间，并将退休年金的计算与寿命预期挂钩来减小公共开支，提升退休保障系统的可持续性。 在 2012 年 1 月，意大利政府将女性和男性的法定退休年龄分别从 60 岁和 65 岁提升至 62 岁和 66 岁。 此后，法定退休年龄会按时自动提升，直到 2018 年，男女的法定退休年龄会上调到 67 岁。

除了公共的退休保障安排，个人自己累积和变卖资产也是代际收入转移的重要途径。 人在青壮年时期，储蓄收入的一部分用于累积资产，到了退休以后，把资产变卖给年青一代以换取他们的收入。 如果人口结构是均衡的，在每一个时间点，退出劳动力的人数等于新进入劳动年龄的人数，这样的机制应该是平稳的。 在不平衡的情况下，老一代人累积的资产在变卖的过程中可能大幅贬值，因为购买资产的人数（年青一代）相对变卖资产的人数（老一代）日益降低。 这实际上是平衡两代人利益的一种自动纠正机制。 如果因为某种原因，比如政策的扶持或外部因素，资产价格不跌，那么老一代人占有的社会资源就显得太多，其效果和正式的退休保障安排类似。 要避免资产价格的大上大下，或者因为老一代持有的资产价值过高而挤压年青一代，需要防止在人口红利时期资产价格过度上升。 在我国，房地产价格尤其是个突出的问题。 控制房地产价格的上升不仅涉及同一代相互之间，也涉及代际的分配问题。

尽快放松计划生育政策

当然，从长远来看，根本的解决之道还是促进人口的均衡发展。 自1980 年执行严格的计划生育政策，30 年已过，统计数据已经确定无误地表明，我国的生育水平已经大幅度下降。 计划生育政策本身也处于动态调整之中。 在计划生育政策推出之初，就允许第一代独生子女成人后，父母双方均为独生子女的家庭可以生育二孩。 2000～2011 年，所有省份先后完成了"双独二孩"政策的调整。 但现在看来，"双独二孩"的政策并未解决生育率下降的问题，计划生育政策需要进一步放松。

计划生育政策的理论基础是马尔萨斯的人口论，其产生的环境和适用范围是农业社会。 在现代经济条件下，生产力的提高主要来源于技术创新。 随着先进技术和资本在农业中的运用，农业生产正逐步从"土地边际报酬递减"的诅咒中解放出来。 在工业和服务业占主导的社会中，人口已经从社会的负担转变为维持社会经济发展最重要的资源。 也就是说，不应高估人口总规模带来的对资源、环境、就业等方面的压力，人是最重要的生产力，人不仅是消费者还是生产者，资源问题、环境问题、就业问题主要是政策失效的结果，而不是因为人口太多。 相反，就像前面的章节强调的，人口的不平衡发展是经济结构失

衡的重要原因之一。

十八大报告在论及人口问题时，首次去除了"稳定低生育水平"的说法，而是强调要"促进人口长期均衡发展"，这是预示中国人口政策有方向性转折的最明显迹象。 计划生育政策现在面临的已经不是要不要调整的问题，而是早改还是晚改、快改还是慢改的问题。 如果生育率在政策放松后有显著回升，更多的新生儿将带来消费率上升、全社会的负担加重，但从长期看，则有利于人口的均衡增长，改善未来的劳动力供给，促进社会经济的可持续发展。 从社会的抚养能力来看，放松计划生育控制越早越好、越快越好，应该趁着爷爷奶奶这一代人还不是太老、可以帮助抚育新一代的时候，提高生育率，否则，随着老龄化的日益加重，社会抚养下一代的能力下降，想提高生育率就变得更加困难了。

五 金融与实体

全球金融危机的一个重要启示是金融的发展必须与实体经济协调，金融的过度扩张不仅挤压实体经济，更重要的是这种扩张的不可持续性如果以金融危机来终结，对实体经济会产生很大的冲击。 在金融危机前的30年，西方金融体系大幅扩张，特别是从1997年到2006年的十年内，美国金融机构的税前利润上升近149%。 但庞大利润的根基并不牢固，信用扩张和房地产市场的繁荣在相当长的时间里掩盖了累积的坏账和高杠杆的脆弱性。 美国五大投资银行的资产加权平均杠杆比率在2007年底达到历史高位的31倍①。 最终，房地产泡沫的破灭、资产价格急速下滑，成为金融危机爆发的导火线。

近年来，我国银行体系的高利润也成为社会的关注点。 2012年上半年，上市银行的利润占全体上市公司利润的51%，被认为是金融挤压实体经济的重要迹象。 同时，市场对银行体系坏账的担心有增无减，尤其

---

① 包括了高盛（Goldman Sachs）、贝尔斯登（Bear Stearns）、雷曼兄弟（Lehman Brothers）、美林（Merrill Lynch）、摩根士丹利（Morgan Stanley）。

是近几年信贷对 GDP 的比例显著上升。 金融危机前,欧美等发达国家的银行信贷(非银行部门的负债)大幅超过广义货币 M2(非银行部门的资产),显示非银行部门的杠杆率高。 相比之下,我国的广义货币规模显著超过银行信贷,银行体系持有相当大规模的高安全性资产(包括近20%的存款准备金率要求的商业银行在中央银行的存款),显示非银行部门的杠杆率相对较低。 但是,我国非银行部门的负债集中在企业部门,非金融上市公司的资产负债率近几年大幅上升,同时,银行表外业务(影子银行)的快速发展意味着企业部门的负债率比银行信贷规模显示得要大。

与此同时,金融部门还存在一些政府管制,包括存款利率管制、资本账户管制等,限制了市场在融资活动中发挥作用。 如何吸取发达国家的经验教训,在增加市场配置资源的同时控制金融风险将是未来保持经济可持续发展的重要一环。 在金融改革方面,十八大报告明确提出"稳步推进利率和汇率市场化改革"以及"加快发展民营金融机构"。 央行 2012年首次放松了存款利率的管制,未来在推进利率市场化方面将有进一步的举措。 资本账户开放也有新的动向,包括扩大合格境外机构投资者的投资规模,而合格境内个人投资者跨境投资试点可能成为资本项目人民币可兑换的新尝试。

放松并最终取消存款利率管制是要素价格市场化的重要部分,将有利于提高资源配置的效率,同时有利于居民部门获取合理的储蓄回报、降低收入分配的不平衡。 其他国家的经验显示,利率市场化增加银行面临的竞争压力,往往导致风险偏好增加、风险管控不力,加大银行体系的脆弱性。 在我国,银行理财产品的发展是利率市场化的一部分,其快速增长带来的风险已经受到监管部门的关注。

从宏观层面来讲,控制信用的扩张速度,避免走向过度负债型经济非常重要[①]。 在我国,货币信贷是宏观经济政策逆周期操作的重要手段和载体,而逆周期操作的主要目标是平衡经济增长和控制通胀。 如第五章所

---

① 刘鹤:《两次全球大危机的比较研究》,中国经济出版社,2013 年 2 月。

述，货币信用周期往往比实体经济的周期长，带来的一个问题是以实体经济逆周期操作为导向的货币政策可能对货币信用扩张的中长期影响重视不够。 如何把金融体系不平衡的风险纳入货币政策的制定和执行中是一个挑战，比如在 CPI 通胀温和的情况下，是不是不需要担心货币信用扩张太快？ 如何判断货币信用扩张的合适速度？ 这是个重要但有争议的问题，即使在美国经济复苏疲弱的情况下，美联储官员之间对量化宽松政策带来的通胀风险与金融风险较大，似乎仍有不同意见。 比如，里士满联邦储备银行主席拉克尔在 2013 年 1 月强调美国通胀风险正在增加；相反，伯南克在同年 2 月的国会听证会上重申没有证据表明 QE3 的潜在成本（包括通胀和破坏金融市场运作）大于其收益（如推动就业和经济复苏）①。

宏观层面的另一个现实问题是汇率政策。 全球金融危机后，人民币升值压力明显下降，甚至出现贬值压力。 但在主要央行货币政策维持极度宽松甚至加码的情况下，人民币可能再次面临较大的升值压力。 需要维持人民币汇率的基本稳定，防止资本流入—汇率升值—私人部门风险偏好上升—国内信用扩张加快的循环影响。 我国的非政府部门有相当大的对外净负债，人民币对美元的升值意味着其收益增加，在其他条件不变的情况下，会提升其风险偏好，增加信用扩张的压力。

宏观审慎监管可以帮助控制金融体系的顺周期特征，比如在对银行体系的资本金、流动性、拨备、抵押品等监管要求上进行逆周期管理。 在经济上行的繁荣阶段，提高相关比例要求，为经济疲弱期放松监管留下空间。 在我国当前的形势下，加强对影子银行的监管是当务之急。 这一方面需要提高影子银行尤其是金融机构中介的理财产品的透明度，让监管部门及时全面地把握相关风险敞口的总量和分布，另一方面，需要新的政策工具，比如一定的比例要求，来控制总量的增

① Jeffrey M. Lacker, "Economic Outlook", Remarks at the Maryland Bankers Association's Sixth Annual First Friday Economic Outlook Forum, Baltimore, 4 January, 2013; Ben S. Bernanke, "Semiannual Monetary Policy Report to the Congress", 26 February, 2013.

长。 最后，控制金融风险需要加强房地产调控，尤其需要控制住房的投资性需求。

六　供给与需求

我国经济未来面临增长趋势性放缓的压力，不仅受供给面的劳动力供应减少、政策扭曲因素的影响，需求面也面临较大的不确定性，尤其是外部需求。 前面的章节已经讨论了包括降低垄断、增加竞争、转变政府职能、财税体制改革、改善收入分配、推进新型城镇化等一系列结构改革问题，这些改革一方面有利于效率的提高，防止经济供给能力的增速大幅下滑，另一方面对需求的影响主要体现在结构上，居民消费占总需求的比重将上升，投资占总需求的比重下降。

从需求总量来看，长周期需求端的因素是货币和信用周期可能到了一个有自主（内在）紧缩压力的阶段。 企业杠杆率高、居民持有太少外汇资产以及银行安全性资产占比下降，都容易导致私人部门风险偏好下降，使得实际融资条件比货币信贷量增长显示得要紧。 另外，我国的房地产泡沫还没有破灭，因此政策需要一方面继续抑制房地产泡沫，另一方面防止货币条件对实体经济而言过紧。

这些变化将对总需求管理提出新的挑战。 总体来讲，以稳定短期增长为导向的总需求政策需要关注其中长期对供给面的可能影响。 我国的总需求管理主要通过投资尤其是政府投资来实现，可能带来长期和短期目标的冲突。 如第三章所述，在当前国情下，政府投资对总需求影响的乘数较大，短期稳增长的效率高；但政府的投资行为，尤其是近几年地方融资平台的扩张增加了政府在配置资源中的影响力。 在一些情况下，政府既是经济活动的参与主体，又是游戏规则的制定者，存在利益冲突，不利于私人部门的发展。 另外，总需求结构的变化也要求财政政策的调控手段有所调整，更多地以消费作为着力点，也就是税收和公共服务支出在财政政策逆周期操作中的比重增加，政府投资的重要性下降。

货币政策方面，一个突出的问题是如何在逆周期操作中在稳增长、控通胀和抑制房地产泡沫之间取得平衡。 加强控制房地产的投资性需求，包括房产税的推广，有利于增加宽松货币政策支持实体经济的空间。

参考文献

中文

白重恩、钱震杰：《国民收入的要素分配：统计数据背后的故事》，《经济研究》2009 年第 3 期。

蔡昉：《人口转变、人口红利与刘易斯转折点》，《经济研究》2010 年第 4 期。

蔡昉：《城市化与农民工的贡献——后危机时期中国经济增长潜力的思考》，《中国人口科学》2010 年第 1 期。

蔡昉、王美艳：《农村劳动力剩余及其相关事实的从新考察》，《中国农村经济》2007 年第 17 期。

蔡泳：《教育统计真的是估计生育水平的黄金标准吗？》，《人口研究》2009 年第 4 期。

陈彦斌、邱哲圣：《高房价如何影响居民储蓄率和财产不平等》，《经济研究》2011 年第 10 期。

都阳、王美艳：《农村剩余劳动力的新估计及其含义》，《广州大学学报》2010 年 4 月。

樊纲等：《中国市场化进程对经济增长的贡献》，《经济研究》2011 年第 9 期。

甘犁等：《中国家庭金融调查报告 2012》，西南财经大学出版社，2012 年 6 月。

郭树清：《中国经济发展的潜力和问题》，《国际经济评论》2010 年第 6 期。

郭志刚：《从近年来的时期生育行为看终生生育水平》，《人口研究》2000 年第 1 期。

郭志刚：《近年生育率显著"回升"的由来——对 2006 年全国人口和计划生育调查的评价研究》，《中国人口科学》2009 年第 2 期。

韩俊：《十二五时期推进城乡基本公共服务均等化的政策要点》，《理论学刊》2011 年 7 月。

华生：《中国改革 30 年：回顾、反思与展望》，《当代财经》2009 年第 1 期。

胡晓炼：《汇率体制改革与货币政策有效性》，《金融时报》2010 年 7 月。

贾康、程瑜：《论"十二五"时期的税制改革——兼谈对结构性减税与结构性增税的认识》，《税务研究》2011 年 1 月。

李波、伍戈：《影子银行的信用创造功能及其对货币政策的挑战》，《金融研究》2011 年第 12 期。

李稻葵等：《GDP 中劳动份额演变的 U 型规律》，《经济研究》2009 年第 1 期。

李鑫：《股利政策、自由现金流与企业国有投资》，《经济与管理研究》2007 年第 10 期。

李扬、殷剑锋：《影子银行体系：创新的源泉，监管的重点》，《中国外汇》2011 年 8 月。

林毅夫：《从西潮到东风》，中信出版社，2012 年 9 月。

林毅夫：《全球金融经济危机的原因与教训》，《中国市场》2012 年第 37 期。

刘鹤：《两次全球大危机的比较研究》，中国经济出版社，2013 年 2 月。

刘世锦等：《陷阱还是高墙：中国经济面临的真实挑战与战略选择》，《比较》2011 年第 54 辑。

刘怡、聂海峰：《间接税负担对收入分配的影响》，《经济研究》2004 年第 5 期。

楼继伟：《中国经济的未来 15 年：风险、动力和政策挑战》，《比较》2010 年第 6 期。

楼继伟：《收入分配恶化将成为中国最主要风险》，《金融经济》2011 年第 4 期。

卢锋：《中国农民工工资定量估测（1979～2010）》，北京大学中国经济研究中心讨论稿，No. C2011020，2011。

卢中原：《关于投资和消费若干比例关系的探讨》，《财贸经济》2003 年第 4 期。

马晓河、马建蕾：《中国农村劳动力到底剩余多少》，《中国农村经济》2007 年 12 月。

牛晓健、陶川：《外汇占款对我国货币政策调控影响的实证研究》，《统计研究》2011 年 4 月。

彭文生：《食品涨价触动货币政策》，《财经》总第 287 期，2011 年 4 月 4 日。

彭文生：《审视资本账户开放》，《财经》2012 年（增）1 期，2012 年 3 月 19 日。

彭文生：《人口结构的宏观经济含义》，《中金宏观专题报告》2011 年 5 月。

彭文生：《金融创新给调控流动性带来新挑战》，《中金宏观专题报告》2011 年 6 月。

彭文生：《通胀消退，泡沫还在》，《中金宏观专题报告》2012 年 7 月。

彭文生：《后刺激时代增长靠什么？》，《CF－40 内部讨论演讲》2012 年 9 月。

彭文生、林暾、赵扬：《人民币的再平衡之路》，《中金宏观专题报告》2011 年 12 月。

彭文生、林暾、赵扬：《对外资产配置与人民币汇率——长期怎样再平衡》，《中金宏观专题报告》2012 年 1 月。

彭文生、林暾、边泉水等：《经济转型的消费轨道（上篇）——消费长周期的逻辑》，《中金宏观专题报告》2012 年 5 月。

彭文生、林暾、边泉水等：《经济转型的消费轨道（下篇）——宏观和行业影响》，《中金宏观专题报告》2012 年 5 月。

彭文生、林暾、赵扬等：《2012 是终点还是起点——中国经济周期的逻辑》，《中金宏观专题报告》2011 年 11 月。

彭文生、林暾、赵扬等：《盛筵难再——货币长周期的逻辑》，《中金宏观专题报告》2012年2月。

彭文生、林暾、赵扬等：《新城镇化有新意》，《中金宏观专题报告》2012年12月。

彭文生、张智威：《房价下跌后宏观风险有多大？》，《中金宏观专题报告》2011年3月。

彭志龙：《关于中国消费统计问题的几点看法》，中国经济统计信息网，2009年12月2日。

盛来运：《流动还是迁移：中国农村劳动力流动过程的经济学分析》，上海远东出版社，2008年8月。

施发启：《也评王小鲁博士的〈灰色收入与国民收入分配〉》，中国经济统计信息网，2010年8月。

世界银行：《2030年的中国：建设现代、和谐、有创造力的高收入社会》，《世界银行报告》2012年2月。

孙国峰：《巴拉萨—萨缪尔森效应、刘易斯拐点和结构性通货膨胀》，《金融发展评论》2011年4月。

涂圣伟、何安华：《中国农村剩余劳动力存量及其变动趋势预测》，《经济与管理研究》2011年第3期。

魏加宁：《地方政府投融资平台的风险何在》，《中国金融》2010年第16期。

王国霞：《我国农村剩余劳动力转移问题研究》，《山西大学学报》2007年7月。

王小鲁：《灰色收入与国民收入分配》，《比较》2010年7月。

魏明海、柳建华：《国企分红、治理因素与过度投资》，《管理世界》2007年第4期。

伍戈、李斌：《成本冲击，通胀容忍度与宏观政策》，中国金融出版社，2013。

吴敬琏：《中国经济六十年》，《四川改革》2010年第2期。

吴开等：《户籍改革进程的障碍：基于城市落户门槛的分析》，《中国人口科学》2010 年第 1 期。

吴晓灵：《抑制房地产过快增长不能仅依靠货币政策》，《当代经济》2005 年第 7 期。

夏斌：《中国金融战略的主要思考》，《国际经济评论》2011 年第 2 期。

杨聪敏：《改革开放以来农民工流动规模考察》，《探索》2009 年第 4 期。

姚余栋、谭海鸣：《加强通胀预期管理》，《中国金融》2011 年第 20 期。

易纲：《中国的货币化进程》，商务印书馆，2003 年 1 月。

袁志刚、宋铮：《人口年龄结构、养老保险制度与最优储蓄率》，《经济研究》2000 年第 11 期。

周其仁：《货币调控的中国特色》，《中国对外贸易》2011 年 5 月。

周小川：《关于储蓄率问题的若干观察与分析》，《中国金融》2009 年第 4 期。

周小川：《建立符合国情的金融宏观调控体系》，《中国金融》2011 年 7 月。

张晓慧：《关于资产价格与货币政策问题的一些思考》，《金融研究》2009 年第 7 期。

郑真真：《生育意愿研究及其现实意义——兼以江苏调查为例》，《学海》2011 年第 2 期。

英文

Asian Development Bank，"Environmentally Sustainable Development in the People's Republic of China，2011."

Barro，R. and J－W. Lee.，"A New Data Set of Educational Attainment in the World"，1950－2010. NBER Working Paper No. 15902，National Bureau of Economics Research，Massachusetts，2010.

Bernanke，Ben S.，"Asset－Price 'Bubbles' and Monetary Policy"，Remarks by Governor Ben S. Bernanke Before the New York Chapter of the National Association for Business Economics，New York，15

October, 2002.

Bernanke, Ben S., "Semiannual Monetary Policy Report to the Congress", 26 February, 2013

Borio, C and White, "Wither Monetary and Financial Stability? The Implications of Evolving Policy Regimes", BIS Working Papers, No. 147, February, 2004.

Borio, Claudio, "The Financial Cycle and Macroeconomics: What have We Learnt?", BIS Working Papers, No. 395, December, 2012.

Cai, Yong, "An Assessment of China's Fertility Level Using the Variable – r Method", *Demography*, 45(2), 2008.

Chamon, Marcos and Eswar Prasad, "Why are Saving Rates of Urban Households in China Rising", NBER Working Paper 14546, December, 2008.

Chow, Gregory C. and Kui – Wai Li., "China's Economic Growth: 1952 – 2010", *Economic Development and Cultural Change*, 51 (1) October, 2002.

Donella H. Meadows, The Limits to Growth, New York: Universe Books, 1972.

Feldstein, M., and C. Horioka, "Domestic Saving and International Capital Flows", *Economic Journal*, 90 (2), 1980.

Feldstein, Martin, eds., *Privatizing Social Security*, NBER, 1999.

Fiorito, Riccardo and Tryphon Kollintzas, "Public Goods, Merit Goods, and Relation between Private and Government Consumption", *European Economic Review*, 48, 2004.

Fischer, S., "The Role of Macroeconomic Factors in Growth", *Journal of Monetary Economics*, 32, 1993.

Fisher, Irving, *The Purchasing Power of Money, Its Determination and Relation to Credit, Interest and Crises*. Macmillan, New York, 1911.

Friedman, M., "The Role of Monetary Policy", *American Economic*

Review. 58（March），1968.

Friedman，Milton，"A Theory of the Consumption Function"，NBER Books，National Bureau of Economic Research，Inc，number frie 57 – 1，January，1975.

Friedman，Milton，"The Quantity Theory of Money：A restatement"，in M. Friedman，editor，*Studies in the Quantity Theory of Money*. Chicago：University of Chicago Press. Reprinted in Friedman，1969.

Goodkind，Daniel，"Child Underreporting，Fertility，and Sex Ratio Imbalance in China"，*Demography*，48(1)，2011.

Guo，Kai and Papa N'Diaye，"Determinants of China's Private Consumption：An International Perspective"，IMF working paper，WP/10/93，2010.

Harberger，A.，"Perspectives on Capital and Technology in Less Developed Countries"，in. M. J. Artis and A. R. Nobay，eds.，*Contemporary Economic Analysis*，London：Croom Helm，1978.

Horioka，C. Y.，Junmin Wan，"The Determinants of Household Saving in China：A Dynamic Panel Analysis of Provincial Data"，*Journal of Money，Credit and Banking*，2007，Vol. 39，issue 8.

IMF，"People's Republic of China – Hong Kong Special Administrative Region 2012 Article IV Consultation Discussion"，IMF Country Report No. 13/11，January，2013.

Jin，Ye，Li，Hongbin Li and Binzhen Wu，"Income Inequality，Status Seeking，Consumption and Saving Behavior"，Tsinghua University Working Paper，2009.

Keynes，J. M. *The General Theory of Employment，Interest and Money*. Macmillan，London，1936.

Kydland，F. E. and E. C. Prescott，"Time to Build and Aggregate Fluctuations"，*Econometrica*，50，1982.

Lacker，Jeffrey M.，"Economic Outlook"，Remarks at the Maryland

Bankers Association's Sixth Annual First Friday Economic Outlook Forum, Baltimore, 4 January, 2013.

Lane, Philip and Gian Maria Milesi – Ferretti, "External Wealth, the Trade Balance and the Real Exchange Rate", *European Economic Review*, 46, 2002.

Lee, J – W and Kiseok Hong, "Economic Growth in Asia: Determinants and Prospects", ADB Economics Working Paper Series No. 220, Asian Development Bank, Manila, 2010.

Lucas, Jr. R. E., "Expectations and the Neutrality of Money", *Journal of Economic Theory*, 4(2), 1972.

Lucas, Jr. R. E., "Understanding Business Cycle", Carnegie – Rochester Conference Series on Public Policy, 5, 1977.

Michael P. Todaro. A Model of Labor Migration and Urban Unemployment in Less Development Countries. American Economic Review, vol. 59, 1969. pp. 138 – 148.

Minsky, Hyman, "Can 'It' Happen Again?: Essays on Instability and Finance", Armonk: E M Sharpe, 1982.

Morgan, S. Philip, Zhigang Guo and Sarah R. Hayford, "China's Below-Replacement Fertility: Recent Trends and Future Prospects", *Population and Development Review*, 35(3), 2009.

Park, Donghyun and Jungsoo Park, "Drivers of Developing Asia's Growth: Past and Future", ADB Economics Working Paper Series No. 235, Asian Development Bank, Manila, 2010.

Paul R. Ehrlich, The Population Bomb, Ballantine Books, 1968.

Phillips, A. W. "The Relation Between Unemployment and the Rate of Change of Money Wage Rates in the United Kingdom, 1861 – 1957", *Economica*, Volume 25, Issue 100, pages 283 – 299, November, 1958.

Pigou, A. C., *Industrial Fluctuations*, Macmillan, London, 1929.

Reinhart, M Carmen and Kenneth S. Rogoff, "Growth in a Time of

Debt", NBER Working Paper, No. 15639, 2010.

Retherford, Robert D. , Minja Kim Choe, Jiajian Chen, Xiru Li, and Hongyan Cui, "How Far Has Fertility in China Really Declined?", *Population and Development Review*, 31(1), 2005.

Robert M. Solow, A Contribution to the Theory of Economic Growth, The Quarterly Journal of Economics, 1956, 70(1):65 - 94.

Shioji, Etsuro and Vu Tuan Khai, "Physical Capital Accumulation in Asia - 12: Past Trends and Future Projections", ADB Economics Working Paper Series No. 240, Asian Development Bank, Manila, 2011.

Taylor, John B. , "The Use of the New Macroeconometrics for Policy Formulation", *American Economic Review*, 83 (2), 1993.

Thomas Robert Malthus, An Essay on the Principle of Population, J. Johnson, London, 1978.

Varian Hal R. , *Microeconomic Analysis*. Third Edition, W. W. Norton Company, Inc, 1992.

WA Lewis, Economic Development with Unlimited Supplies of Labor, The Manchester School of Economic and Social Studies, 22 (1954), pp. 139 - 191.

Woodford, M. , *Interest and Prices: Foundations of a Theory of Monetary Policy*. Princeton University Press, Princeton, 2003.

World Population Policies 2007, Department of Economic and Social Affairs, Population Division, United Nations New York, 2008.

Xu, Zhong, "Public Finance and High Savings Rate in China". China Finance 40 Forum Research Reports, 2011.

Zhang, Guangyu and Zhongwei Zhao, "Reexamining China's Fertility Puzzle: Data Collection and Quality over The Last Two Decades", *Population and Development Review*, 3(2), 2006.

Zhang, Lawrence, "Sacrifice Ratios with Long - Lived Effects", *International Finance*, Vol. 8, issue 2, 2005.

后　记

　　我应中国金融四十人论坛王海明秘书长的邀请，在过去发表的几篇有关中国经济中长期走势的专题报告的基础上整理形成一本书稿，希冀提供一个对中国宏观经济的系统性分析。　一开始，我的打算是把几篇报告放在一起，写一个导读性的总论，但在整理的过程中感觉不是这么简单。一方面，当初的报告独立成篇，对影响经济的一些共性因素有着重复的阐述，另一方面，每篇集中分析一个问题，对经济不同层面探讨的联系不足。　这样简单地集结成篇，就会出现在一些领域重复论述，而在另外一些领域则关注不够。　同时，这些报告发表后，受到来自金融市场参与者、学术界和政策研究人员的有建设性的批评意见，帮助我提高了对相关问题的认识。　所有这些在一篇导读性的总论里自然难以详述。

　　几番挣扎之后，我下决心对过去的文稿重新整理，补充新的内容，纠正错漏的地方，从宏观经济体系出发组织相关的篇章，同时突出当前市场和公共政策关注的热点问题，于是便形成了现在的书稿。　当然，本书仍然有不尽如人意之处，谨望其能对读者理解我国经济当下面临的机遇和挑战，以及由此引申的结构改革的着力点有些许帮助，抛砖引玉，供广大读者及同人指正。

　　本书的完成离不开中金公司研究部宏观经济研究组的同事们的贡献，第三、四、五、七、八、九章在不同程度上源自过去两年中我们共同撰写的研究报告（在相关章节有具体说明）。　另外，在这些章节的文字整理过程中，林暾、赵扬、朱维佳提供了有效的协助，徐国辉的很多建设性的批评意见对全书的写作非常有帮助，杜彬在资料收集、文字和图表整理上做了大量细致、高效的工作。边泉水、刘之意、刘鎏、刘博、吴杰云、赵雪也都有些直接或间接的贡献。当然，本书的不足、错误和遗漏都由我自己负责。

还要感谢中国金融四十人论坛的王海明秘书长、秘书处廉薇女士在本书写作和出版过程中的鼓励和大力协助。感谢社会科学文献出版社经济与管理出版中心的责任编辑王婧怡女士及许秀江编审悉心审读本书，并提出大量有益的编辑、修改意见。

最后，感谢家人对我的工作始终如一的支持和理解。

2013 年 3 月

于北京

附　录

中国金融四十人论坛简介

2008 年 4 月 12 日，"中国金融四十人论坛成立仪式暨首届主题研讨会"在北京金融街隆重举行，致力于以金融学术奉献社会的独立智库自此诞生。

"中国金融四十人论坛"由 40 位 40 岁上下的金融精锐组成，即"40×40 俱乐部"。作为非官方、非营利性金融学术研究机构，本智库以前瞻视野和探索精神，致力于夯实中国金融学术基础，探究金融界前沿课题，推动中国金融业改革实践，为民族金融振兴与繁荣竭尽所能。

图书在版编目（CIP）数据

渐行渐远的红利：寻找中国新平衡/彭文生著. —北京：
社会科学文献出版社，2013.4（2024.2重印）
（中国金融四十人论坛书系）
ISBN 978 - 7 - 5097 - 4424 - 6

Ⅰ.①渐…　Ⅱ.①彭…　Ⅲ.①中国经济－宏观经济分析
Ⅳ.①F123.16

中国版本图书馆 CIP 数据核字（2013）第 056461 号

· 中国金融四十人论坛书系 ·

渐行渐远的红利
——寻找中国新平衡

著　　者 / 彭文生

出 版 人 / 冀祥德
项目统筹 / 恽　薇　许秀江
责任编辑 / 王婧怡　许秀江
责任印制 / 王京美

出　　版 / 社会科学文献出版社 · 经济与管理分社（010）59367226
　　　　　 地址：北京市北三环中路甲 29 号院华龙大厦　邮编：100029
　　　　　 网址：www. ssap. com. cn
发　　行 / 社会科学文献出版社（010）59367028
印　　装 / 三河市东方印刷有限公司

规　　格 / 开本：787mm × 1092mm　1/16
　　　　　 印 张：19　彩插印张：0.5　字 数：282 千字
版　　次 / 2013 年 4 月第 1 版　2024 年 2 月第 25 次印刷
书　　号 / ISBN 978 - 7 - 5097 - 4424 - 6
定　　价 / 58.00 元

读者服务电话：4008918866